金融危機と中央銀行

伊豆 久

九州大学出版会

は し が き

　本書は，リーマン・ショックに対する FRB（米国連邦準備制度理事会），欧州危機に対する欧州中央銀行，そして 1990 年代の金融危機に対する日本銀行，それぞれの危機対応策を比較検討したものである。

　各中央銀行のバランスシートの変化に焦点を定め，通常時の金融調節方法と危機対応策におけるそれぞれの特徴を明らかにしたい。

　たとえば，市場機能の活用を重視する米国では，FRB の通常時の資金供給は，その額も方法も極めて限定的であった。そこに，証券市場を震源地とする金融危機が発生したため，FRB は，従来想定されていなかった方法での巨額の資金供給を実施することになる。対照的に日本の場合，通常時から金融市場の日銀への依存度は高く，また金融政策は政府に従属的である。そして，金融機関の破綻処理制度が未整備であった上に危機が「不良債権型」であったため，対応は漸進的となり，日銀は，本来なら財政や預金保険が果たすべき役割をも担うことになる。

　他方，欧州の危機は，ギリシャやアイルランドなどのいわゆる周辺国で起こり，ドイツなどへの影響は軽微にとどまったため，中央銀行の資金供給は周辺国に集中した。その資金は，中心国金融機関からの借入れの返済に充てられ，その結果，中心国では極端な金融緩和が発生した。つまり，欧州の危機対応の特徴は，ユーロ圏内の不均衡（民間レベルでの周辺国から中心国への資本逃避と中央銀行レベルでの逆方向への資金供給）という形に現れており，その背景には，財政の統合が進まない中で通貨（中央銀行）の統合が実施されたという，日本や米国とは異なる中央銀行制度の特徴がある。

　なお，本書では，金融危機を金融機関の連鎖的な破綻の恐れがある状況としており，その意味での危機が収束した後の，不況・デフレ（懸念）への対応策は，（第 6 章で日本の「異次元緩和」を取り上げるほかは）主題としていない。

第 5 章と第 6 章では，補論として，金融危機以降の二大テーマである金融規制改革と量的緩和政策における〈日本的特徴〉を取り上げる。金融危機後，欧米では公的資金の投入に対する世論の批判が強まり，それがベイルイン（預金者を含む債権者の損失負担による金融機関の再建・破綻処理）の導入へとつながるが，日本ではむしろ公的資金による救済策（ベイルアウト）が整備されてきた。また，量的緩和策の採用は三つの中央銀行に共通するが，日本では，実勢からかけ離れた水準に物価目標が設定され，その結果，欧米とは異なった波及メカニズムに依存せざるをえなくなっている。その特徴を，〈2％〉という目標，〈2年〉という期限の設定の意味を探るところから検討したい。

本書の元になった論文は以下の通りであるが，いずれも全面的に加筆している（第1章は書き下ろし）。

第2章：「リーマン・ショックと FRB―金融危機と短期金融市場―」『証券経済研究』第73号，2011年3月。

第3章：「欧州中央銀行における不均衡問題」『証券経済研究』第78号，2012年6月。

第4章：「金融機関の破綻処理と日本銀行」『証券経済研究』第84号，2013年12月。

第5章：「金融危機と公的資金―ベイルインをめぐって―」（証券経営研究会編『資本市場の変貌と証券ビジネス』日本証券経済研究所，2015年，第2章）

第6章：「日銀の異次元緩和を考える―さらなる追加緩和はあるか」『証券レビュー』2015年2月号。
「異次元緩和における〈二年〉の意味」『証研レポート』第1688号，2015年2月。

つたないながらもこうした形で一書をまとめることができたのは，これまでお世話になった多くの先生方，先輩，友人のおかげである。

とりわけ，本書の内容は，いずれも，公益財団法人日本証券経済研究所

大阪研究所の「証券経済研究会」での報告をベースにしている。中島将隆，二上季代司，松尾順介，吉川真裕，清水葉子の各先生方をはじめとする参加メンバーと，研究会を支えてくださっている研究所内外の皆様に心からの感謝をささげたい。この研究会での厳しいご批判，温かい励ましがなければ本書は成らなかった。

　本書のとりまとめには，勤務先である久留米大学より認められた一年間のサバティカルをあてることができた。貴重な機会を与えていだいた久留米大学経済学部の先生方，御井学舎事務部の皆様と，研修員として受け入れていただいた岩田健治先生（九州大学大学院経済学研究院）に感謝申し上げたい。

　最後になったが，本書の出版をお引き受けいただいた九州大学出版会，とりわけ編集をご担当いただいた野本　敦氏，奥野有希氏に御礼申し上げる。

　2015 年 12 月

伊　豆　　久

本書の刊行にあたっては，公益財団法人日本証券奨学財団（The Japan Securities Scholarship Foundation）の助成金を受けた。ここに記して感謝する。

目　次

はしがき ………………………………………………………………………………… i

第1章　中央銀行のバランスシートと通貨供給 ……………………… 1

は じ め に　1

1　中央銀行のバランスシート　1

　　(1)　バランスシートの大きさ

　　(2)　資産の構成

　　(3)　負債・資本の構成

2　危機発生前のバランスシート　7

　　(1)　資産構成の違い

　　(2)　負債構成の違い

3　金融調節の方法　18

　　(1)　オペとスタンディング・ファシリティ

　　(2)　米国のプライマリー・ディーラー制とスティグマ

第2章　リーマン・ショックとFRB ……………………………… 29

は じ め に　29

1　バランスシート（資産）の推移　32

2　金融危機対策　35

　　(1)　オペ対象の変化

　　(2)　TAFと為替スワップ協定（2007年12月）

　　(3)　ベア・スターンズ危機への対応（2008年3月）

　　(4)　リーマン・ショック下の資金供給（2008年9〜11月）

　　(5)　AIGの救済（2008年9〜11月）

3　MMF危機とFRB　59

　　(1)　リーマン・ショックとMMF

(2) 中央銀行とMMF

4 なぜリーマンを救済しなかったのか──FRBの「最後の貸し手」
機能　64

5 金融危機対応の終了と量的緩和政策の開始　67

第3章　欧州危機とユーロシステム　71

はじめに　71

1 金融危機とユーロシステム　74

(1) 貸出の増加

(2) FRBとの為替スワップによる外貨貸出

(3) 証券の買入れ

2 各国中央銀行のバランスシート　83

(1) 貸出残高の不均等な増加

(2) ELAの供給

3 TARGET2債権・債務の増大　99

(1) 残高増大のメカニズム

(2) 残高増大の意味

別　表　108

第4章　金融機関の破綻処理と日本銀行　119

はじめに　119

1 特融の発動　124

(1) 特融の定義

(2) 特融の背景と役割

2 特融の返済と預金保険機構向け貸付　130

(1) 特融の役割とその性格

(2) 山一証券向け特融の処理

(3) 特融の返済と預金保険機構向け貸付

3 公的資金の予防的注入　138

目　次　　　　　　vii

　　4　預金保険機構の資金調達と日本銀行　142

　　5　日本銀行による出資　146

　　　⑴　東京共同銀行と日本債券信用銀行への出資

　　　⑵　紀伊預金管理銀行への出資

　　　⑶　住専勘定への拠出

　　6　収益支援のための「日銀貸出」　152

　　小　　括　155

第5章　ベイルアウトとベイルイン ……………………………………159

　はじめに　159

　1　ベイルインとは何か　161

　2　米・欧におけるベイルインの導入　164

　　　⑴　FSB の「主要な特性」

　　　⑵　米・欧における法的ベイルインの導入

　　　⑶　バーゼルⅢにおける契約ベイルインの導入

　3　日本におけるベイルアウトとベイルイン　170

　　　⑴　2000 年の預金保険法改正による「危機対応措置」

　　　⑵　2013 年の預金保険法改正

　　　⑶　破綻処理の日本的特徴

　　小　　括　177

第6章　「異次元緩和」の論理………………………………………………181

　はじめに　181

　1　「物価の安定」とは何か　183

　　　⑴　「数値で示すことは困難」（2000 年 10 月）

　　　⑵　「中長期的な物価安定の理解（0〜2 ％程度で，概ね 1 ％）」（2006 年 3 月）

　　　⑶　「中長期的な物価安定の目途 1 ％」（2012 年 2 月）

　2　「目標 2 ％」の採用　189

　　　⑴　「『物価安定』の目標 2 ％」（2013 年 1 月）

(2) 「異次元緩和」における「2％」の根拠

3 「異次元緩和」における「2年」の意味　194
　(1) 岩田副総裁の考え方
　(2) 木内委員・佐藤委員の考え方

4 「異次元緩和」の拡大（2014年10月）　203
　(1) 拡大の理由
　(2) 拡大反対の理由

5 「物価安定の目標」論と「物価の基調」論　204
　(1) 佐藤委員の「物価安定の目標」論
　(2) 政府の政策転換と「物価の基調」論

6 残された選択肢　208

参 考 文 献 …………………………………………………………… 211
索　　　引……………………………………………………………… 219

第1章

中央銀行のバランスシートと通貨供給

はじめに

　本書の課題は，三つの中央銀行がそれぞれの金融危機に際してとった対応策を，バランスシートの変化から検証することである[1]。

　この第1章では，本題に入る前に，まず，そもそも中央銀行のバランスシートにはどのような意味があるのかを簡単に説明し，次に，危機が発生する前の「通常時」における三つの中央銀行の特徴を明らかにしておきたい[2]。特に，米国の金融調節方法の"特殊性"を確認する。

1　中央銀行のバランスシート

⑴　バランスシートの大きさ

　図表1-1は，一般的な中央銀行のバランスシートを，模式的に示したものである。ほとんどの中央銀行で，その資産の中心をなすのは，「短期オ

---

[1]　今次金融危機に対する主要中央銀行の政策対応を検証したものとして，日本銀行企画局（2009），日本銀行金融市場局（2008c），Borio and Nelson（2008），BIS（2008），ECB（2009）がある。

[2]　各中央銀行が自らの業務を概説したものとしては，日本銀行金融研究所（2011），米国連邦準備制度理事会（1985），ECB（2011a）参照。各中銀の通常時の金融政策の制度的枠組みを比較解説したものとして，日本銀行企画局（2006），BIS（2001），ECB（2007b）がある。

図表1-1 中央銀行のバランスシート

資産	負債・資本
短期オペ	当座預金
国債	銀行券
外貨準備	政府預金
	資本

ペ」,「国債」,「外貨準備」である。金融調節によってそれらがどのように変化するか見てみよう。

　例えば,中央銀行が「短期オペ」として貸出を行う場合は,資産の部の「短期オペ」が増え,同時に負債の部の「当座預金」が同額増えることになる（オペとは何かについては後述する）。中央銀行も,民間銀行と同じく,貸出を行う際に現金（≒銀行券）を直接に渡すことはせず,まずは「当座預金」に貸出額が記帳されることになる。

　中央銀行が国債を買い入れる場合は,資産の部の「国債」が増え,「短期オペ」と同じく,負債の部の「当座預金」が増加する。

　反対に,中央銀行が貸出金を回収しあるいは保有する国債を売却すると,同額の「当座預金」が減少する。

　では,負債の部の「銀行券」,（日銀で言えば）日本銀行券が増減するのはどのような場合だろうか。銀行券が発行されるのは,民間銀行が,家計や企業の預金引出に備えて「当座預金」を引き出す時で[3],その時「当座預金」

　3）このように,銀行券が発行（発券）されるのは,あくまで銀行が中央銀行から"外に出た時"であって,銀行券が"印刷された時"ではない。銀行券は,印刷され中央銀行に運びこまれそこで保管されている段階では"紙切れ"にすぎない。同様に,銀行券が民間銀行から中央銀行に預金される時も,中央銀行のカウンターを超えた時点でそれは紙切れとなる。それは,企業の振り出す小切手や手形が,振り出されるまでは紙切れにすぎず,決済されればまた紙切れに戻るのと同じである。

が減少し「銀行券」が増加する。逆に，家計等が，民間銀行に現金を持ち込んで預金すると，民間銀行は（預金の引出しに備えた一部を除いたほとんどを）中央銀行に預金するので，中央銀行のバランスシート上は，「銀行券」が減少し「当座預金」が増加することになる。

　例えば日本なら，毎年12月には大量の現金が引き出されるため，日銀のバランスシート上は「当座預金」が減少し，「銀行券」が増加することになる。そして，市中に流入した現金は，1月には小売店等の売り上げの形で民間銀行に預金され，再び日銀に戻ってくるため，「銀行券」が減少し「当座預金」が増加することになる（そして日本銀行は，後述するように，こうした当座預金の変動を抑制するための調節を行っている）。

　つまり，「当座預金」と「銀行券」は，中央銀行による金融調節を捨象すれば[4]，一方が増えれば一方が減る関係にある。ただし，「銀行券」の出入りは，家計等の民間銀行預金者の現金の出し入れによって決まるため，中央銀行が（かなり正確に予測することはできても）コントロールすることはできない。中央銀行がコントロールできるのは，「当座預金」と「銀行券」の合計額である。そして，「当座預金」と「銀行券」の合計こそが，中央銀行が供給している通貨の「量」であり，いわゆる「マネタリーベース」にほぼ等しい[5]。

　このように，中央銀行が貸出等の短期オペや国債の買入れを行うと，その分，「当座預金＋銀行券」が増え，そのとき，中央銀行のバランスシート（資産と負債）が両建てで拡大することになる。逆に，貸出等の短期オペを回収したり国債を売却すると，「当座預金＋銀行券」が減り，バランスシートは縮小する。

　バランスシートには，他に，資産の部には金や外貨建て資産等からなる「外貨準備」があり，それらは，外国為替市場への市場介入によって増減す

4）他に，財政資金の受払いによる当座預金の増減がある。税金が納付されると，「当座預金」が減少し「政府預金」が増加し，年金や公共事業などの財政支出があると「政府預金」が減少し「当座預金」が増加することになる。
5）〈マネタリーベース＝銀行券＋中央銀行当座預金＋貨幣（政府発行の硬貨）〉であるため，貨幣分だけ差がある。

るが，現在では，先進国の金融当局が市場介入を行うのは稀である。また，のちに述べるが，日本と米国では外貨準備のほとんどは財務省が保有しており，中央銀行が保有しそのバランスシートに計上されるのはごく一部にすぎない。

　負債・資本の部には他に，「政府預金」や「資本」などがあるが，それらの比率は小さく，金融政策には直接の関係がない。

　以上からわかるように，中央銀行のバランスシートの大きさをもって，おおよそ，中央銀行の供給している通貨の総額とみなすことができる。つまり，中央銀行がバランスシートを拡大（縮小）させることと，通貨供給量を増やす（減らす）ことは同義である。したがって，中央銀行のバランスシートが特定の時期にどのように変化したかを見ることで，その時に中央銀行がどの程度，通貨を供給したかを知ることができるのである。

　では，ここで，民間銀行間の資金のやりとりはどう関係するのだろうか。民間銀行どうしの資金のやりとりは，中央銀行の「当座預金」の振替によって行われるため，「当座預金」の総額には影響しない。ただその保有者別の金額が異なるだけである。

　また，金融調節はマネタリーベースを変化させるが，そのこととマネーストック（旧マネーサプライ＝企業・個人の銀行預金＋現金）とは直接の関係がない。マネーストックの増大には，民間銀行の企業や個人向けの融資の拡大か財政支出の拡大が必要であるが，マネタリーベースの拡大はそのための十分条件ではないからである。

(2)　資産の構成

　ここまで，バランスシートの「大きさ」について見てきた。では，その「構成」は何を意味するのだろうか。

　資産の構成，つまり，「短期オペ」，「国債」，「外貨準備」などの比率は，中央銀行の通貨供給の方法を示している。「国債」が多ければ，国債の買入れという形で通貨を供給しており，「短期オペ」の中の貸出が多ければ銀行への貸出によってマネタリーベースが供給されてきたことがわかる。しかし，それは中央銀行だけの判断で自由に選択できるわけではなく，民間銀行

の保有資産のあり方，したがって大きくは実体経済によって規定される[6]。

　例えば，国債の買入れを主たる通貨供給方法とするためには，そもそも国債が大量に発行され，それを金融機関が保有していなければならない。日本で言えば，戦後から高度成長期前半まで長期国債は発行されておらず，他方で，企業の旺盛な設備投資資金は民間銀行からの貸出によって賄われていた。そのため，日本銀行の主たる通貨供給方法は，国債の買入れではなく，銀行向けの貸出という形をとっていたのである[7]。

　他方，米国では国債の買入れが中心で貸出は例外的な場合に用いられるにすぎない。第二次大戦の過程で大量の国債が発行され，民間銀行がその多くを保有していたことが大きな要因である[8]。また欧州では，第二次大戦後の輸出指向型の成長を反映してドル買い市場介入による通貨供給が大きなシェアを占めていたため，外貨準備のウエイトが高い。

　と同時に，米国では，ルールにもとづく〈売買〉が志向され，裁量を伴う〈貸出〉という方法が排除されていたという面もある。

　日銀貸出と比較してみよう。貸出の場合，事前に定められた金利（公定歩合）で中央銀行との相対で貸出先と貸出額が決まることになる。反対に，国債の買入れは入札形式をとり，入札参加者は平等の条件のもと，安い価格（高い利回り）で応札した金融機関から順に資金を調達できることになる。

　日本では，長らく「貸出」が重視され，日本銀行の大きな裁量が金融政策上重要な役割を担っていたのであるが[9]，米国はそれを忌避し入札にもとづく売買形式による資金供給を原則としてきた。そしてこのことは，金融危機への対応において極めて重要な意味をもつのであるが，それについては本章後段および第2章で述べる。

---

6) 以下，吉野（1963）183-191頁参照。

7) これは民間銀行の側から言えば，銀行の過剰な貸出が日本銀行からの貸出によってファイナンスされていたことになる。これは，「オーバーローン」と呼ばれ，高度成長期の日本の金融における大きな特徴の一つであった。

8) したがって，戦後のFRBの最大の課題は，財務省の要請する，大量の国債買入れによる長期金利の低位固定を脱し，自律的な金融調節を回復することであった。それは，1951年の「アコード」によって実現される。

6

バランスシートの資産の構成は，このように，中央銀行が何を裏付け資産
として，誰を相手に，どのような方法で通貨供給してきたかを示すのであ
る。

(3) 負債・資本の構成

負債・資本の構成を見てみよう。

一般的に，中央銀行にも（民間企業と同様に）自己資本があるが，その額
は非常に小さい。そもそも，現代の銀行券には兌換性（金との交換性）がな
く，にもかかわらず法貨として強制通用力が与えられているため，中央銀行
には債務不履行という事態がありえない。したがって，原理的には中央銀行
には資本金や自己資本は必要ないと言ってよい[10]。また，中央銀行におけ
る意思決定は，それぞれの委員会（日本銀行政策委員会，米国連邦準備制度
理事会（公開市場委員会），ECB 政策理事会）で行われ，出資者（株主）に
株式会社におけるような決定権はない。

負債を構成するのは主として「当座預金」，「銀行券」，「政府預金」であ
り，これは中央銀行の〈銀行の銀行〉，〈発券銀行〉，〈政府の銀行〉としての
役割に対応する。当座預金を預けられるのは，中央銀行との当座預金取引を
認められた預金金融機関等に限定される。なお，「政府預金」は当座預金形
式をとっていても中央銀行のバランスシート上は「当座預金」には含まれな
い。つまり「当座預金」は民間金融機関からの当座預金を指す。

9）企業部門が資金不足にあった高度成長期において，裁量的な資金供給は，金融市場
における日銀の影響力を非常に大きなものとし，また実際の金融調節においても重要
な意味をもっていた。『『仕振りの悪い銀行をどうやって叩くか』（企業向け貸出を過度
に増やしている銀行には，日銀貸出を絞り金利の高いコール市場での借入れを余儀な
くさせること—引用者）というようなことは，金融理論ではあまり問題とならないが，
実際の金融政策においてはかなり重要なこと」であった（呉（1973）89 頁）。

10）にもかかわらずいずれの中央銀行も自己資本を備える理由について，通説は，財務
的な健全性を維持することで，中央銀行への信認と政府からの独立性を担保するため
とするが，説得的でないように思われる。例えば，ドイツの中央銀行（ドイツ連邦銀
行）は 1970 年代に数年間にわたり債務超過に陥っていたが，それが同行の信認や独立
性に影響を与えることはなかった。関連する議論については伊豆（2015）参照。

先に述べたように，中央銀行がコントロール可能なのは，「当座預金」と「銀行券」の合計額のみであって，「当座預金」から「銀行券」がいくら引き出され，また「銀行券」がいくら中央銀行に還流し「当座預金」となるかは，中央銀行にも制御できない。

ここまで，中央銀行のバランスシートについて，一般的な説明を行ってきた。それが，金融危機によってどのように変化したかを述べるのが本書の課題であるが，そのためには，危機以前の，いわば「通常時」の状態を知っておく必要がある。また，それが日米欧の三つの中央銀行の間でどのように異なっていたのかを確認しておきたい。

2　危機発生前のバランスシート

(1)　資産構成の違い

図表1-2は，日本，米国，ユーロ圏各中央銀行[11]の資産の構成を示したものである。2006年末の時点を選んだのは，サブプライムローン問題が顕在化するのが2007年からであり，また日本銀行の量的緩和（2001年3月～2006年3月）も終了しているタイミングで，現在から最も近い「通常時」と考えたからである。

これを見ると，同じく中央銀行といっても，その資産構成には大きな違いがあることがわかる。そしてそれは，第1節で述べたように，各中銀における通貨供給方法の違いを表している。

第一に，「外貨準備」が全体に占める比率を見ると，日米には大きな違いがなく4〜5％であるのに対して，欧州では30％にも達している。第二に，「国債」の比率が，米国では資産のほとんど（90％）を占めており，日本でも70％と大半を占める一方で，欧州では10％にすぎず，それも国債以外の債券や政府向けの貸出を含んだ数値である。第三に，上二つの違いと裏表の

11）本書では，米国とユーロ圏の中央銀行の略称を，それぞれ"FRB"，"ユーロシステム"とする。それぞれの中央銀行の組織構造については，第2章，第3章で述べる。

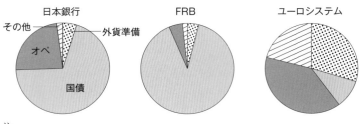

図表 1-2　中央銀行の資産構成

注
(1) 2006 年末。
(2) 外貨準備は金を含む。なお金については、日銀と FRB では簿価、ユーロシステムでは時価ベース。
(3) 国債は、買切りオペによる国債保有残高（国庫短期証券等を含む）。ユーロシステムの国債は、ユーロ圏内の発行体による債券と対政府貸付の合計。
(4) オペは、日銀は買現先と共通担保オペの合計、FRB はレポ、ユーロシステムは金融政策目的の貸付。
(出所)　日本銀行「営業毎旬報告」、FRB, *Annual Report 2006*、ECB, *Annual Report 2006* より作成。

関係にあるが、「短期オペ」による通貨供給の比率は、欧州（39％）、日本（23％）、米国（5％）という順になる。

　まず、「外貨準備」については、先に述べたように、GDP に占める貿易黒字が大きく、外貨買いの市場介入が盛んに行われた国では、その比率が大きくなる。ユーロ圏はその典型である。しかし日本の場合は、同じく輸出主導型の高度成長を経験しているにもかかわらず、欧州ほど外貨準備が大きくない。それはなぜだろうか。

　それについては、各国の外貨準備管理の制度的な違いを考慮する必要がある。

　すなわち、日本では、外貨準備の大半は財務省の「外国為替資金特別会計（外為特会）」によって保有されており、日銀が保有しているのは全体の 1 割程度にすぎない[12]。また、米国においては、外貨準備のほとんどを金が占

---

[12] 外貨準備の合計（外為特会および日銀保有分）と外為特会保有額については、財務省「外貨準備等の状況」参照。そこでは金も時価評価されている。

めそれはすべて財務省が保有している[13]。そして外貨建て資産については，FRBNY（ニューヨーク連邦準備銀行）と財務省（為替安定基金）が5割ずつを保有することになっている[14]。つまり，日本と米国では，中央銀行が保有する外貨準備は，国家として保有する外貨準備のごく一部にすぎないのである。他方で，ユーロシステムでは，法令上，外貨準備は中央銀行によって保有・管理されることになっている[15]。

　こうした制度上の違いがあるため，日本では，輸出への依存度が高かったにもかかわらず，図表1-2が示すように，中央銀行の資産構成上は外貨準備の比率が大きくないのである。1970年代以降は，円高を抑制するための〈円売りドル買い〉の市場介入がたびたび行われたが，介入資金の円は，外為特会が「外国為替資金証券（為券）」と呼ばれる政府短期証券を発行し，それを日銀が引き受ける方法で調達されていた（1999年4月，入札方式に移行。政府短期証券は図表1-2では国債に含む）。つまり，日銀が保有する国債の一部は，外為特会の保有する外貨準備と見合いになっているのであって，それがユーロシステムの場合は直接的に「外貨準備」として表れているのである。

　次に，国債と短期オペの関係について見てみよう。

　最も重要な点は，日銀とFRBでは，国債の買入れ（買切りオペ）が通貨の供給方法として中心的な役割を果たしているのに対して，ユーロ圏ではそもそも国債の買入れを行っていないことである[16]。ユーロシステムにおい

---

13) FRBが保有しているとされる金は，正確には財務省に金を譲渡した際に受領した「金証券（Gold certificates）」である。なお，ニューヨーク連銀の地下金庫にあるとされる金は，同行がカストディアンとして米国財務省および他国の金を保管しているものである。米国の金保有については財務省の定期報告（The Department of the Treasury, "Status Report of U.S. Government Gold Reserve"），FRBの金保有については，FRB, "Current FAQs: Does the Federal Reserve own or hold gold ?" 参照。

14) FRBと財務省（為替安定基金）の外貨資産の状況については，ニューヨーク連銀が定期報告している（Federal Reserve Bank of New York, "Treasury and Federal Reserve Foreign Exchange Operation"）。

15) 欧州中央銀行議定書（The Statute of the European System of Central Banks and of the European Central Bank）第3条第1項第3号。

ても，法律上は流通市場での国債の買入れは禁止されていないが，政府等の公的機関に対する貸付の禁止・債務の直接引受けの禁止[17]が，厳格に解釈されているためであると思われる。その背景にあるのは，ドイツなどにおいて，①ハイパーインフレーションの経験から物価の安定が最重要視されてきたこと，②先に述べたように中央銀行が外貨の買入れ（市場介入）を直接行うことで一定の通貨が供給されており，他の固定的な資金供給は必要なかった，あるいは行えなかったことであろう。

したがって，ユーロシステムにおける資金供給・金融調節は，金融機関向けの担保付貸付（レポ形式を含む）のみで行われている。ただしその満期は，MRO（Main Refinancing Operation）が1週間，LTRO（Longer-Term Refinancing Operation）が3ヵ月と長く，FRBの短期オペが原則オーバーナイト（翌日物）であるのと対照的である。これは，ユーロシステムにおけるオペは，短期の資金調節のみならず，日銀やFRBでは国債の買入れが担っている長期資金（正確には満期のない銀行券）の供給という役割を同時に担っているからだと思われる。

他方，FRBの資産構成を見てみると，国債の比率が極めて大きく，短期オペの比率は非常に小さい。それに比べると，日銀は，短期オペへの依存度が高い（なお，本章で言う「国債」は買切りオペの残高を指し，国債を対象とするレポ（現先）は，「短期オペ」に含む）。

国債の買入れの場合，一旦買った国債を再び市場で売却することは国債価格への影響が大きいため，通常，行われることはない。言い換えると，国債の買入れによって供給された通貨は（当該国債が満期を迎えるまで）回収されることがない。経済が必要とする通貨を供給し余剰となった通貨を回収するのが金融調節であるから，したがって，国債（特に長期国債）の買入れ額

16）図表1-2においてユーロシステムの資産に「国債」が見られるのは，各国中銀がユーロ加盟以前に行っていた国債買入れ・政府貸付等であり，ユーロ加盟後の国債の買いオペではない。ユーロシステムが初めて債券の買いオペを行うのはリーマン・ショック後の2009年のカバードボンドの買入れ，最初の国債の買入れはギリシャ危機の際（2010年）のSMP（証券市場プログラム）である（第3章参照）。

17）欧州中央銀行議定書第21条第1項。

は，金融調節の必要のない，いわば根雪のように，経済活動の根底部分で必要とされる額に限定されることになる。それがいわゆる成長通貨であり，概念上，経済活動の拡大に伴って必要となる銀行券の量にほぼ等しい。

つまり，資産の構成における日米の違い，国債が多く短期オペが少ない米国と，反対に国債が少なく短期オペが多い日本という違いは，両国の経済における現金（銀行券）の役割（および財政資金の受払い）の違いを反映しているのである。

よく知られているように，日本は現金社会であるのに対して，欧米，特に米国は小切手，クレジットカード社会である。その結果，日本では「他の国・地域と比べて，銀行券，財政資金ともに大きく変動し，全体としての変動幅も大き」くなる[18]。先にも述べたように，一年間のスパンでは年末や夏のボーナス時期に現金が大量に引き出され，それは〈小売業→小売業を取引先とする銀行〉を経て，日銀に還流してくる。現金は，月次単位でも給与支給日を起点に，また一週間で見ても金曜の預金引出と月曜の再預金という具合に，循環的な運動を続けている。そして，こうした動きは日銀当座預金を大きく変動させるため，日銀はそれを均らすために短期のオペで資金を供給しまた吸収するという調節を繰り返しており，そのために日銀のバランスシートでは，資産における短期オペの比率が高いだけでなく，負債の側でも資金吸収オペ（売現先）の比率が大きいのである。

反対に，現金の使用率の低い米国では「資金過不足の振れが絶対額としては比較的小さいため，資産の大部分を固定化しても吸収オペを多用することなく円滑な金融調節を行うことができる」[19]。そのため，米国では，短期オペへの依存度は小さく，その満期は原則1日（オーバーナイト）で額も大きくない。そして資金吸収のためのオペ（リバースレポ）は例外的にしか行われないのである。

こうした資産構成の違いは，当然ながら負債構成の違いと裏表の関係にある。負債構成の違いを見てみよう。

18）日本銀行企画局（2006）3頁。
19）日本銀行企画局（2006）11頁。

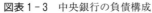

図表 1-3 中央銀行の負債構成

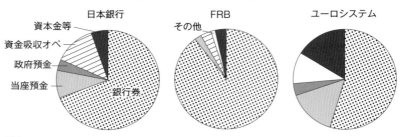

(注)
1) 2006年末。
2) FRBのその他（1.3%）は，政府預金（0.5%）を含む。
3) 資本金等は，資本金，準備金，引当金の合計。ユーロシステムの資本金等（16%）には外貨準備の再評価益（11%）を含む。
(出所) 図表1-2に同じ。

(2) 負債構成の違い

① 資本金等

　負債構成を比較してまず目につくのは，FRBにおいては「銀行券」の比率が，ユーロシステムにおいては「資本金等」の比率が大きいことである。後者の理由から先に確認しておこう。

　ユーロシステムの「資本金等」の多くは「再評価益」で，それは外貨準備の時価評価益である。これは，先に述べたように，外貨準備の全額を政府（財務省）ではなく中央銀行が保有しており，かつその外貨準備が時価評価されているためである。つまり，負債における「資本金等」は資産の部の「外貨準備」に対応しているのである。

　なお，日銀においても，外貨準備（ただし金を除く）は時価評価されているが，各期に損益認識され，外国為替評価益（損）として，（バランスシートではなく）損益計算書に計上されている。

② 国債と銀行券

　FRBの負債構成では，銀行券の比率が圧倒的で（90%），日銀のそれ（69%）よりも大きい。これは先に述べたように，両行の資産構成における

国債の比率におおよそ対応している。すなわち，中央銀行の資産と負債において，資産における「国債」と「短期オペ」の比率は，負債の側における「銀行券」と「当座預金」の比率に，ほぼ等しい関係にある。

　中央銀行の国債保有額と銀行券残高の関係については，先ほど成長通貨（≒現金）の供給として説明したが，もう一度，日本銀行の〈銀行券ルール〉という考え方を使って整理してみよう。これは，長期国債の保有高を銀行券発行残高の範囲内に収めるというルールである[20]。

　中央銀行のバランスシートを単純化すれば，

　短期資産（オペ＋短期国債）＋長期国債＝銀行券＋当座預金

となる。ここに，

　銀行券ルール：長期国債≦銀行券

を導入すると，

　当座預金≦短期資産

となる。これは，短期資産の回収・償還によって，当座預金の全額を回収可能であることを意味する。金融調節とは，一言で言えば，当座預金残高の大きさを調節することである。短期資産の残高の調整は容易であるから，銀行券ルールには，中央銀行による当座預金のコントロール力を維持する役割があることがわかる。

　逆に，銀行券ルールが維持されていない状態を考えてみよう。その時には，

　短期資産＜当座預金

すなわち，

　長期国債（の一部）＋短期資産＝当座預金

となり，当座預金を十分に回収するためには，長期国債の売却が必要になる。前述のように，中央銀行による長期国債の売却は国債市場に与える影響が極めて大きく，通常実施されない。つまり，この状態は金融調節力が大きく制約された状況と言える[21]。

③　当座預金・現金比率と金融構造

　他方で，FRBの負債構成における銀行券の比率が日銀よりも大きいのは，

〈米国は小切手社会，日本は現金社会〉という事実に反するように見える。日米の経済規模や市場構造と比較しながらこの問題を考えてみよう。

図表1-4で，銀行券残高の対 GDP 比率を見てみると，日本の16%に対して，米国は6%にすぎない。GDP をもってその国の経済活動だとすれば，米国では，日本より少ない現金で経済が動いていることがわかる[22]。しかも，ドル紙幣のうちおよそ半分から三分の二は海外で流通していると推測さ

図表1-4　中央銀行の資産規模と GDP

2006 年末	日本（億円）	米国（100万ドル）	ユーロ圏（100万ユーロ）
中央銀行総資産	1,155,436	873,364	1,150,980
銀行券残高	798,367	783,019	628,238
中央銀行当座預金	104,125	18,699	174,051
銀行券残高/総資産	69%	90%	55%
中央銀行当座預金/総資産	9%	2%	15%
GDP（2006 年）	5,066,870	13,855,900	8,899,174
中央銀行総資産/GDP	23%	6%	13%
銀行券残高/GDP	16%	6%	7%
中央銀行当座預金/GDP	2.1%	0.1%	2.0%

（出所）GDP については，内閣府国民経済計算（日本），商務省経済分析局（Bureau of Economic Analysis）（米国），Eurostat（ユーロ圏）。

20）日本銀行の〈銀行券ルール〉は，2001 年 3 月 19 日に「量的緩和政策」の採用と同時に明示的に示されたが，それまでも同様の考え方が維持されていたものと思われる。なお，同ルールは，「量的質的金融緩和」の決定（2013 年 4 月 4 日）と同時に停止されている。同ルールの有無が出口戦略に与える影響については久後（2013）参照。

21）この状態から，当座預金を減少させる，長期国債の売却以外の方法としては，①定期預金ファシリティの提供，②中央銀行手形の売りオペ，などがあるが，それらは中央銀行に金利負担を発生させ，吸収額が大きい場合には，中央銀行の財務に大きな影響を与えることになる。

22）GDP は一国の「付加価値」の合計であるから，決済手段との関係では正確には「当該国における財やサービスの総売買額」との比較が必要である。さらには，（より規模の大きい）金融市場における取引を考慮する必要があるが，いずれも GDP の違い以上に，米国が大きいと思われる。

れている[23] ことからすると，米国内での銀行券残高は GDP の 2〜3％相当額，日本の 2 割以下となる。つまり，中央銀行の負債総額内での比率を見ると米国の現金は日本より多いわけであるが，経済規模と比較するとやはり米国の現金比率は非常に小さいのである。

そうなる理由は，したがって，GDP と比較した中央銀行のバランスシート自体が，FRB は日本銀行よりもはるかに小さいからである。負債面で言えば，中央銀行預金の対 GDP 比が，米国では日本よりもはるかに小さいからである（0.1％対 2.1％）。金融市場（取引額）の規模の日米差は，GDP よりも大きいと考えられるため，米国経済を支える巨額の資金決済に対して，中央銀行当座預金の額が，日本に比べると非常に小さいのである[24]。逆に言えば，日本の資金決済は日本銀行への依存度が高いことになる。そしてこのことは，次節および第 2 章で述べるように，金融危機への対応において極めて重要な意味をもつが，ここではこうした違いをもたらしている米国の決済システムの特徴を確認しておこう。

④　米国の決済システム

米国における決済システムの特徴の一つは，銀行間預金（コルレス預金）による分散的重層的な構造である[25]。近年に至るまでの州際業務への厳しい制限，銀行独占への強い警戒などから，米国では，日本と異なり，小規模の銀行が各地に数多く存在する（預金金融機関の数は，日本が 579 に対して米国は 6,428）[26]。言い換えれば一銀行あたりの支店が少ないのである。し

---

23) Board of Governors of the Federal Reserve System（2005），*The Federal Reserve System – Purposes and Functions*, 9th ed., p. 88.

24) 厳密に言えば，中央銀行の当座預金総額は，準備預金制度によって，決済所要額を若干上回る水準に政策的に決定されている。しかし，その上乗せ幅は非常に小さく，ここでの議論には影響しないと考える。

25) 米国のコルレス銀行制度については高木（1986）117-122 頁，その形成過程については川合（2002）参照。

26) 信金・信組や貯蓄金融機関（Savings Institution）等を含む預金保険加入ベース。日本（預金保険機構）は 2015 年 4 月時点，米国（FDIC：Federal Deposit Insurance Corporation）は同 3 月時点。

かし，歴史的に見れば，実体経済は一国レベルへと発展してきたわけであるから，それに伴って資金決済の地理的範囲も拡大してきたはずである。にもかかわらず，支店の全国展開には制約があったため，地方の中小銀行はまず近隣の中心都市の中堅銀行に預金口座を設け，さらに中堅銀行はニューヨークにある大銀行に預金を置き，それぞれの預金の振替によって，取引先企業の振り出した小切手の決済を行ってきたのである。

つまり，地方の中小銀行から州都等にある中堅銀行へ，そしてニューヨークにある大銀行へとつながるツリー状の決済網が形成され，決済の相当部分は，中央銀行の当座預金の振替に依らずに，そうした中堅銀行や大銀行にある預金の振替によって完了するのである。言い換えれば，FRB の当座預金を用いて決済がなされるのは，コルレス銀行の当座預金によって決済されなかった残りの部分に限定され，それゆえ，米国の経済規模に比べて，FRBの当座預金額は少ないのである。米国における中央銀行制度の設立が1913年と遅かったのは（日本銀行は1882年設立），こうした決済構造の結果でもあり原因でもあった。

そして，決済システムの多層構造は FRB の設立後も根本的には解消されなかった。

例えば，1980 年金融制度改革法（Depository Institutions Deregulation and Monetary Control Act）によって，それまで連邦準備制度加盟銀行のみに無料で提供されていた FRB の決済サービスが，非加盟の預金金融機関にも開放されることとなったが，同時に，当座預金振替（Fedwire Funds Service）を含む決済サービスの有料化が決定されている。利用手数料は，日本銀行の口座振替サービスである日銀ネットでも徴収されているが，FRB の場合は，単に「実際にかかる運営費だけでなくもし民間企業であればかかるはずの税金や資本コストの推定額」も含めた課金が義務づけられている。その目的は，「連邦準備銀行が，同様のサービスを提供する民間企業と一層公平な基盤で競争できるようにする」ことであった[27]。つまり，決済サービスにおいても，FRB が独占的な地位を占めることは政策的に排除

27）米国連邦準備制度理事会（1985）110 頁。

され，民間金融機関との競争こそが決済システムの効率化に貢献すると考えられているのである[28]。実際，日本の場合（日銀ネット）は大口の資金決済に特化しているのに対して，FRB の場合（Fedwire）そうした限定がなく，小口向けの他の決済サービスと競合する関係にある[29]。

このことは，清算機関との関係においても見てとることができる。例えば，日本では，手形交換所や内国為替制度（全銀システム）は，銀行協会という民間組織によって運営されているものの，それぞれ（地域）独占的な組織である。そして，日本銀行はそうした清算機関を自ら運営することはなく，他方，銀行間の当座預金決済における独占性は非常に高い。対照的に米国の場合，民間の小切手交換所や内国為替制度（EPN; Electronic Payments Network）と並んで，FRB 自身も小切手交換サービスや FedACH を運営しており競争的な状況を維持しようとしているのである。

すなわち，一般的には，中央銀行の〈銀行の銀行〉としての機能は独占的なものと理解されるが（「規模の経済」からも自然独占が生じやすい），米国の場合，FRB が最も有力な〈銀行の銀行〉であることは間違いないものの，民間銀行の中にも〈銀行の銀行〉として一定の役割を果たすものがある一方，FRB も民間と同種のサービスを提供しており，独占性が政策的に抑制されているのである。

日本では，米国に比べて預金金融機関の数が少なく個々の規模が大きいことや，それぞれの金融機関が頻繁な現金の出し入れに対応する必要があることなどもあいまって，信用組合を除くほとんどの預金金融機関が直接日銀に当座預金口座をもち，そこで資金決済がなされている。その基本構造は，〈日銀—民間銀行〉という二層であり，中央集約的であると言えよう。

---

28) FRB の側でも，ただ課金するだけでなく，利用額の維持・獲得のために，顧客金融機関それぞれの，過去 5 年間の平均決済件数（月次）の 60％以上を利用した月の手数料には追加のディスカウントを提供するなど，民間との競争を意識したプライシング政策をとっている（Federal Reserve Bank Services, "2015 Fedwire Funds Service Volume-Based Pricing"）。

29) 折谷（2013）514 頁参照。その結果，決済一件あたりの金額を比較すると日銀ネットの約 18 億円に対して，Fedwire はその三分の一程度（655 万ドル）にすぎない（2014 年。日本銀行「決済動向」，FRB, "Fedwire Funds Service-Annual Data"）。

こうした決済構造の違いが，経済規模との比較において，日本では多額の中央銀行当座預金を必要とし，米国ではそれが少ない，一つの背景になっているように思われる。

しかしながら，他行向けの決済サービスの提供において民間金融機関が重要な役割を担っているということは，そこに信用不安が発生した場合には決済システム全体が大きく揺らぐことを意味する。金融危機に対して脆弱なのである。

さらに，オペの対象（担保）と相手先を限定する FRB の金融調節手法も，危機対応を一層困難にした。次節でその点を見てみよう。

3　金融調節の方法

(1)　オペとスタンディング・ファシリティ

ここまで，中央銀行のバランスシートとそれを規定する要因について述べてきた。本節では，金融調節の方法上の特徴について確認しておきたい。

①　オペ

本章では，バランスシートの主な資産項目として「短期オペ」，「国債」，「外貨準備」をあげたが，では，そもそも「オペ（Operation）」とは何だろうか。「オペ」は，「公開市場操作（Open Market Operation）」の略であるが，それは必ずしも「売買」とイコールではない。日本銀行の説明を見てみよう。

> オペとは何かを説明するとき，『中央銀行が金融機関等から手形や国債を買うこと（売買すること）』とされることが多い。確かに売買はイメージをつかみやすい面がある。しかし，実際には上述の通り，オペ手段には売買と担保付貸付の両方があるうえ，日本では，担保付貸付である共通担保資金供給オペが主力のオペ手段となっている。また，海外でも，例えば欧州中央銀行の主力オペ（Main Refinancing Operation）は，落札金融機関と各国中央銀行の間の取引は，国によって条件付売買や有担保貸付など異なる法形式をとる。こ

第 1 章　中央銀行のバランスシートと通貨供給　　19

うしたことから，オペとは『中央銀行が金融機関等との間で入札を通じて行う金融資産の売買や資金の貸付けなどの取引』と説明するのがより適当であろう[30]。

　つまり，例えば，1990 年代初めまで日銀の中心的な資金供給方法であった「日銀貸出」などの従来の「中央銀行貸出」は，①特定の金融機関に対して，②事前に，かつ市場金利よりも低い水準に定められた金利（公定歩合）で，③担保付で，貸し出すというものであり，貸出先，金額，期間は，中央銀行の裁量によって決定されていた。

　それに対して「オペ」では，適格金融機関は誰でも参加可能な入札によって金利，落札金融機関，個々の調達金額が決定され，事前に決定されているのは，供給総額，最低入札金利のみであって，透明性が高い。「貸出」では，同時に複数先に実施されたとしても〈特定の金融機関への貸出〉であるのに対して，「オペ」の場合はまさしく〈市場への資金供給〉となる。

　すなわち，オペは，「公開市場操作」に近いが，それが証券の売買のみをイメージさせるのに対して，重要なのは，売買か貸付かではなく，入札であるかないかであるというのが日銀の説明である[31]。

　しかし，売買形式と貸付方式の違いが全く意味をもたないわけではない。

　FRB の短期オペ（Temporary Open Market Operation）は，貸付形式でなされることはなく，すべてレポ（Repurchase Agreement：現先，条件付き売買），すなわち売買形式で行われる。対象債券（通常，国債）を，満期日（通常，翌日）に売り戻すという条件付きで買い入れるもので，その売買の価格差が金利に相当する。

　他方，日銀は，FRB と同様のレポも行うものの，先の引用にあるように貸付形式をとる「共通担保資金供給オペ」が現在の短期オペの中心となって

───────────

30）日本銀行金融市場局（2008a）26 頁。
31）ただし，この定義によると，ユーロシステム（2008 年 10 月 15 日）や日本銀行（2009 年 12 月 1 日）が導入した固定金利型のオペ（前者は供給総額を定めない応札額全額供給方式，後者は供給総額を事前決定した上での比例按分供給方式）は，オペとは言えないことになる。

20

いる。これは，担保となる債券等を特定して貸付・オペを行う「一件担保方式」と異なり，事前に差し入れられている各種証券や貸付債権など様々な担保の範囲内で（掛目を考慮した上で），金利入札形式で資金を貸し付けるという「根担保方式」をとっている[32]。

　また，ユーロシステムでは，売買（レポ）形式か担保付貸付形式かは各国の選択・法律に委ねられており，例えばドイツでは，従来，レポ形式でのオペが中心的な資金供給方法であったにもかかわらず，ユーロ導入にあたり担保付貸付形式を選択している。ドイツ連邦銀行は，その理由について，売買形式をとるレポの場合，個々のオペにおいてどの証券を対象とするかを指定する必要があるが，証券や貸付債権など様々な資産を取引先毎に一つのプールとして事前に預かりそれを担保とすれば，そうした指定の必要がなくなる。また取引先の側も，調達額の範囲内の担保を維持しておけばよく，その範囲内で必要に応じて担保を入れ替えることも可能になると説明している[33]。つまり，ドイツ連銀のオペは，日銀の「共通担保オペ」と同様の「根担保方式」をとっており，それは中央銀行側，金融機関側の双方にとって柔軟性，利便性が高いのである。

　この点，FRB の場合，金融調節としては売買形式のレポのみが行われており，かつ担保[34]の扱いはより制限的である。ただし，FRB のレポは，トライパーティ方式による GC レポ形式をとっており，担保は，決済銀行に提供されている三種類の適格担保（国債，政府機関債，政府機関保証 MBS

---

32) この「根担保方式」は，RTGS（Real Time Gross Settlement：即時グロス決済）への移行（2001 年 1 月）に際して，柔軟な資金供給方法の確保を目的に，「手形買入オペ」として導入された（2000 年 4 月 27 日）。その時併せて，地方企業向け貸出債権を担保とする貸出を増やすべく，オペの実施をそれまでの本店・大阪・名古屋の三店から日銀全店へと拡大することも決定されている。「共通担保資金供給オペ」は，この「手形買入オペ」をペーパーレス化したものである。手形買入オペについては，日本銀行企画局・金融市場局「RTGS 化に伴う手形オペの見直しについて」（2000 年 4 月 27 日金融政策決定会合議事録資料）参照。

33) Deutsche Bundesbank（1998）p. 21.

34) この「担保」は，レポにおいて売買対象となる証券を指しており，（貸借取引における）担保ではない。しかし，慣例に従い，以下，レポの売買対象証券も「担保」とする。

（Mortgage Backed Securities：住宅ローン担保証券））から約定後に割り当てられることになっている[35]。その際，FRBは，市場の状況等を勘案し担保を選択することになっているが，実際には国債が優先的に選択されており[36]，日銀やユーロシステムに比べて，担保の範囲は非常に狭いのである。

② スタンディング・ファシリティ

オペは，述べてきたように，中央銀行の側が能動的に一定の資金を供給（あるいは吸収）する金融調節手段であるが，それとは別に，スタンディング・ファシリティ（Standing Facility）と呼ばれる，中央銀行が受動的に資金を供給（吸収）する金融調節方法がある。

資金供給については，日銀は「補完貸付」，FRBは「窓口貸出（Discount Window；Primary Credit）」，ユーロシステムでは "Marginal Lending Facility" との名称で，いずれも①金利は翌日物市場金利の誘導目標値を0.5～1.0％程度上回るものの，②適格金融機関は適格担保の範囲内で，③金額に制限を設けることなく，借入れができるというものである[37]。

35）FRBのレポ形式についてはFRBNY（2007b）参照。トライパーティ・レポ（Tri-party Repo）は，レポ取引を行う二者だけで債券と現金を交換する従来型のレポと異なり，両者が現金口座と証券口座を開設した決済銀行（BNYメロンとJPモルガンチェースの二行）が担保管理を行う方式である。また，レポには，空売り等のために特定の債券の借入れを目的とするSCレポ（Special Collateral Repo）と，資金調達（資金運用）を目的とするGCレポ（General Collateral Repo）がある。後者の場合，債券は現金貸借の担保としてしか意味がなく，特定の銘柄に限定する必要がない。そのため，多様な債券を担保としやすく，また，レポ取引の約定のあとに銘柄を決めたり，別の取引のために担保を差し替えることも可能である。トライパーティ・レポによって，GCレポにおける柔軟な担保管理ができるようになったのであるが，それは同時に，リーマン・ショック前の住宅バブルを支えた巨大なファンディング市場の制度的基盤ともなったのである（本章末尾で後述）。トライパーティ・レポの仕組みについてはCopeland, et al.（2012）参照。

36）FRBのレポにおける担保の割当てについては，FRBNY（2009b）pp. 10-11参照。

37）いずれの中央銀行でも「中央銀行貸出」は設立以来行われてきたが，スタンディング・ファシリティの形に（＝本文の①～③の条件を満たすように）整備されたのは，日銀が2001年3月，FRBが2003年1月，ユーロシステムは発足時（1999年1月）である。

適用金利が，市場金利（≒オペでの落札金利）より高いわけであるから，通常，この貸出が利用されることはない。しかしながら，①期末や準備預金の積みの最終日であるなどの理由で市場金利が急上昇した場合，②金融機関が何らかの理由で市場から資金調達できない場合，などに利用される。

したがって，これは中央銀行の「最後の貸し手」機能の一つに含むことができ，また，バジョット・ルールからすれば，これが本来の「最後の貸し手」機能であることになる[38]。

貸出型とは逆の，預金型のスタンディング・ファシリティも導入されている。通常の「当座預金」の金利がゼロであるのに対して，これは，市場金利よりも少し低い水準に設定された預金金利で中央銀行に預金できるというものである。

ユーロシステムでは，ユーロ発足時より，預金型のスタンディング・ファシリティである "Deposit Facility" を設けている。日銀と FRB も，リーマン・ショック直後の 2008 年 10 月に，日本銀行は「補完当座預金制度」として所要準備補を上回る当座預金に，FRB は当座預金全体に，金利を付すことを決定した。これは，金融機関に所要準備を超えて中央銀行当座預金を維持するインセンティブを与えることで，流動性不足による金融不安を払拭しようとしたもので，現在まで維持されている。

また，貸出型と預金型のスタンディング・ファシリティは，市場金利に上限と下限を画し，その変動幅を一定に保つ役割を担う。

ところが，米国では，こうしたスタンディング・ファシリティのうち「窓口貸出」が，まさにそれが必要とされる信用不安が懸念される際に機能しないという現象が確認されている。そしてそれが，FRB の金融危機への対応を難しくした一因ともなったのである。本章の最後にそれを確認しておこう。

---

38) バジョット・ルールとは，中央銀行は，恐慌時には，①損失を被らない範囲で（＝債務超過ではない先に対して），②罰則的な高金利で，③優良な担保を受け入れることで，④無制限の資金供給を行うべきであるとする考え方である（バジョット（2011）216-217 頁）。

⑵ 米国のプライマリー・ディーラー制とスティグマ

日本銀行がオペを行う場合，その取引相手先の数は200社を超える（2014年10月時点で262社）。そこにはメガバンクから信用金庫まで，また証券会社も含まれる。担保も，根担保方式のもとで，国債等の債券のほか企業向けを含む貸付債権まで非常に幅広い。

ユーロシステムの場合も，取引相手は2,267社もあり，それはユーロ圏の全金融機関の三分の一以上にのぼる（2011年1月時点）[39]。またその適格担保は，国債，金融債（普通金融債，カバードボンド），社債のほか，貸付債権なども含み，（債券市場における国債の比率が低いこともあって）日本以上に幅広く設定されている（図表1-5）。

ところが米国では，国債の買切りであれ短期のレポであれ，すべてのオペの参加資格は，プライマリー・ディーラー（Primary Dealer）と呼ばれる，少数（20社程度）の大手証券ディーラー（ほとんどは証券会社で少数の商業銀行を含む）に限定されている[40]。プライマリー・ディーラーは，最低応札額や取引情報提供などの義務を負う一方で，発行市場を含め，FRBと直接国債の売買を行えるという特権を得ている[41]。

図表1-5　日本銀行とユーロシステムの受入れ担保

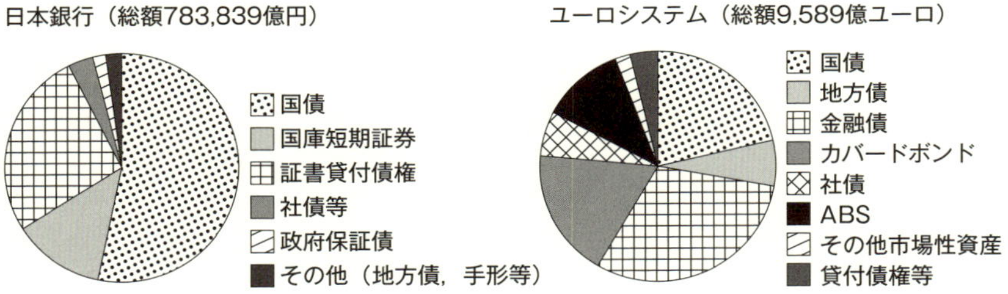

日本銀行（総額783,839億円）

- 🔲 国債
- ⬜ 国庫短期証券
- ▦ 証書貸付債権
- ◼ 社債等
- ▥ 政府保証債
- ■ その他（地方債，手形等）

ユーロシステム（総額9,589億ユーロ）

- 🔲 国債
- ⬜ 地方債
- ⊞ 金融債
- ⬜ カバードボンド
- ⊠ 社債
- ■ ABS
- ▤ その他市場性資産
- ▨ 貸付債権等

（注）2006年末の担保価額ベース。
（出所）日本銀行時系列データ，ECB, Eurosystem Collateral Data より作成。

---

39) ただし実際にオペに参加するのは100社程度である。なお本・支店が複数の国に所在する金融機関は，いずれの国のいずれの支店からオペに参加してもよいが，一金融機関につき一店のみでの参加となる（ECB (2011a) p. 97）。

FRB がオペの取引先を少数の証券ディーラーに限定しているのは，一つには，国債市場そのものが，ディーラー市場（店頭市場取引）として発達してきたためであると思われる。

公衆の注文を（ブローカーを経由して）証券取引所に集中させるオークション型市場と異なり，ディーラー市場では，ディーラー（マーケットメーカー）が，売り買いの気配を提示して，顧客の注文を自己勘定で受けていく。その場合，規模の経済が働き，少数のディーラーを頂点とするピラミッド的な構造が形成されやすい。米国の国債市場の場合，1930 年代には多数の地方ディーラーの成長が確認されているが，それらは価格面でも取引量でも，ニューヨークの業者に依存していた。

FRB のオペの方法として，より広い相手と売買する方法も選択肢としてはありえたが，オペの効率性と安全性の観点から，既存の市場構造に依拠する形で，大手ディーラーに限定したオペ方式が選ばれたのである[42]。

したがって，FRB のオペは，マクロ的な通貨供給であると同時に，国債市場（のマーケットメーカー）への流動性供給という役割も担うことになる。小規模ディーラーが多数存立するのでは，かえって大口の国債注文に対応することが難しい。巨額の国債発行を消化し，機関投資家による売買を円滑にこなすためには，少数の大手ディーラーによるマーケットメークが望ましい。FRB のオペは，そのファイナンスを支える役割を果たしてきたのである。そしてそれは，FRB の誘導する短期金利（FF レート）が，実体経済

---

40) プライマリー・ディーラーは，国債の発行市場においてもオペにおいても，顧客勘定での取引が認められているが（FRB（1997）pp. 863-868），レポについてはほとんどが自己勘定であると思われる。

41) 日本でも，2004 年 10 月に「日本版プライマリー・ディーラー制度」として「国債市場特別参加者制度」が導入された。国債の発行市場において一定の応札義務等を課すという点で日米の制度は共通するが，米国では，プライマリー・ディーラーは中央銀行のオペ（金融調節）の対象先でもあるのに対して，日本では日銀のオペとは全く関係がないという点で，両者は大きく異なる。「日本版プライマリー・ディーラー制度」の歴史的位置付けについては，中島（2006）参照。

42) プライマリー・ディーラー制度の起源は，1930 年代末の "Recognized Dealer Program" にまでさかのぼる。制度の形成過程とそこでの議論については，Garbade（2015）参照。

に直接作用する長期金利（企業の資金調達金利や家計の住宅ローン金利など）に波及する過程において，様々な満期をもつ国債の流通市場が最重要の役割を担っているからにほかならない。

　他方，日本や欧州の場合，金融政策の波及経路において国債市場の役割が高まってきているとはいえ，銀行の企業向け融資など個別の市場への直接的な資金供給の必要性が相対的に大きい。日銀の全店オペの導入（注32参照）はその端的な表れである。またユーロ圏の場合も，国債市場そのものが一様でない上に，加盟国ごとの金融構造も多様であるため，中央銀行によるきめ細かな資金供給が必要だと考えられているように思われる。

　その上，先述のように，FRBのオペはレポ形式をとっており，その担保は，政府機関債やその保証するMBSはごくわずかで，ほとんどを国債が占めている。

　したがって，通常時におけるFRBの資金の供給は，プライマリー・ディーラーが国債（と政府機関債等）を保有している限りにおいて可能なのであり，言い換えればその範囲を超えてドルを供給することは，FRBといえども困難となるのである。

　もちろん緊急時には，前述のスタンディング・ファシリティである「窓口貸出」で資金を供給できることになっている。しかしながら，FRBの通常の資金供給は，その取引先においても担保においても極めて限定的であり，一般の金融機関にとってFRBから資金供給を受けることは例外的な取引となる。しかも，FRBの「窓口貸出」は，2003年の改革までは，他の方法では資金調達できないことが利用条件とされていた[43]。そのため米国の金融市場では，FRBからの借入れは，経営が悪化し市場で資金調達できないからこそその行動と解釈される。つまりFRBからの借入れは，資金繰りに窮していることを自ら告白しているのに等しいため，瞬時にして市場における信認を失ってしまうのである。米国金融市場における「スティグマ（Stigma：汚名，烙印）」と呼ばれる現象である[44]。市場から資金調達できなければ金融機関は存続できない。もちろん，FRBが「窓口貸出」の個別の貸出先を

43）FRBの「窓口貸出」については，FRB（1994），FRBNY（2007a）参照。

公表するわけではない。FRB は週次ベースで「窓口貸出」の総額を発表しているにすぎないが，業界内では市場での取引状況をにらみながら様々な憶測が飛び交う。もちろんマスメディアも，（大手であればなおさら）金融機関の「窓口貸出」利用を価値あるニュースとして報じる。そのため，「最後の貸し手」であるはずの FRB の「窓口貸出」は，それがまさに必要とされる金融不安が広がった時にこそ機能しないという状況にあったのである[45]。

　各国中央銀行の資金供給方法の違いは，当然ながら各国の金融構造の違いを反映したものである。企業の資金調達において銀行融資のシェアが高いなど，間接金融が優位にある日本においては，中央銀行の金融調節手段においても，銀行を取引相手先とし，担保においても証書貸付債権を含む幅広いものとなるほかない。対照的に米国では，銀行融資のシェアが低く国債を中心とする債券市場の役割が大きいことを反映してプライマリー・ディーラーとの国債レポによる資金調節が行われてきたのである。
　さらに，そうした金融構造の一要素として，（裁量的な資金配分に対するものとしての）市場メカニズムへの評価・態度をあげることもできるであろう。米国のように金融調節方法を事実上国債の売買に限定することは，中央銀行の通貨供給から，企業の信用リスク負担や貸出に伴う信用割当的性格を厳格に排除することを意味する。産業金融的な要素の否定と市場メカニズムへの強い指向がベースにあると思われる。
　しかし他方で，2000 年代半ばからの住宅バブルの時期に，米国の短期金

---

44) 例えば，リーマン・ブラザーズ倒産の過程を描いたドキュメントであるソーキン（2014）には，「この貸付（窓口貸出のこと─引用者注）を利用するのは自分の弱さを認めることであり，そのような危険はどのような銀行も冒したくないのだ」（上 37頁），また，「リーマンが流動性不足でついに連銀の貸出枠を利用したという噂が広まった。事実無根だったが，それでも株価は 15 パーセント下落した」（上 180 頁）といった叙述が見られる。50 年前以上の吉野（1963）においてすでに，「欧米諸国の中央銀行においても貸出が増加する場合がないとはいえないが，（中略）中央銀行から借入を行った市中銀行はこれを恥辱と考え，一刻も早く顧客から貸出を回収して自らの借入を返済しようとする」との説明がなされている（186-187 頁）。
45) Armantier, et al.（2011）参照。

融市場では担保とされる債券の多様化が急速に進んだ。住宅ローン担保証券など幅広い金融商品が民間金融機関どうしのレポ取引の担保とされ[46]，それが，住宅ローン市場の資金供給を担うと同時に，投資銀行等のファンディングの手段として機能したのである。

つまり，住宅バブル期の米国短期金融市場においては，一方に担保や参加者が著しく制限された中央銀行による資金供給，他方に多様化と肥大化が進む民間市場というアンバランスが生じていた。こうした状況下で金融不安が起きると，金融機関はそろって流動性不足に陥るが，FRB の従来型の通貨供給方法ではそのニーズを満たすことはできなかったのである。

その問題に FRB がどのように対応したのか，それが次章のテーマである。

---

46) それを可能にしたのが，注 35 で述べた，トライパーティ・レポにおける決済銀行による担保管理であった。この点，第 2 章で再び触れる。

第 2 章
リーマン・ショックと FRB

は じ め に

　2008 年 9 月の米国大手投資銀行リーマン・ブラザーズの倒産は，1930 年代の大恐慌以来最も深刻な世界的金融危機をもたらした。その原因については非常に数多くの指摘・検証がなされているが[1]，筆者には，主たる要因は，①国際的なカネ余り，②クレジット市場における技術革新への過信，③大手証券会社の「ヘッジファンド化」，の三つに整理できるように思われる。

　2000 年代半ばの国際的なカネ余りの主たる背景は，IT バブル崩壊後の不景気に対する FRB の金融緩和であるが，それだけではない。BRICs や産油国の輸出主導型の経済戦略は，市場介入による自国通貨の低め誘導と外貨準備の積み上げを伴っていた。1997 年のアジア通貨危機とその後の IMF による経済管理の厳しさを目の当たりにした新興国は，外国企業を積極的に受け入れるとともに輸出で稼ぎ，外貨を市場介入で吸い上げて米国の債券市場に投じてきたのである。それが「世界的不均衡（Global Imbalance）」や「世界的過剰貯蓄（Global Saving Glut）」と呼ばれた現象であり，米国の経常赤字の拡大を支えると同時に，グリーンスパン FRB 議長が「謎（conundrum）」と呼んだ長期金利の低位安定の一因となった。そして，低金利の長期化は，機関投資家の運用先を低格付け先にも拡大させ，次に述べ

---

　1) なかでも，米国の金融市場・金融機関のあり方に焦点をあてて，危機の原因を最も包括的に検証しているのは，米国議会の報告書 Financial Crisis Inquiry Commission（2011）であろう。

る技術革新と相まって，クレジット市場におけるバブルを生み出したのである。

　1990年代後半のITバブルの背景では，ストック・オプションや株式交換という「株式の貨幣化」とも呼ぶべき株式市場における技術革新が大きな役割を果たしたが，2000年代半ばのバブルを支えたのはクレジット市場における技術革新であった[2]。

　例えば，住宅ローン債権やクレジットカード債権など，多数の小口債権を買い集めて証券化すれば，大数の法則が利用でき，予測できないリスクを予測可能なリスクに転化させることができる（と考えられた）。さらに，一つの証券から返済優先度に差のある複数の証券（Tranche）を作りだすことで（Tranching：トランチング），ローリスク・ローリターン型からハイリスク・ハイリターン型まで投資家の選好に合わせた金融商品を組成することが可能となった。また，CDS（Credit Default Swap）を購入すれば，投資した証券がデフォルトするリスクをヘッジできる。もちろん，リスク管理手段は同時に投機手段でもある。新たな技術への過剰な自信が，行き過ぎたリスクテークをもたらしたのである。

　こうした状況のなかで，大手証券会社のビジネスモデルも大きく変化した。証券会社の本来の仕事は，単純化すれば，企業などの発行体と投資家，投資家と投資家を仲介することである。証券のリスクをとるのは投資家であって，証券会社は市場の仲介者にとどまるべきとされてきた。しかしながら，1980年代後半から預金という巨大な資金源を持つ銀行がライバルとして証券業務に参入し，さらに，ヘッジファンドが高給で人材を引き抜き始めると，証券会社も短期的な収益を目指すようになった。

　具体的には，証券会社や銀行が，ヘッジファンド同様に，レポやCPで短期の市場資金を大量に取り入れ，自らが証券化商品を含む巨大なポジションを抱えるようになったのである。したがって，投資銀行の「組成分売（originate to distribute）モデル」（証券を組成し投資家に販売するビジネス）自体が失敗したわけではない。それが次第に"originate to hold"に転

　2）クレジット市場における技術革新については伊豆（2007a, b）参照。

第 2 章　リーマン・ショックと FRB　　　31

化していたことこそが問題だったのである[3]。

　証券化商品の裏付け資産であるサブプライムローンの貸し倒れ率が上昇し始めると，関連商品の価格が下落し，CDS の提供元である保険会社自身の経営も揺らぎだした。それが米国の大手投資銀行[4] の経営を圧迫するようになり，結局，2008 年 3 月には業界 5 位のベア・スターンズ，そして 9 月には同 4 位のリーマン・ブラザーズが破綻するに至ったのである。

　本章では，サブプライムローン問題が深刻化し，そしてリーマン・ショックに至る，2007 年夏から 2008 年末を中心とする FRB[5] の危機対応策を，

---

3) 証券化商品の保有による投資銀行の損失については伊豆（2008）参照。

4) 投資銀行（Investment Bank）は，投資銀行業務を主たる業務とする金融機関のことであるが，法律用語ではなく，厳密な定義はない。米国の法律上も，証券会社は broker-dealer，預金を扱う銀行は bank として区別されるが，投資銀行業務は，証券の引受けやシンジケートローンの組成，M&A 関連のアドバイスなど，法人向け金融ビジネスを意味するため，以前より，法律の垣根を越えて，そうしたビジネスを得意とするモルガン・スタンレー等の証券会社も，JP モルガン等の銀行も，投資銀行と呼ばれてきた。他方で，大手であっても，シティバンク（銀行）やメリルリンチ（証券会社）など，個人向けビジネスのウエイトの高い金融機関は，投資銀行には含まれなかった。ところが，1980 年代頃から，銀行・証券会社双方においてトレーディング（ディーリング）業務の比率が高まると，投資銀行業務（投資銀行）の概念もそれらを含む方向に拡張され，かつ曖昧になって，今日に至る。本書では現在の一般的な用法に従っている。

5) 米国の中央銀行は 12 の地区連邦準備銀行から成り，その名称は連邦準備制度（Federal Reserve System）である。その最高意思決定機関が，議長・副議長を含む 7 名の理事で構成される連邦準備制度理事会（Board of Governors of the Federal Reserve System）であり，金融調節（オペ）についての決定機関が，7 名の理事と 5 名の地区連銀総裁（FRBNY 総裁と残り 11 名の地区連銀総裁からローテーション方式で選任される 4 名）から成る連邦公開市場委員会（FOMC：Federal Open Market Committee）である。これらの全体を示す略称としては，"FRS"，"Fed" または "FRB（Federal Reserve Board あるいは Federal Reserve Bank）" が用いられるが，本書では FRB とする。また，FRB の通常の金融調節は，FOMC の決定にもとづきニューヨーク連邦準備銀行（FRBNY）が実施し，危機対策などは理事会の承認によって FRBNY などが実施しているが，本書では，FRB 内部の機関を特に区別することなく，いずれも "FRB" の政策としている。この点，第 3 章で扱うユーロ圏の中央銀行組織については，意思決定機関，各加盟中央銀行の区別を重視しており，FRB の扱いと大きく異なる。その理由は第 3 章で述べる。

そのバランスシートの変化という観点から検証する[6]。それは，リーマン・ショックの性格をいわば裏側から明らかにすることにもなると考える。またその際には，日本銀行やユーロシステムとの比較も，常に念頭に置いておきたい。

1　バランスシート（資産）の推移

リーマン・ショック前後のFRBのバランスシートの推移を概観しながら，本章の課題をもう少し具体的に述べておこう。

図表2-1，2-2を見ると，何よりも2008年秋の劇的な拡大が目につく。細かく言えば，9月10日に9,617億ドルであったFRBの資産は，10月15日には1兆8,054億ドルに達しており，わずか1ヵ月の間に倍増，およそ9,000億ドルの資金が市場に供給されたことになる。言うまでもなく，9月15日のリーマン・ブラザーズの倒産に対応したものである。しかし，次章以下で見るように，欧州危機時のユーロシステムや1990年代の日本銀行の場合，ここまでの急増は生じていない。中央銀行の資産が，しかも米国のような経済大国において，1ヵ月の間に倍増するというのは異例中の異例である。なぜ，ここまでの急増が必要であったのだろうか。

そして，図表2-1は他にもいくつかの疑問・論点を提示している。時間の順にあげれば，以下の通りである。

2007年初め頃からサブプライムローン問題が深刻化し，07年8月のパリバ・ショック[7]によって危機は顕在化するが，FRBが資産を増大させるのは08年9月のリーマン・ショックからである。つまり，パリバ・ショックからリーマン・ショックまでのおよそ1年の間，FRBの資産総額はほとん

6）FRBの危機対応策は，FRB自身が，そのウェブサイト"Credit and Liquidity Programs and the Balance Sheet"（www.federalreserve.gov/monetarypolicy/bst. htm）等で詳細な報告を行っている。また，政策当局者の回想録（バーナンキ（2012），ガイトナー（2015），ポールソン（2010）），ジャーナリストによる報告（ソーキン（2014））も非常に有益である。

第 2 章　リーマン・ショックと FRB　　33

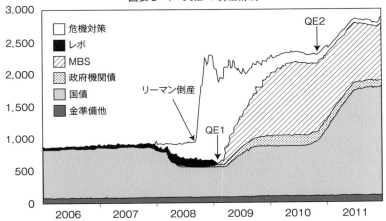

図表 2-1　FRB の資産構成

(注) 10 億ドル。「危機対策」の内訳は図表 2-5。
(出所) FRB, Statistical Release, H.4.1 より作成。

ど変化していない。ところがその間に，資産の構成が微妙に変化している。それは第 1 章で述べたように通貨の供給方法の変化を意味する。

　①まず 07 年夏頃よりレポによる供給が増大し始め，②同年末から「危機対策」が導入され増加していくが，他方で，③国債保有額が減少しているため資産総額はほぼ一定に維持されている。この意味するところは何だろうか。金融危機に対する常識的な対応は，資金供給額の増加であるが，FRB は当初そうした措置をとらず，通貨供給方法の比率の調整に限定しているのである。それはどのような考え方，米国金融市場のいかなる特徴を反映したものだったのだろうか。

　そして 08 年 9 月にリーマン・ショックが発生すると，FRB は緊急的な政

---

7) 2007 年 8 月 9 日，フランスの大手投資銀行 BNP パリバが，傘下のファンドの償還を停止したことをきっかけに，欧州金融市場の機能が低下した。ファンドが投資する証券化商品の流動性が枯渇したためその時価評価ができなくなったことが償還停止の理由とされたが，背景には，同商品の大幅な価格下落があった。パリバ・ショックに対するユーロシステムの対応については第 3 章注 10 参照。

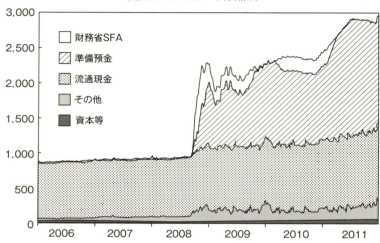

図表2-2 FRBの負債構成

(注) 10億ドル。SFA：Supplementary Financing Account.
(出所) 図表2-1に同じ。

　策をフル動員し，前述したように資産を倍増させる。つまり，この時点で（先に③として述べた）資産総額を一定に保つべく国債保有額を減少させるという政策は放棄され，通貨供給額を急増させたのである。と同時に，08年9月には相次ぎ新たな通貨供給策が導入されている。従来の方法では十分な流動性を供給できなくなったためであるが，それはなぜか。また，新しい供給方法は従来と何が異なっていたのだろうか。

　負債の動きも確認しておくと（図表2-2），準備預金が急増しているのは当然であるが，リーマンの倒産と同時に，「財務省SFA」なる勘定が新たに設けられ，最大時にはおよそ5,600億ドルにも達している（08年10月末）。これも，日本や欧州では見られない，米国に特徴的な政策対応である。

　そして，こうした危機の過程において，FRBは，投資銀行ベア・スターンズと保険会社AIG（American International Group）を救済する一方で，リーマン・ブラザーズを救済することはなかった。その違いを生んだものは何だったのだろうか。

2009 年に入ってパニック的な状況が落ち着きを見せると，①「危機対策」で導入された新たな方式での通貨供給額は急速に減少し，10 年初めには一部を除いてゼロとなっている。また，②通常の通貨調節手段であるレポも，09 年 1 月には完全に停止し残高ゼロが続いている。他方で，③ 08 年 11 月には，それまでは行われていなかった政府機関債等の買切りオペが開始される（のちに "QE 1：Quantitative Easing 1" と呼ばれる）。こうした政策転換の目的についても確認しておきたい。

2　金融危機対策

⑴　オペ対象の変化

2007 年 8 月のパリバ・ショック後の FRB の最初の政策対応は，「窓口貸出」の期間延長（翌日物のみから 30 日物へ）というものであったが，その効果はほとんどなかった。FRB みずから「この政策措置は，窓口貸出をほとんど増加させなかった」[8] と述べている。第 1 章で述べたスティグマのため，流動性の確保に不安を感じる銀行も，「窓口貸出」の利用をできる限り避けようとしていたのである。

政策金利（FF レートの誘導目標値）が 9 月から 12 月までに合計 3 回，計 1 ％引き下げがなされているが，それでも 07 年末時点では 4.25 ％という水準であった。急激な金融緩和ではあるが，政策の枠組みという観点で言えば通常の範囲内での対応である。

通貨供給方法については，レポによる資金供給が増加し，にもかかわらず，前述のように資金供給総額はほぼ一定に維持されている。

具体的に見ると，①それまで限界的なレポ担保にすぎなかった政府機関債[9] とそれら政府系機関が保証した MBS（Mortgage Backed Securities：

---

8) Armantier, et al.（2008）p. 4. 当時，FRBNY 総裁であったガイトナーも，この時の FRB の対応は「連銀からお金を借りることによる負の烙印を帳消しにするには，まったく不十分だった」と回想している（ガイトナー（2015）167 頁）。

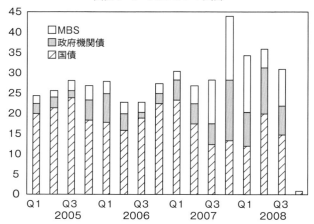

図表 2-3　FRB のレポ残高

(注) 10 億ドル。四半期平均。2008 年 3 月に導入された，MBS のみを
　　対象とするシングル・トランシュ・レポは含まない。
(出所) FRBNY, "Domestic Open Market Operations during 2007,"
　　February 2008, p. 21, Chart 13, "during 2008," January 2009, p.
　　11, Chart 5.

住宅ローン担保証券）を対象とするレポが増大する一方で，②主力であった国債は減少している（図表 2-3 の 2007 年第 2 四半期からの変化。さらに 08 年 3 月から保証 MBS のみを担保とするシングル・トランシュ・オペを開始）。そして同時に，③買切りオペによる国債の保有額は漸減している。FRB は，償還を迎えた保有国債分については，従来，ほぼ同額の買入れを行ってきたが，07 年にはそれを停止し，08 年には新規の買切りオペそのものを中止して，さらに売切りオペにまで踏み切ったのである（図表 2-4）。

　資金供給額を一定に維持しながら，政府機関債・MBS をレポで買い入れると同時に，国債についてはレポ・買いオペ・売りオペで保有額を減らしたのであり，簡単に言えば，市場（民間）が負担していたリスク資産を FRB

---

9) 政府系の住宅金融機関（GSE：Government-sponsored enterprises）である Fannie
　Mae, Freddie Mac, Federal Home Loan Banks の発行する債券。

第 2 章　リーマン・ショックと FRB

図表 2-4　FRB の国債保有額の変化

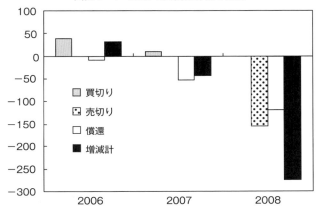

（注）10 億ドル。2006 年と 07 年の売切り，08 年の買切りはゼロ。
（出所）FRBNY, "Domestic Open Market Operations during 2008," January 2009, p. 14, Chart 8.

が肩代わりし，同時に，FRB が保有していたリスクフリーの国債を市場に放出したことになる。民間金融機関どうしのレポ取引においてリスク回避的な動きが出始め担保が国債に集中してきたこと，また，広く債券市場において「質への逃避」が生じ国債需要が高まったことに対応したのである。

しかしその一方で，通貨供給総額を引き上げるには至っておらず，また，プライマリー・ディーラーを通じたオペという通常の供給ルートにも変化は見られない。

ここから，FRB の当時（2007 年夏〜秋）の状況判断は，〈不足しているのは国債であってドルではない〉あるいは〈市場に国債を供給すれば必要なドルは市場内部で融通可能だ〉というものであったと推測される。

ところが 07 年秋，大手投資銀行は相次いでサブプライムローン関連商品の巨額評価損を発表する。そして 12 月，FRB は TAF と為替スワップという新たなドル供給ルートを導入するのである。

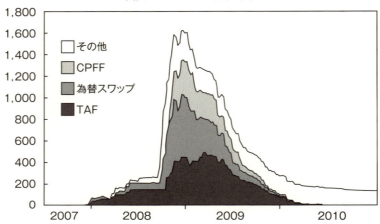

図表 2-5　FRB の危機対策

（注）10 億ドル。図表 2-1 の「危機対策」を抜き出したもの。「その他」= AMLF + TALF + Maiden Lane Ⅰ・Ⅱ・Ⅲ + AIG 向け融資。
（出所）図表 2-1 に同じ。

(2)　TAF と為替スワップ協定（2007 年 12 月）

2007 年 12 月 12 日，FRB は，TAF（Term Auction Facility）と名付けた新たな資金供給方法の導入と，欧州中央銀行（ECB）・スイス中央銀行との為替スワップ協定の締結を発表した。

① TAF とスティグマ

TAF の最大の特徴は，預金金融機関に対して金利入札方式で資金を貸し出すところにある[10]。

FRB は，市場での資金調達が困難となった預金金融機関を対象に「窓口貸出」を用意しており，述べたように 07 年 8 月にはその満期を延長してもいるが，第 1 章で述べたスティグマのためにその利用は進んでいなかった。そこで，相対かつ政策金利（公定歩合）での貸出である「窓口貸出」とは異

10）TAF については，Armantier, et al.（2008），Armantier, et al.（2011）pp. 9-11 参照。

なり，貸出先も貸出金利も集団的な競争入札で決定される方式を導入したのである（期間も1ヵ月物と3ヵ月物の長めに設定）。さらに，「窓口貸出」が，スタンディング・ファシリティとして随時，必要な金額全額を申し込めるのに対して，TAFは，2週間に1度のペースでしか実施されず，また一つの銀行が応札できるのは各回のTAFでの供給額の10％までに限定された。つまり，TAFでは，入札という市場メカニズムが取り入れられ，緊急性が排除され，また一度に少なくとも10行以上が借り入れるようにすることで，スティグマを回避したのである。図表2-5が示すように，リーマン・ショックが起こるまで，TAFは「危機対策」による資金供給のほとんどを占めていた。

　TAFのこうした特徴，その導入目的からすると，TAF導入の理由は，もちろん金融危機の深まりにあるが，同時に米国金融市場の制度的要因にもあることがわかる。同様の危機が日本や欧州で起こったとしても，TAFのような方法は新たに導入する必要がなかったであろう。そもそも日銀やユーロシステムでは，通常のオペがTAFと同様のもの（多数の金融機関が参加する，多様な担保が認められる入札）であり[11]，また日本にはスティグマが存在しないからである。日銀の資金供給手段で，FRBの「窓口貸出」に相当するのは，「補完貸付」であるが，金融危機時のその利用状況について，日銀は，「補完貸付の利用を忌避するような動きは特にみられない」（2007年度），「2007年度に比べて大幅に増加した」（08年度）としている[12]。

　日本では，①オペと補完貸付において，担保の種類と対象金融機関が共通であり，しかも，②適格担保の範囲は企業向け貸付債権を含むなど非常に幅広く，また通常のオペの取引先金融機関も200社前後と非常に多い。さらに言えば，中央銀行から融資を受けることを「汚名」とするよりむしろ「恩恵」あるいは「特権」とみなすオーバーローンの長い歴史もある。それに対して米国では，資金調節をプライマリー・ディーラーとの国債の売買（レポ

---

[11] 白川（2008）は，TAFを，日銀の共通担保オペと同じ内容のものであると述べている（361頁）。

[12] 日本銀行金融市場局（2008b）19頁，同（2009）33頁。

と買切り）に限定するという原則を厳守してきた。そのことがスティグマを
生み，新たな資金供給方法を必要としたのである。〈危機時には入札型の資
金供給に代わって特融などの裁量的な相対型の資金供給を〉というのが，常
識的には理解しやすいが，米国では反対に〈相対型の貸付を入札型に〉変え
なければならなかったのである。

② 為替スワップ協定と国際通貨ドル

TAF と同時に発表された為替スワップ協定においても，米国に特有の要
因がある。このスワップ協定は，FRB が欧州の中央銀行（ECB とスイス中
銀）と自国通貨を一定額まで一定期間交換する取決めとして始まった。つま
り，お互いが自国通貨を担保に相手国通貨を借り入れるというわけであ
る[13]。

しかし，FRB がユーロやスイスフランを必要としていたわけではない。
協定の目的は ECB とスイス中銀へのドルの供給であった。欧州がドルを必
要としたのは，欧州の金融機関がドル建て金融資産への投資を膨らませてい
たためである。そのためのドルは，証券化商品等のドル建て資産を裏付けと
するレポ取引や ABCP（Asset Backed Commercial Paper）[14] の発行で調達
されていたが，証券化商品の大幅な価格下落によってそうした取引は困難と
なっていた。ユーロ投の為替スワップでもドルを調達できるが，ドル需給の
アンバランス（需要の急激な上昇）によってコストが急騰していた[15]。

当時の状況を，図表 2 - 6 で確認しておこう。07 年 8 月にパリバ・ショッ
クが起こるが，その際，欧州におけるドル取引（ユーロダラー）の指標金利
である LIBOR（London Interbank Offered Rate：ロンドン銀行間金利）が
跳ね上がっているにもかかわらず，TB（Treasury Bill：米国財務省短期証

---

13) 為替スワップ協定については Fleming and Klagge（2010）参照。
14) 通常の CP が発行体の信用のみによって無担保で発行されるのに対して，ABCP は，
　証券化商品等からの元利払い等の収入を裏付けとして発行されるため，その安全性は
　相対的に高いと考えられていた。
15) この時期の欧米間のドル需給の不均衡については，McGuire and von Peter（2009），
　Baba, et al.（2009），Coffey, et al.（2009）参照。

第2章　リーマン・ショックとFRB　　　　　　　　　　　　　　41

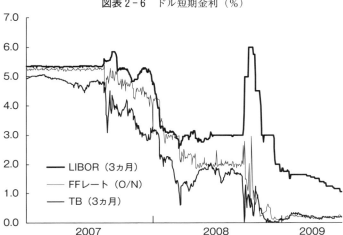

図表2-6　ドル短期金利（％）

（出所）FRB, Statistical Release, H. 5 より作成。

券）の金利は下落している。欧州でドルが借りにくくなる一方で，「質への逃避」が生じて TB 価格が上昇（金利は低下）し，その格差が広がっているのである。つまり，ドル全体の金利が上昇しているのではなく，民間金融機関が相互の信用リスクを意識しはじめた結果，とりわけ欧州の金融機関がドルを調達しにくくなっているのである。そうした傾向はその後も続き，08年9月のリーマン・ショックによって頂点に達する。

となると，ECB 等にはドルの供給機能がない以上，欧州の金融機関にはドル調達の手段がなく，それを埋めるために，FRB が ECB とスイス中銀にドルを供給したわけである。

つまり，このスワップ協定にもとづくドル供給は，米国の金融危機というよりドルが国際通貨であることから生じた対応策であった。欧州の金融機関がドルの両建て取引の拡大にリターンを求めていたことが背景にあり，好況期の短期金融市場と資産市場におけるドル市場の魅力の高さが，危機時のドル不足を招いたのである。

このように見てくると，07年12月に導入された二つの資金供給方法は，もちろん金融危機を原因とするものではあるが，それ以上に，米国特有の事情（「窓口貸出」に対するスティグマの存在とドルの国際通貨機能）を背景としていることがわかる。少なくともこうしたファシリティの導入は，危機の発生が日本や欧州であれば必要のないものであった。また，こうした新たなルートが導入されつつも，繰り返し述べてきたように，08年9月のリーマン・ショックまでFRBの通貨供給総額は変化していない。新たな資金供給に対して，FRBは，国債の買切り額の抑制さらには売切りによって追加的な流動性供給を拒否したのであった。問題は流動性の額ではなく，従来の資金供給ルートの"目詰まり"にあり，それを迂回するための新たなパイプが敷設されたにすぎないのである。

(3) ベア・スターンズ危機への対応（2008年3月）

2008年3月13日（木）夜，FRBに，かねてより経営不安が伝えられていた大手証券会社ベア・スターンズから，翌日，倒産法の適用を申請するとの連絡が入る[16]。サブプライムローン問題が金融危機に転化し，FRBも，同月以降，1930年代以来となる「緊急貸付（Emergency Lending）」をたびたび発動することになる[17]。

① ベア・スターンズの救済

ベア・スターンズは，FRBのオペの取引先（プライマリー・ディーラー）であったが，預金金融機関ではないため「窓口貸出」もTAFも利用することはできない。また，米国では，倒産法にもとづく通常の破綻処理とは異なる，預金保険公社を管財人とする特別な破綻処理制度が設けられていたが，それもあくまで預金金融機関だけが対象であり[18]，法律上は，証券会社の破綻処理は，一般事業会社と同じく連邦倒産法にもとづいて裁判所の下で進められるほかなかった。

しかし，サブプライムローンの証券化商品の価格下落が続き，多くの金融

---

16) ガイトナー（2015）189頁，ポールソン（2010）129頁。

機関の財務が急速に悪化しつづけるなかで，ベア・スターンズのような大手証券会社を倒産させるとなると，信用不安のさらなる高まりが予想される。同社の多くの債権者に損失が及ぶほか，レポ，デリバティブ取引の一括清算による混乱[19]も懸念されたのである[20]。

　残された選択肢は，財務省またはFRBが救済するか，他社による買収であるが，前者には法的な根拠がなかった。そこで，救済買収が模索され，ベア・スターンズの決済銀行であったJPモルガン・チェース（以下，JPMC）が有力候補となるが，最終決定には至らない。そのような状態のまま，3月14日（金），FRBは，連邦準備法第13条第3項の「緊急貸付」を発動し，まずは一時的な資金繰りのため，JPMCを通じてベア・スターンズに129億ドルを融資する（担保付きで金利は公定歩合を適用。なお，この貸付はベア・スターンズの債務となりJPMCには返済義務が生じない形式で実行さ

17）連邦準備法（Federal Reserve Act）第13条第3項は，「異例かつ緊急の場合（in unusual and exigent circumstances）」に，理事会（定員7名）における5人以上の賛成（欠員がある場合は全員の賛成）をもって，個々の連邦準備銀行に対して，「個人，パートナーシップまたは会社（any individual, partnership, or corporation）」への貸付を，それが担保されたものである（indorsed or others secured to the satisfaction of the Federal Reserve bank）場合には，認めることができると定めている。同項の今次金融危機における発動例は，個別金融機関への救済融資（保証）として①ベア・スターンズ，②AIG，③シティ・グループ，④バンク・オブ・アメリカの4例，複数先が利用可能なファシリティとして，①TSLF，②PDCF，③AMLF，④CPFF，⑤MMIFF，⑥TALFの6例がある（それぞれ本文で後述する）。「緊急貸付」については，小立（2009），Labonte（2015），FRB Office of Inspector General（2010），また，その歴史についてはFetting（2002）参照。なお，第13条第3項には，2010年のドッド＝フランク法によって，①金融機関等に個別に対応するのではなく，広範囲に定められた利用者適格基準を備えた（with broad-based eligibility）プログラムまたはファシリティとして実施すること，②財務省の事前承認を得ること，③すでに破綻している金融機関等の救済を目的としないこと，④特定の企業のバランスシートから資産を除くため，あるいは特定の企業の倒産を避けるために用いないこと，⑤貸付後7日以内に貸出先の名前，金額，期間その他について議会に報告すること，などの修正が加えられた。

18）この点，ドッド＝フランク法によって，「システム上重要な金融機関」と認定されれば，証券会社等の非預金金融機関もその対象に含まれることになった。澤井・米井（2013）参照。

れた）[21]。この貸付は，翌営業日（17 日）に元利全額が返済されている。

　3 月 16 日（日），JPMC による買収が決定するが，その際，JPMC がベア・スターンズの資産の一部の引取りを拒否したことから，それについては，FRBNY と JPMC で受皿となるペーパーカンパニー（Maiden Lane LLC，以下 ML Ⅰ）[22]を組成し，そこが引き受けることとなった。ML Ⅰ がベア・スターンズから買い取った資産[23]は 300 億ドル（時価），そのための資金は，FRB が 288 億ドルのシニアローン，JPMC が 12 億ドルの劣後ローンを提供した。ローンの満期は 10 年（ただし FRB の裁量で延長可能）で，およそ 2 年後の 2010 年 6 月に月次ベースで返済を開始するものとされた。

　その後，ML Ⅰ の資産は，時間をかけて売却・回収が進められ，2012 年 6 月には FRB からの借入れが（7 億 6,500 万ドルの利益を伴って）全額返済され，同年 11 月には JPMC への返済も終了，ベア・スターンズの処理は 4

---

19) デリバティブ取引，レポ，外為取引などでは，取引参加者間で非常に多くの取引が積み上げられていくのが普通である。そこで取引相手が倒産した場合，相手方別にすべての取引を相殺して一つの債権債務にするという，倒産法上の特例を一括清算という。通常時は，相殺によってカウンターパーティ・リスクが縮小し自己資本を節約できるというメリットがあるが，巨額の残高を抱える大手金融機関が倒産した場合には，①解約された取引を新たに構築するための取引が短期間に集中すること，②倒産した金融機関から差し入れられていた担保の処分が，これも短期間に集中して行われることなどによって市場が混乱する可能性が高い。1998 年の LTCM（Long Term Capital Management）や日本長期信用銀行の破綻処理における懸念材料の一つがこれであった。この点，リーマン・ショック後の制度改革によって（米国ではドッド＝フランク法，日本では 2013 年の預金保険法改正），金融当局が，民事上の契約にもとづく一括清算を，1〜2 日程度，強制的に停止できることになった。金融機関の破綻処理と一括清算については伊豆（2014）参照。

20) ガイトナー（2015）190-191 頁。

21) 以下のベア・スターンズの処理については，FRB, "Bear Stearns, JPMorgan Chase, and Maiden Lane LLC"（www.federalreserve.gov/newsevents/reform_bearstearns.htm）; FRBNY, "Maiden Lane Transactions"（www.newyorkfed.org/markets/maidenlane.html）による。

22) "Maiden Lane" は，ニューヨーク連邦準備銀行の建物が面している通りの名前からとられている。

23) 買取り資産は，債券については格付け BBB−以上，債権は 30 日以上の延滞なしのものに限定された。

第 2 章　リーマン・ショックと FRB　　　45

図表 2-7　Maiden Lane Ⅰの資産構成

資　　産	公正価値
政府機関保証 MBS	10.10
商業用不動産ローン	8.20
民間 RMBS	5.10
デリバティブ	3.70
住宅用不動産ローン	1.60
その他	1.30
合　　　計	30.00

(注)　2008 年 3 月 14 日時点。10 億ドル。
　　　「その他」は，CMBS，ABS，CDO，
　　　社債，地方債。
(出所)　FRBNY，"Maiden Lane Transac-
　　　tions"。

年余りの時間をかけて完了した[24]。

　ベア・スターンズの株主は，安値での株式譲渡を余儀なくされたものの，同社の債務は JPMC に引き継がれたため，債権者や取引相手が損失を被ることはなかった。その意味では，ベアの救済は，金融危機の拡大防止に成功したと言える。しかし半年後には，それが同時に "Too Big To Fail（巨大金融機関は公的な支援によって倒産をまぬがれる）" 神話を強化し，モラル・ハザードを生み出していたことが，リーマン・ショックという形で明らかになるのである。

　②　TSLF と PDCF

　FRB は，ベア・スターンズ危機を受けて，TSLF（Term Securities Lending Facility）と PDCF（Primary Dealer Credit Facility）という二つのファシリティを創設している[25]。07 年 12 月の TAF が銀行（預金金融機関）向けであったのに対して，これらはそのほとんどを証券会社が占めるプ

24）その後現在（2015 年 6 月末）においても，ML Ⅰにはおよそ 17 億ドルの未売却資
　　産が残っている。
25）TSLF については Fleming, et al.（2009），PDCF については Adrian, et al.（2009）
　　参照。

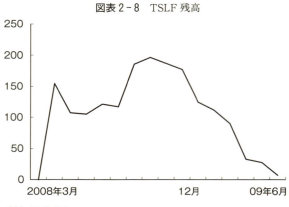

図表 2-8　TSLF 残高

(注) 10 億ドル。
(出所) 図表 2-1 に同じ。

ライマリー・ディーラーを対象としている。これら大手証券会社こそ，2000年代半ばのクレジット・バブルの中心に位置していたのであり，ここにきて，FRB はそこへの直接的な流動性供給に踏み切ったのである。ただし，非預金金融機関への貸付は，FRB のオペ（プライマリー・ディーラーとの売買）でも，スタンディング・ファシリティ（「窓口貸出」＝預金金融機関への貸付）でも認められていない。そこで，FRB は，「緊急貸付（連邦準備法第 13 条第 3 項)」を発動することになったのである。

　TSLF は，一言で言うと，民間債を担保とする国債の貸出である。FRB は，通常時においても，フェイル対策としてプライマリー・ディーラーを対象に特定の国債を貸し出す Securities Lending を行っているが，その際の担保は別銘柄の国債，期間はオーバーナイトに限定されていた。それに対して TSLF では，①担保として，国債のほか，政府機関債，同保証 MBS, 民間の RMBS（Residential Mortgage Backed Securities：住宅ローン担保証券）・CMBS（Commercial Mortgage Backed Securities：商業用不動産ローン担保証券）（ただしトリプル A 格）を認め，②期間も 1 ヵ月とした[26]。こうした債券は，住宅バブルの時期には，投資銀行の投資対象であると同時に，レポの担保として資金調達手段としても盛んに用いられていたのである

が[27]，バブルが崩壊すると，レポ市場でプレミアムを求められたり（ヘアカット率の引上げ），適格担保から外されたりしたため，証券会社にとって大きな障害となっていた。それを FRB が国債と交換するというものである。しかしながら，FRB はそうした証券を直接買い上げることはしなかった。レポの担保として唯一機能していた（それゆえ市場で極度の品不足が生じていた）国債との交換を認めるだけであり，ギリギリまで市場の枠内での解決が目指されたのである（市場への国債の供給という点では，TSLF は図表 2 - 4 で示した国債の供給と共通する）。貸出先も品貸し料も入札決定で，スティグマからも自由であった。

　もう一つの PDCF は，預金金融機関に限定されていた「窓口貸出」を，プライマリー・ディーラーにも開放するというものである。

　しかし，これら二つのファシリティはいずれも，TAF 同様日銀であれば必要のないものである。日銀は，通常のオペにおいて，国債だけでなく，社債，資産担保証券，企業向け証書貸付債権など幅広い資産を適格担保として認めており[28]，また，対象先には証券会社も含んでいるからである。言い換えれば，米国では，通常時における制限的な金融調節方法が，危機時において特別なファシリティを必要としたのである。にもかかわらず，PDCFは，「窓口貸出」そのものであるため，スティグマを免れず，リーマン・ショックまでは，その利用は（事実上，経営破綻した）ベア・スターンズに限られていた[29]。

　以上，サブプライムローン危機が顕在化した 2007 年 8 月からベア・スターンズ危機が起こった 2008 年 3 月までの FRB の対応を見てきたが，そ

---

26) これは通貨の供給を伴わず国債の貸出にすぎないため FRB のバランスシートには計上されない。しかし，その残高は最大時には 2,000 億ドル近くに達しており，窓口貸出や PDCF などよりも大きい。

27) Hördahl and King（2008）p. 46, Fleming, et al.（2009），Adrian, et al.（2009）p. 4.

28) 日本銀行の適格担保（基準，種類，掛け目等）については，日本銀行「適格担保取扱要領」参照。

29) Adrian, et al.（2009）p. 7. 入札形式をとっていた TSLF は，結果的に PDCF を補うものとして利用されていた。Fleming, et al.（2009）p. 9.

れは要約すれば，①通貨供給量の総額は維持しつつ，②通貨供給の目詰まり
を解消し，③品不足に陥った国債を供給するとともに（国債保有残高の縮
小・TSLF），④経営破綻した大手投資銀行であるベア・スターンズには，
救済合併を斡旋し必要な流動性を供給する，というものであった。目詰まり
を解消する手段が，スティグマのために機能しなくなった「窓口貸出」に対
する TAF の導入であり，欧州の金融機関へのドル供給のための為替スワッ
プ協定であり，窓口貸出を利用できなかった証券会社を対象とする（効果は
わずかであったが）PDCF の導入であった。

　しかし，リーマン・ブラザーズの倒産は，こうした手段では対応できな
い，はるかに深刻な危機を生み出すのである。

⑷　リーマン・ショック下の資金供給（2008 年 9〜11 月）

①　通貨供給量の拡大と新たなファシリティ

　2008 年 9 月 15 日，リーマン・ブラザーズが連邦倒産法第 11 条の適用を
申請し，FRB の政策は大きく転換する。資金供給政策は，量と質の両面に
おいて以下のように変化した。

　一つは，通貨供給量の急増であり，ショック直前には 9,600 億ドルだった
FRB の総資産は 1ヵ月後には 2 兆ドルを超えている。それまでの，TAF な
どの新たな通貨供給ルートを創設しつつも全体的な流動性についてはほぼ一
定額を維持するという方針では対応できなくなり，供給量の大幅な拡大が必
要となったのである。図表 2-1 と 2-5 を見れば，増加分のおよそ 8 割が，
TAF と為替スワップで供給されたことがわかる。メリルリンチやシティな
どまでもが“リーマンの次”として噂されるようになり，金融機関どうしの
資金の融通が極めて困難となっていた。そのため，中央銀行が市場機能を代
替するように巨額の資金供給に乗り出したのである。

　もう一つの変化は，さらに新たな資金供給方法を導入したことである。そ
れらは AMLF，CPFF，MMIFF，TALF と名付けられたが（いずれも連邦
準備法第 13 条第 3 項にもとづく），この四つのファシリティに共通するの
は，証券型の金融市場への資金注入であることである。FRB は，07 年 12
月には「預金金融機関と欧州の中央銀行向け」の資金供給である TAF と為

替スワップを，08年3月には「大手証券ディーラー向け」のTSLF，PDCF
を導入したが，ここにきて，CP市場，MMF市場への直接的な資金供給に
踏み切ったのである。

　個別に見てみよう。

　まず，2008年9月19日に発表されたAMLF（ABCP Money Market
Fund Liquidity Facility）は，預金金融機関・銀行持株会社に対して，系列
運用会社が運用するMMFからABCPを買い取る資金をノンリコースで融
資するというものである。米国ではMMFの運用会社がMMFから投資対
象証券を買い取ることが認められており，結果的に運用会社による元本保証
に近くなるが，それも運用会社の財務余力次第である。その買取資金を
FRBが融資するというものである。

　続く10月7日のCPFF（Commercial Paper Funding Facility）は，さら
に一歩踏み込んで，FRBが発行体からCPを購入するためのSPV（Special
Purpose Vehicle）を設立し，その資金をFRBが融資するというもの，つま
りは，実質的にFRBがCPの買取りを始めたのである。

　そして10月21日に創設されたMMIFF（Money Market Investing
Funding Facility）は，同じくFRBが設立したSPVが適格投資家からCP
を買い取るための資金をFRBが融資するというものであった[30]。

　11月25日に決定されたTALF（Term Asset-Backed Securities Loan
Facility）は，カードローン，中小企業向け融資債権等を原資産とする適格
ABSを保有する者（金融機関に限定されない）に対するノンリコース融資
である。

　これら四つのファシリティは，供給額そのものは小さかったものの（図表
2-5参照，CPFF以外は「その他」に含まれる），CP，MMF，ABSへの直接
的な資金注入を目的としている点で，リーマン・ショックの性格を示唆して
いるように思われる。

　振り返ってみると，欧州向けのドル供給である為替スワップ（07年12

30）ただし，MMIFFは，設立されたものの実際に発動されることはなく，09年10月
　に終了した。

月）を除けば，銀行への資金供給（07 年 12 月，TAF）から，証券会社への現金（PDCF）と国債（TSLF）の供給へと進み（08 年 3 月），さらにここにきて CP 市場への流動性が開始されたのであり，しかもその対象は，①AMLF では MMF の運用会社経由であったものが，②CPFF では発行体からとなり，さらに③MMIFF では投資家からの買取りへと，より直接的になっている。そして④11 月には広く ABS 市場全体の支援に乗り出すのである。

　このことは，リーマン・ショックの影響を大きく受けたのが短期金融市場であったこと，しかもそれが銀行間市場というより，ABCP を中心とする広義の短期市場であったことを示している。そしてこうした異例の措置が必要になったのは，当該市場への主たる資金供給元であった MMF において「取付け」が発生したためであった。

　銀行は，要求払い債務を顧客に提供する一方で長期の融資債権を保有する機関であるため，本来的に「期間のミスマッチ」を抱えている。だからこそ，銀行間での過不足資金の融通（銀行間市場）や「最後の貸し手」としての中央銀行を必要とするのである。そして中央銀行は，「政府の銀行」であることから，不換紙幣であるにもかかわらず強制通用力をもつ銀行券の発行という特権を認められており，その限りでは金額無制限の貸し手となりうる。

　ところが近年の短期金融市場は，単なる決済資金の過不足の調整にとどまらず，調達側から見れば金利裁定のリターンを高めるためのファンディング市場であり，運用側から見れば MMF 等の資金運用の場となっている。それによって，投資銀行等はレバレッジを拡大させて大きなポジションを取ることが可能となり，それがクレジット市場のバブルを支えていた。しかもそれは，MMF 等の機関投資家からの，原則として元本保証の許されない資金に大きく依存していたのである。FRB が金融機関への流動性供給にとどまらず，CP 市場と MMF への介入を余儀なくされたのはそのためであるが，それは同時に，「銀行の銀行」としての役割から発生した中央銀行の，伝統的な「最後の貸し手」機能の枠組みを大きく踏み越えることでもあった。

　リーマン倒産の直後に生じた MMF への取付けについては，後に改めて

第2章 リーマン・ショックと FRB　　　　　　　　　51

図表 2-9 SFA (Supplementary Financing Account)

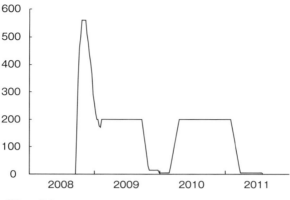

（注）10億ドル。
（出所）図表 2-1 に同じ。

取り上げる。

② SFP の開始

　リーマン・ショック後の FRB の政策において，もう一つ注目すべきは，SFP (Supplementary Financing Program) の開始である（9月17日発表）[31]。

　これは，財務省が TB（満期は7日から101日まで，多くは70日物）を発行し，その発行代わり金をそのまま FRB に設けた特別勘定（SFA：Supplementary Financing Account）に預金，凍結するというものである。つまり，SFP での TB の発行は，財務省の資金繰りのためではない。FRB のバランスシート（負債）上は，TB の発行額（＝民間金融機関の購入額）だけ「当座預金」が減少し，同額が「財務省 SFA」に移ることになる。その発行額は，制度創設直後に急増しピーク時（08年10月末）には 5,600 億ドルに達しており，図表 2-2 が示すように，FRB のバランスシート全体のなかでも一定の規模を占めている。

---

31) SFP については Santoro (2012) 参照。

図表 2 - 10　FRB の危機対策

	発表日	名　称	対象先	適格担保	方　式
リーマン・ショック前	2007. 8. 17	窓口貸出（Term Discount Window Program）	預金金融機関	窓口貸出適格担保	スタンディング
	2007. 12. 12	TAF（Term Auction Facility）	預金金融機関	窓口貸出適格担保	入札
	2007. 12. 12	為替スワップ協定（Reciprocal Currency Arrangements）	外国中央銀行	外貨	—
	2008. 3. 7	Single-Tranche Open Market Operations Program	プライマリー・ディーラー	国債，政府機関債，政府機関保証 MBS	入札
	2008. 3. 11	TSLF（Term Securities Lending Facility）	プライマリー・ディーラー	トリプル A 格 MBS（導入時）	入札
	2008. 3. 16	PDCF（Primary Dealer Credit Facility）	プライマリー・ディーラー	投資適格債券（導入時）	スタンディング
リーマン・ショック後	2008. 9. 17	SFP（Supplementary Financing Program）	財務省	—	—
	2008. 9. 19	AMLF（ABCP Money Market Fund Liquidity Facility）	預金金融機関，銀行持株会社	発表日以降に MMF から買い取られた，格付け A1 以上の ABCP	スタンディング
	2008. 10. 7	CPFF（Commercial Paper Funding Facility）	CP 発行体	格付け A1 以上の CP	スタンディング CP = OIS + 100bp ABCP = OIS + 300bp
	2008. 10. 21	MMIFF（Money Market Investing Funding Facility）	マネーマーケットの投資家（MMF 等）	残存期間 3 ヵ月以内の CD・CP	スタンディング
	2008. 11. 25	TALF（Term Asset-Backed Securities Loan Facility）	適格 ABS を保有するすべての米国(法)人	トリプル A 格付けの ABS	スタンディング
個別金融機関への救済融資 — ベア・スターンズ	2008. 3. 14	ベア・スターンズ向け融資	129 億ドルを融資（有担保，公定歩合）。		
	2008. 3. 24	Maiden Lane LLC	ベア・スターンズの資産を買い取るために設立され日）。		
個別金融機関への救済融資 — AIG	2008. 9. 16	AIG Revolving Credit Facility	AIG に対して 850 億ドルのクレジットラインを設定		
	2008. 10. 8	Securities Borrowing Facility	AIG に対する証券担保融資。		
	2008. 11. 10	Maiden Lane Ⅱ	AIG の RMBS を買い取るために設立された LLC 向		
	2008. 11. 10	Maiden Lane Ⅲ	AIG の CDO（CDS 対象）を買い取るために設立さ		

（出所）　FRB プレスリリース資料（www.federalreserve.gov/newsevents/press/monetary），
　　　　FRBNY 資料（www.newyorkfed.org/markets/）より作成。

第2章　リーマン・ショックとFRB　　　53

備　　　考	出　口　戦　略
翌日物だけだった窓口貸出の満期を30日に延長。 08年3月16日に90日に延長。	満期を短縮：28日（10年1月14日）→翌日物（10年3月18日）公定歩合を引上げ：0.5%→0.75%（10年2月19日）
窓口貸出に「入札」を導入。満期は28日または84日。	10年3月8日の入札をもって終了。
欧州系金融機関のドル不足（為替スワップ市場の機能不全）に対応するため欧州の中央銀行にドルを供給。その後，協定先・金額・満期を拡大。	終了（10年2月1日）。ギリシャ危機を受け，5月10日に再締結。
通常オペの3段階構造（国債1st，政府機関債2nd，政府機関MBS 3rd）を1段階に集約し，事実上MBS対象のオペに。	レポは，通常のレポを含め，08年末に停止（QE体制に移行）。
市場でのレポに使えなくなった債券を国債と交換。適格担保は，08年5月8日にトリプルA格ABS，08年9月14日に投資適格債券に拡大。	終了（10年2月1日）。
大手投資銀行への「窓口貸出」。適格担保は，08年9月14日にトライパーティ・レポ適格債（ほぼすべての債券）に拡大。	終了（10年2月1日）。
財務省がTBを発行し代わり金をSFA（Supplementary Financing Account）で管理。	11年8月に残高ゼロ。
MMFからABCPを買い取る資金を「窓口貸出」金利でノンリコース融資。ABCPの流動性が枯渇した状況下で投資家からの償還請求に対応。	終了（10年2月1日）。
①FRBがSPVを作る。②SPVは発行体から3ヵ月物の（AB）CPを買い取る（発行体毎の買取上限は08年1月～8月の最大発行残高）。③FRBはそのSPVに融資。④目的はCPの借り換え支援。	終了（10年2月1日）。
①FRBがSPVを作る。②SPVは適格投資家からCD・CPを買い取る。③FRBはそのSPVに融資。④目的はAMLF，CPFFの補強，投資家からの直接購入。⑤SPVは設立されたものの実際には稼動せず，利用実績はゼロ。	終了（09年10月30日）。
①適格ABSは，学生ローン，自動車ローン，カードローン，米国中小企業庁保証ローン。②適格ABSを保有する米国（法）人にノンリコースで貸出。③適格担保を拡大。各種リース（09年4月より），09年発行のCMBS（09年6月より），08年以前発行のCMBS（09年7月より）。④09年6月より融資満期を3年から5年に延長。	終了（10年3月31日，ただし，09年発行CMBSについては10年6月30日に終了）。
	08年3月17日全額回収。
た LLC（Limited Liability Company）向け融資（08年6月26	12年6月14日全額回収。
（有担保，金利は3ヵ月物LIBOR＋850bp）。	11年1月14日全額回収。
	MLⅡの設立に伴い，08年12月12日全額回収。
け融資（融資開始08年12月12日）。	12年2月28日全額回収。
れたLLC向け融資（融資開始08年11月25日）。	12年8月23日全額回収。

その目的は，当初，リーマン・ショック後の膨大な資金供給によって過剰となった資金を回収するためと説明されたが[32]，それだけでは理解しづらい。というのは，この時期の FRB の政策の目的は，前述のように CPFF 等によって CP 市場や MMF 市場に的を絞って資金を供給すると同時に，金融恐慌的状況に対して，TAF や為替スワップ等をフル活用し，それこそ"過剰な"資金を市場全体に供給することだったからである。その局面で，資金を回収する手段を同時に設けるのは合理性に欠ける。ましてや，10 月 6 日には，FRB は準備預金（所要準備と超過準備の双方）への付利を発表しており[33]，それは，預金金融機関に"過剰"な当座資金を保有させることを目的としているのである。

　この点，Santoro（2012）は，SFP には，「質への逃避」によって極端な品薄状態になっていた TB を補完的に供給するというプラスの副作用があった，との見方を紹介しているが，むしろその効果が大きかったように思われる。

　すなわち，SFP の目的は二つあり，その一つは，過剰な準備を回収するというより，過剰な準備（10 月 6 日以前は金利ゼロ）を保有することになった金融機関に対して，金利のある TB すなわち資金運用手段を提供することであり，もう一つは当時の短期市場において唯一担保として機能していた TB を大量に供給することで市場機能を維持することではなかったかと思われる。このうち前者については，準備預金への付利の開始によって意味を失うわけであるが，後者の意義は残り，ベア・スターンズ危機時（08 年 3 月）に導入された TSLF とともに，市場への国債の供給という役割を担ったのである。

⑸　AIG の救済（2008 年 9〜11 月）
①　AIG 救済の背景
　AIG（American International Group）は，米国を中心にグローバルに活

---

32) FRBNY, "Statement Regarding Supplementary Program," September 17, 2008.
33) 預金型のスタンディング・ファシリティの導入である（第 1 章参照）。

動する世界最大手の保険会社であったが，そのビジネスの一つに，子会社である AIGFP（AIG Financial Products）を通じた，証券化商品を含む各種債券のデフォルト・リスクの引受けがあった。多くの投資家・証券会社は，証券化商品を保有すると同時に，債券がデフォルトを起こした場合には元本を受け取れるという保険契約を AIGFP 等の金融保険会社と結んでいた。それは CDS（Credit Default Swap）のプロテクションの売買という形をとる。クレジット・バブルが拡大している間，AIG は，プロテクションの売りによるプレミアム（保険料）収入（とそのプロテクションの時価の下落による評価益）によって巨額の利益を上げていた。

　ところが，サブプライムローンの延滞率が上昇し，保証している証券化商品の元利払いが不安視されるようになると，デフォルトの頻発（＝"保険金"の支払い）による AIG の財務の悪化が心配されるようになった。投資家側（プロテクションの買い手）にしてみれば，万一 AIG が破綻することになれば，せっかくの保険契約も意味がなくなる。そのため，CDS では，他のデリバティブ契約と同じく，契約の相手方の格付けが低下すれば，追加担保の差入れが義務付けられている[34]。

　そして実際に，2008 年 9 月 15 日（リーマン・ブラザーズの倒産手続き申請と同日），主要な格付け会社が AIG の格付けを引き下げたことで，AIG は巨額の追加担保の負担に応じられず事実上破綻に追い込まれたのである。しかし，AIG が法的に倒産すれば，AIG との CDS によって投資商品のデフォルト・リスクをヘッジしていた投資家・金融機関の財務悪化に拍車がかかる。また，デリバティブ取引の一括清算を通じた（注 19 参照），連鎖的な市場の混乱が懸念された。そこで FRB は，財務省との協力のもと，AIG に「緊急貸付」を行うとともに，AIG 保有資産の買取り，CDS 契約の解消に向けた取組みを開始するのである。

---

34) デリバティブにおけるカウンターパーティ・リスク管理については，富安（2014）参照。

56

② AIG の救済

　まず，AIG の格付けが引き下げられた翌日（9 月 16 日），FRB は，AIG に対して 850 億ドルのクレジットライン（融資枠）を設ける（AIG Revolving Credit Facility）[35]。主として，前述の CDS 関連の追加担保の支払いと，現金担保証券貸出（後述）の現金担保の返済に充てる資金の供給である。そして同時に AIG Credit Facility Trust を設立し，AIG に発行させる優先株を引き受けて議決権の 79.9％を取得することを決定した（Trust の実際の設立は 09 年 1 月 16 日）。つまり，クレジットラインの提供による AIG の事実上の国有化である。

　翌月 10 月 8 日，FRB は Securities Borrowing Facility を設立して，AIG に証券を担保とする 378 億ドルのクレジットラインを設けることを決定。AIG は，現金を担保に証券を投資家に貸し出すサービスを行っていたが，顧客から解約の申し出が相次いでいたため（解約により担保の現金を返済する必要があり，それが 9 月 16 日のクレジットライン設定の一因となっていた），それに対応すべく，FRB が証券を担保に現金を貸し出すというものである。

　しかしながら，こうした一時的な資金繰りの支援では AIG の再建に不十分であることが明らかとなると，FRB は，11 月 10 日，財務省と共同で，以下のような支援策の再編を発表する。

　一つは，財政資金の投入であり，財務省は TARP 資金[36]を使って，AIG の優先株を取得し FRB の AIG 向けの貸付を肩代わりした。これによって，FRB の 850 億ドルの融資枠は 600 億ドルに削減されている。

　もう一つは，AIG から RMBS を買い取るための LLC（Maiden Lane Ⅱ）と，AIG の取引先から，AIG がプロテクションを販売していた CDS の対象債券である CDO（Collateralized Debt Obligation：債務担保証券）を買い取

　35）以下の，AIG 救済策については，FRB，"American International Group（AIG），Maiden Lane Ⅱ and Ⅲ"（www.federalreserve.gov/newsevents/reform_aig.htm），FRBNY，"Maiden Lane Transactions"（www.newyorkfed.org/markets/maidenlane.html）："Actions Related to AIG"（www.newyorkfed.org/aboutthefed/aig/index.html），SIGTARP（2009）による。

る（それによって CDS 取引を解消する）ための LLC（Maiden Lane Ⅲ）の設立である。

Maiden Lane Ⅱ は，FRB から 195 億ドル（上限 225 億ドル）のシニアローン（貸付開始は 12 月 12 日）と AIG から 10 億ドルの劣後繰延ローンを受けた。金利は 1 ヵ月物 LIBOR + 100bp で，返済後の残余利益が生まれた場合には，FRB と AIG に 5 対 1 で分配されることとなった。図表 2 - 11 が買い入れた RMBS の構成を示している。格付けは投資適格のものが 71.1% を占めているが，高格付けのものでもサブプライムローンを原資産とするものが多いことがわかる。

Maiden Lane Ⅲ は，FRB から 243 億ドル（上限 300 億ドル）の貸付（貸付開始は 11 月 25 日）と AIG から 50 億ドルの出資を受けた。金利は，Ⅱ と同じく 1 ヵ月物 LIBOR + 100bp に設定されており，返済後の残余資産は，2 対 1 の比率で FRB と AIG に配分されることとされた。図表 2 - 12 は，Maiden Lane Ⅲ が CDO を買い取った AIG の取引相手とその金額（およびそれまでに AIG が支払った担保の金額——その一部は 9 月 16 日からの FRB から AIG への貸付資金によると思われる）である。AIG が，世界中の巨大金融機関に対して巨額の CDS プロテクションを販売していたことがわかるが，このリストが公表されると，議会などから，「これら債権者は（金融危機に関して責任のない—引用者）無実の犠牲者ではない」と厳しい批判を浴びることになり[37]，その後の，公的資金による救済を認めないドッド＝

---

36) 2008 年 10 月 3 日に成立した緊急経済安定化法（Emergency Economic Stabilization Act of 2008）にもとづく TARP（Troubled Asset Relief Program）資金。当初は，文字通り不良資産の買取りに充てられる予定であったが，資本注入（財務省による優先株の取得等）も可能とされ，総額 4,267 億ドルが投じられた（14 年 12 月末時点）。内訳は，金融機関向け資本注入 2,049 億ドル，AIG 向け 678 億ドル，自動車産業向け 797 億ドルなど。うち元本 3,736 億ドルが回収済み（The Office of the Special Inspector General for the Troubled Asset Relief Program（SIGTARP），*Quarterly Report to Congress*, January 28, 2015, p. 106, Table 4.1）。TARP については西川（2010）参照。

37) Walsh, M. W., "A. I. G. Lists Banks It Paid with U. S. Bailout Funds," *The New York Times*, March 16, 2009.

図表 2 - 11　Maiden Lane Ⅱ の資産構成

	AAA	AA+~A+	A+~A-	BBB+~BBB-	BB+以下	合　計
オルト A（変動金利型）	10.6%	5.4%	4.1%	3.1%	4.7%	27.9%
サブプライム	22.5%	8.5%	6.7%	6.8%	12.7%	57.2%
その他	7.1%	1.1%	0.8%	4.4%	1.5%	14.9%
合　　計	40.2%	15.0%	11.6%	14.3%	18.9%	100.0%

（注）RMBS188 億ドルの内訳（2008 年 12 月 31 日時点）。
（出所）FRBNY, "Maiden Lane Ⅱ；Quarterly Summary of Assets and Outstanding Loan Balance".

図表 2 - 12　AIG の CDS 取引相手

取　引　相　手	買取額	担　保	合　計
ソシエテ・ジェネラル	6.9	9.6	16.5
ゴールドマン・サックス	5.6	8.4	14.0
メリルリンチ	3.1	3.1	6.2
ドイツ銀行	2.8	5.7	8.5
UBS	2.5	1.3	3.8
カリヨン	1.2	3.1	4.3
ドイツ協同組合銀行	1.0	0.8	1.8
モントリオール銀行	0.9	0.5	1.4
ワコビア	0.8	0.2	1.0
バークレイズ	0.6	0.9	1.5
バンク・オブ・アメリカ	0.5	0.3	0.8
RBS	0.5	0.6	1.1
ドレスナー銀行	0.4	0.0	0.4
ロボバンク	0.3	0.3	0.6
バーデン・ビュルデンベルク州立銀行	0.1	0.0	0.1
HSBC（米国）	0.0	0.2	0.2
合　　計	27.1	35.0	62.1

（注）10 億ドル。担保は，2008 年 11 月 7 日までの支払額。
（出所）SIGTARP（2009），p. 20, Table 2.

フランク法制定（2010 年 7 月）の一因となる（第 5 章参照）。

　こうした FRB からの救済資金は，主として，① AIG の子会社である ALICO（American Life Insurance Company）のメットライフへの売却（162 億ドル，2010 年 11 月 1 日），②同じく AIA（American International

Assurance Company）の IPO（205 億ドル，2010 年 10 月 29 日），③ Maiden Lane Ⅱ・Ⅲの資産の売却，によって 2012 年夏までに全額が回収され終了している（図表 2 - 10 参照）。

3 MMF 危機と FRB

(1) リーマン・ショックと MMF
① リーマン・ショックの意味

　リーマン・ブラザーズの倒産は，大手金融機関といえども常に当局によって救済されるわけではないことを市場に知らしめ，金融機関の信用リスクを急騰させた。破綻懸念の高まりが資金繰りの悪化をもたらし，資金繰り悪化の噂が破綻懸念を強めるという悪循環が生まれ，短期金融市場はパニック状態に陥った。そうなれば，銀行の貸渋りや証券化市場の機能低下（住宅・自動車等の関連融資の減少）を通じて実体経済に影響が及ぶことも不可避であり，それが，リーマン・ショックの主な内容であるが，しかしもう一つ，これと重複するものの別個の波及経路として，リーマン債のデフォルトが MMF の元本割れを引き起こし，それが短期金融市場の機能低下を増幅させるというルートがあった。そしてそのことが，FRB に，先述したように，量的な資金供給の拡大だけでなく，短期金融市場への直接介入という極めて異例の政策を採らせることになったのである。この点について，改めて整理しておきたい。

② MMF の元本割れと取付けの発生

　9 月 15 日にリーマンが倒産法の適用を申請した翌日，老舗運用会社であるリザーブ・マネジメント（Reserve Management）が，みずからが運用する MMF「リザーブ・プライマリー・ファンド」の元本割れを発表した（1 ドルに対して 97 セント）。同ファンドは，リーマンの発行した短期債券を 7 億 8,500 万ドル保有していた。3 月のベア・スターンズの救済を見て "Too Big To Fail" を信じ，比較的利回りの高いリーマン債に投資していたのであ

60

る[38]。

　ここから MMF 市場全体に解約請求が殺到し，事実上の取付けが発生したのである。

　MMF は預金とは異なり，元本の保証はなく公的な保険も存在しない。しかしながら，以下のような制度的な措置によって，従来，その安全性は極めて高いとみなされてきた[39]。

　まず，MMF は，証券規制上，資産の 95％以上を複数の格付け会社から最上位格付けを得ている証券で占めねばならず，また組入れ証券の平均残存期間も 90 日以下でなければならない。

　第二に，「ペニー・ラウンディング・メソッド」と呼ばれる四捨五入方法も元本割れを起こりにくくしてきた。日本であれば，元本 1 万円を基準とし 1 円未満で四捨五入するため，9,999 円 50 銭未満となった時点，すなわち損失が 0.005％以上となった時点で元本割れとなる。ところが米国では，1 ドル（＝ 100 セント）の元本に対して 1 セント未満を四捨五入するため，99.5 セント未満にならなければ，すなわち損失が 0.5％以上にならなければ元本割れとはならないのである。

　第三に，運用会社による事実上の損失補塡が認められている。組入れ証券が格下げまたはデフォルトとなった場合，運用会社やその親会社が，当該証券を買い取るなどして損失を埋めることが可能なのである。投資家の信認維持のために，運用会社は当然に元本割れを回避すると期待され，事実上の元本保証に近いと考えられてきた。

　ところが，リーマン・ブラザーズの倒産によって同社債務の不履行が発生し，リザーブ・マネジメントが元本補塡を断念したことから，「安全神話」は崩壊した。そして，大手証券系をはじめとする運用会社（の親会社）の補塡能力への不信が広がったのである。

　図表 2 - 13 で取付けの状況を見てみよう。米国では，MMF のうち，主た

---

38) リザーブ・プライマリー・ファンドの元本割れについては，バーナンキ（2012）148-153 頁，ガイトナー（2015）248-249 頁，ポールソン（2010）301-303 頁，ソーキン（2014 下）226 頁，Financial Crisis Inquiry Commission（2011）pp. 356-357 参照。
39) 岩井・三宅（2008），三宅（2008），松尾（2008）参照。

第2章　リーマン・ショックとFRB

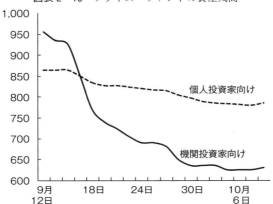

図表2-13　プライム・ファンドの資産残高

（注）10億ドル。9月12日から10月8日まで。
（出所）Baba, et al.（2009），p. 73, Graph 4.

る組入れ対象を国債・政府機関債に限定しているものを「ガバメント・ファンド」，民間債を主たる対象とし，その分，高利回りを目指すものを「プライム・ファンド」と分類するが，図表2-13は，プライム・ファンドをさらに機関投資家向け・個人投資家向けに分類してリーマン破綻直後の資産額の推移を示したものである。個人投資家の動きは鈍いが，機関投資家からは解約請求が殺到，約9,500億ドルだった運用額は10月初頭には6,500億ドルを割り込んでいる。わずか2週間で3,000億ドルが解約されたのであり，そのためにMMFは同額のCP，レポ等のポジションを解消したはずである。短期間での3,000億ドルの資金流出は，ドル建て短期金融市場の機能を事実上停止させるに十分であった。

図表2-14は，機関投資家向けのプライム・ファンドの資産額の推移を，さらにその運用会社の系列別に見たものである。銀行系MMFより証券会社系MMFのほうが厳しい取付けにあっていたことがわかる。市場の関心が運用会社の補填能力に集まり，証券会社により厳しい評価がなされていたのである。

FRBが，先に見たようなCP市場に焦点を絞った資金供給を開始したの

図表 2-14 機関投資家向けプライム・ファンドの資産残高[1]

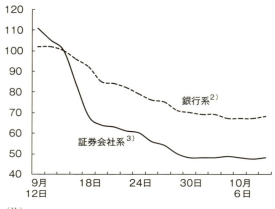

(注)
1) 2008年9月16日の残高をそれぞれ100として指数化。
2) バンクオブアメリカ,バンクオブニューヨーク,バークレイズ,JPモルガン,ステートストリート,ワコビア,ウェルズファーゴ。
3) ゴールドマンサックス,メリルリンチ,モルガンスタンレー。
(出所) 図表2-13に同じ。

はこうした状況下においてである。リーマン倒産から4日後の9月19日,財務省が,預金保険に類似したMMF版の保険を導入した(開始は9月29日)[40]。ファンドから,3ヵ月間で純資産の1または1.5ベーシスポイントに相当する保険料を受け取る代わりに,9月18日時点の基準価格を政府が保証するというものであった[41]。そしてFRBも同日,AMLFを発表し,MMF運用会社へのABCPの買取資金の融資を開始したのである。「第二の

---

40) US Department of the Treasury, "Treasury Announces Guaranty Program for Money Market Funds," September 19, 2008; "Treasury Announces Temporary Guarantee Program for Money Market Funds," September 29, 2008.
41) 実際に政府の保証を受けるケースは現れないまま,制度は1年後(09年9月18日)に終了した。US Department of the Treasury, "Treasury Announces Expiration of Guarantee Program for Money Market Funds," September 18, 2009.

第2章　リーマン・ショックと FRB　　　63

リザーブ・マネジメント」の出現を防ぎ，CP 市場・レポ市場を守るためであった。歴史に“IF”は禁物とされるが，もし，この MMF 保証が，リザーブ・マネジメントが元本割れを発表する前に導入されていたとすれば[42]と考えることは，リーマン・ショックの性格を考える上で，意味のない思考実験とは言えないであろう。

(2) 中央銀行と MMF

　これまで，MMF に対しては，金融当局によるこうした流動性補完措置や元本保証は認められず，また必要ともされなかった。それは第一に，MMF の抱える流動性リスクは銀行より小さいと考えられるからである。MMF の換金性は銀行の普通預金に極めて近いが，投資対象（保有資産）は，銀行が流通市場を前提としない中長期の融資債権であるのに対して，MMF の場合は短期債券で流通市場が存在する。銀行の「期間のミスマッチ」が MMF には存在しないのである。第二に，銀行の預金債務は「通貨」として決済手段そのものであるのに対して，MMF は換金性・安全性の高さから準通貨的機能を果たすようになったとはいえ，厳密には価格リスクを含む有価証券にすぎない。損失は投資家の自己責任として処理可能のはずである。そして第三に，資金循環全体の中における MMF の役割が，銀行による資金仲介のそれよりもまだまだ小さいという事情が，非常に重要であったと思われる。

　ところが，こうした状況は過去 20 年ほどの間に徐々に変化し，とりわけ 2000 年代半ばの住宅バブルの時期に急激な変化を遂げた。

　預金という資金源泉をもたない投資銀行は，レポや CP によってレバレッジを高めたが，そこへの資金提供者の中心は MMF である。住宅，自動車，クレジットカード，奨学金等の個人向け融資は，米国の実体経済にとって非常に大きな役割を担っているが，それらは投資銀行によって証券化され，機関投資家に販売されることによって成立している。その組成の段階のファン

---

42) リザーブ・マメジメントは，元本割れを避けるべく FRBNY に救済を求めたが，FRB は法的権限がないことを理由にそれを拒否していた（ガイトナー（2015）249 頁）。

ディングにおいて MMF が最重要の役割を担ってきたのである（上に述べた第三の要因の変化＝証券化・直接金融化の進展）。

同時に，MMF の運用対象においても大きな変化が生じていた。レポでは，国債のみならず高利回り債やサブプライムローンの証券化商品も担保として利用されるようになり，CP 市場では SIV（Structured Investment Vehicle）などが抱える MBS 等を裏付け資産とする ABCP のウエイトが高まった。それらは掛け目の設定や高格付けの維持，裏付け資産の存在によって，高い安全性と流動性を維持するはずであったが，サブプライムローンの不良債権化が進むと，関連する証券化商品は流動性を失い，したがって MMF では小さかったはずの流動性リスクが顕在化したのである（第一の要因の変化＝MMF 投資対象の流動性の低下）。

こうした中で元本割れする MMF が現れ，解約の殺到という一種の取付けが発生した時，FRB は，伝統的な金融政策の枠組みを越えて，MMF 市場，CP 市場に介入せざるをえなくなったのである。

4　なぜリーマンを救済しなかったのか──FRB の「最後の貸し手」機能

ここまで，リーマン・ショック前後の FRB の対応策を見てきた。しかし，大きな問題が一つ残っている。FRB はなぜリーマン・ブラザーズを救済しなかったのだろうか。

FRB は，ベア・スターンズを救済し，リーマンと同時期に破綻した AIG も救済している。あるいは日本を見れば，「日本発の国際金融危機を起こさない」ために，例えば山一証券の場合，自主廃業（したがって一括清算は発動しない）を迫る一方で，その債務は全額保護され，資金繰りと債務超過額の補填は日銀特融が負担している。にもかかわらず，米国の金融当局がリーマンの法的倒産を容認したのはなぜだったのだろうか。

これについて，当時の当局者は，異口同音に，いずれの大手金融機関についても，その倒産が金融システムに大きな影響を与えることは認識していたものの，ベア・スターンズと AIG は資産超過であったのに対して，リーマ

ンは債務超過であり，FRBには救済融資を行う権限がなかったと回想している[43]。「緊急貸付」を定める連邦準備法第13条第3項が，貸付は返済が確実なものでなければならないと規定しているためである（注17参照）。ベア・スターンズもAIGも，市場からの資金調達はできなくなっていたが，特にAIGについては金融商品の保証を行っていたAIGFPを除く，多くの生命保険子会社の財務は健全で，債務超過ではなかったとされる。

　もちろん，危機に陥った巨大金融機関を救済するかしないかの判断には極めて複雑な要因が絡み[44]，その上，経営の悪化している金融機関が単に流動性不足なのか債務超過なのか，正確に判断することは不可能に近い。また，言うまでもなく，個人の回想録の扱いには注意を要する。

　しかし，ベア・スターンズ向け（正確には同社から資産を引き取ったMaiden Lane Ⅰ向け）融資やAIG関連の融資を含むFRBの「緊急貸付」のすべてにおいて，結果的に一件も貸倒れが発生せず，全額が利益（利息）を伴って回収されたことは[45]，FRBが「最後の貸し手」機能の発動において，債務超過先排除の原則を厳格に維持した一つの証拠とはなろう。そしてこのことは，第4章で見るように，（結果的に）債務超過に陥った金融機関の損失負担にも踏み込んだ日本銀行とは著しい対照をなしている。

　そのように考えると，二つの政府系住宅金融機関であるファニーメイ（Fannie Mae; Federal National Mortgage Association　連邦住宅抵当公社）

---

43) バーナンキ（2012）156-157, 175頁，ガイトナー（2015）243, 246頁，ポールソン（2010）152, 246頁。

44) リーマン・ブラザーズの場合，英国の大手金融機関バークレイズによる買収が見込まれており，財務省は公的資金の投入を拒否していたものの，バークレイズが引き取らない資産については，金融業界のコンソーシアム方式（日本で言えば奉加帳方式）による引受けが検討されていた。ところが，英国の金融当局が英国の金融システムの抱えるリスクが大きすぎるとの理由で買収を了承せず，その結果，リーマンは法的に倒産するほかなくなったのである。財務省が公的資金の投入を認めなかったのは，その時点では法的な権限がなかったほか，その直前の政府系住宅金融機関への資金投入（国有化）が世論・議会から厳しい批判を受けていたためであった。

45)「緊急貸付」残高はピーク時（2008年11月）には7,100億ドルに達したが，現在までに全額が利息付きで回収され，FRBの利益は300億ドルを超える。Labonte（2015）p. 2参照。

とフレディマック（Freddie Mac; Federal Home Loan Mortgage Corporation 連邦住宅貸付抵当公社）の救済策も理解しやすい。米国の住宅ローン市場の中心に位置する両社は，住宅バブル期の過大投資によって，事実上の経営破綻に陥っていたが，これらを FRB が救済することはなかった。これについても，当時の FRB 議長は，両社が債務超過であったことを強調している[46]。しかし，両社は倒産することなく，政府によって救済された。2008 年 7 月に成立した住宅経済再生法（The Housing and Economic Recovery Act of 2008）によって，財務省による資本注入と政府（機関）による経営権の取得が認められ，それが同年 9 月 8 日に発動されたのである[47]。つまり，債務超過に陥っていた 2 社は，上場会社であるとはいえ設立時より政府による支援を受けていた企業であるだけでなく，住宅ローン市場・債券市場において極めて重要な役割を担っていたことから，政府の直接的な介入による救済が図られており，FRB の役割は，通常の窓口貸出による流動性の供給にとどまっていたのである。

FRB と政府の役割分担という点では，金融機関への資本注入においても同様の関係を見てとることができる。リーマン・ショック後，（注 36 で述べているように）緊急経済安定化法にもとづき，（健全な）金融機関等への資本注入が開始されるが，その資金源は財政資金であり，FRB の関与は，シティとバンカメへの部分的な債務保証など極めて限定的である。

したがって，図式化すると以下のようになる。まず，預金金融機関であれば，FDIC（預金保険公社）の下で，受皿金融機関への事業譲渡等の破綻処理がなされるが，証券会社や保険会社など非預金金融機関に関する同様の破綻処理は当時整備されていなかった（注 18 参照）。そこで，こうした非預金金融機関については，①資金繰りに窮しているものの資産超過である場合には FRB が「緊急貸付」で対応し（例：ベア・スターンズ，AIG），②債務超過に陥っているが，財政による救済が法律で手当てされている場合には，それが発動され（例：フレディマック，ファニーメイ，TARP 資金の投入），

46）バーナンキ（2012）133 頁。
47）両社の破綻と政府による救済については，関・三宅（2008）参照。

③債務超過であり，かつ財務省による救済が法律上担保されていない場合には，法的倒産を回避できなかったのである（例：リーマン・ブラザーズ）。

中央銀行の「最後の貸し手」としては，いわゆるバジョット・ルールに忠実であると言えるし，日本銀行を含めた位置関係で見れば，第3章の末尾で紹介するドイツ連邦銀行の考え方に近いとも言えよう[48]。

対照的に日本銀行の場合，FRBの「緊急貸付」に相当する「特融等」は，法文上も「信用制度ノ保持育成ノ為必要ナル業務」（旧日本銀行法第25条，1998年3月まで），「特別の条件による資金の貸付けその他の信用秩序の維持のために必要と認められる業務」（現行日銀法第38条第2項，98年4月施行）と極めて包括的であり，資金供給先（非預金金融機関や債務超過先を含む），徴求する担保，資本性資金の供給などについての制約がない。実際，東京共同銀行への出資（1995年1月），日本債券信用銀行への資本注入（1997年4月），山一証券への貸付（1997年11月）では，損失を被っている。

5 金融危機対応の終了と量的緩和政策の開始

2008年末になると，金融市場は危機的な状況を脱し，FRBも通常の金融調節モードへの移行を模索しはじめる。

まず，緊急対策による短期金融市場への資金供給額（図表2-1の「危機対策」＝図表2-5）は2008年12月をピークに減少し始め，代わって債券の買切りが増加していく。

FRBは，08年11月25日に，1年余りをかけて，政府機関債を最大

---

48) ただし，第13条第3項の規定が2008年の混乱の中でも厳密に守られたのか疑問がないわけではない。例えば，「緊急貸付」が認めているのはあくまで「貸付（discount）」であって，資産の買取りや出資は認めていない。ベア・スターンズやAIGの救済のために設立されたMaiden Lane I・II・IIIへの貸付は，貸付の形式をとってはいるものの，実質的にはベア等の資産をFRBが買い入れたに等しい。また，AIGへの貸付は，債務超過ではないとの前提でAIGの資産全体を担保としているとされたものの，それは，通常の用語では無担保貸付に近い。Labonte（2015）p. 9参照。

1,000億ドル，政府機関保証のMBSを最大5,000億ドル買い入れることを発表した。その目的は，「住宅ローンのコストを下げ，利用しやすくし，それによって住宅市場を支えるとともに広く金融市場の改善を促す」こととされた[49]。後に"QE：Quantitative Easing"と名付けられる量的緩和政策の始まりである[50]。そしてこのQE1は，翌年3月，政府機関債を2,000億ドルに，MBSを1兆2,500億ドルに，長期国債を3,000億ドルへと増額・拡大された。

　こうした08年末から09年初めにかけての変化をもって，FRBの危機対策から脱却が始まったと言えるであろう。ただし，この時期，通貨供給量総額はリーマン・ショック直後の2兆ドル程度が維持されている。つまり，通貨供給量は一定に維持したままその供給方法が変更されたわけで，2007年8月から08年9月（リーマン・ショック）までが，金融機関に資金を供給しつつ国債保有額の減少によって供給総額を維持していたのに対して，08年末からは反対に，「危機対策」による資金供給を減らす一方でMBS等の債券を大量に購入するようになったのである。

　これはCP市場やMMF市場における危機は収まったものの，住宅ローン市場などマクロ経済は不安定な状況が続いているとの判断による。米国経済における住宅市場の役割は極めて大きい。そこから，直接的に住宅ローン金利（そしてそのためには国債金利）を抑えることが必要だとされたのである。金融機関の連鎖的な破綻の危機，金融市場の機能麻痺という意味での金融危機が収束し，問題がマクロ的な経済停滞へと移行したことを物語っている。

　そして2010年に入って「危機対策」による資金供給残高はゼロに近くなり，また制度的にもほとんどが2月初めまでに廃止された。これをもって，「危機対策」はほぼ終了したと言えよう。

---

49) FRB, Press Release, November 25, 2008.
50) 同じく「量的緩和」ではあるが，FRBの場合，「住宅ローンのコストを下げ」ることに主眼があるのに対して，日本銀行の場合は準備預金額（≒マネタリーベース）の増加を目的としており，想定される政策効果の波及経路に大きな違いがある。この点，第6章で述べる。

ところが，同時に開始された「量的緩和」からの脱出，すなわち通常時の
バランスシートへの復帰は極めて困難な様相を呈している。

FRB は，2010 年初めには，早くも QE1 から通常状態への復帰の具体的な
選択肢を明らかにしており[51]，QE1 も 10 年 3 月末にはほぼ所定の金額を買
い終了していた。ところが，バランスシートの縮小に取りかかる前に，同年
春にはギリシャ危機が発生，米国経済も回復への確かな道筋が見えないな
か，10 年 11 月 3 日，長期国債 6,000 億ドルの新たな買入れを発表した。い
わゆる QE2 である。その後さらに 12 年 9 月 13 日には，MBS 月額 400 億ド
ルの買入れ（同年 12 月 12 日には長期国債 450 億ドルを追加）を発表する
（QE3）。

こうした QE 政策によって FRB のバランスシートは拡大を続け，2014 年
10 月には約 4 兆 5,000 億ドルのピークに達した。これは通常時（リーマン・
ショック前）のおよそ 5 倍に相当する。その解消に要する時間は 10 年を超
えると思われ，現時点でその過程をイメージすることはおよそ不可能であ
る。

---

51) 2010 年 2 月時点のバーナンキ FRB 議長による出口戦略案については，伊豆（2010）
参照。

第 3 章
欧州危機とユーロシステム

は じ め に

　1999 年 1 月，EU 加盟国のうち 11ヵ国に単一通貨ユーロが導入された。

　導入から 10 年近くの間，ユーロ圏各国のインフレ率や長期金利は着実に低下・収斂し，単一通貨は成功裏に定着したかに思われたが，2008 年のリーマン・ショックとそれに続く欧州危機は，ユーロに内在する問題を顕在化させ，その存続自体をも危うくする状況をもたらしている。本章では，2008 年以降の金融危機に対するユーロ圏中央銀行の対応，とりわけバランスシートの変化に焦点をあて，その特徴を検証する。

　本論に入る前に，ユーロ圏の中央銀行制度について確認しておこう。

　ユーロ導入に伴い，EU は ECB（European Central Bank：欧州中央銀行）を設立するとともに，ユーロ参加国[1] の中央銀行と ECB から成る「ユーロシステム（Eurosystem）」と呼ばれる中央銀行制度を創設した[2]。

　ユーロ圏の金融政策は，ECB 政策理事会（Governing Council）によって一元的に決定される。政策理事会は，ECB の総裁（1 名），副総裁（1 名），理事 4 名と加盟国中央銀行総裁各 1 名（2015 年時点で 19 名）の合計 25 名で構成される[3]。ユーロ圏の各国中央銀行は，原則として，政策理事会の決

　1）ユーロ圏には，1999 年以降，ギリシャ（2001 年），スロベニア（2007 年），キプロスとマルタ（2008 年），スロバキア（2009 年），エストニア（2011 年），ラトビア（2014 年），リトアニア（2015 年）が加わり，2015 年時点で 19ヵ国。

　2）「ユーロシステム」に，イングランド銀行など非ユーロ圏の EU 加盟中央銀行を加えたものは ESCB（European System of Central Banks）と呼ばれる。

定に従ってオペの実務を執り行うにすぎない。

　一般には，"ECB"という言葉は，〈一つの中央銀行としてのECB〉や〈ECB政策理事会〉を指すだけでなく，〈ユーロシステム全体〉を意味する言葉としても用いられることが多いが，それらの区別は（以下述べるように）極めて重要な意味をもつ。そこで本書においては，①"ECB"は単体としての中央銀行であるECBだけを指すものとし，②ECBと加盟19ヵ国の中央銀行を合わせて〈ユーロシステム〉，③ユーロシステムの意思決定機関を〈（ECB）政策理事会〉と，区別することとする。

　ユーロシステム内におけるECBやECB政策理事会と各国中銀の関係を，日本銀行の本店と支店，あるいは米国における連邦準備制度理事会や連邦公開市場委員会（FOMC：Federal Open Market Committee）と12の地区連銀の関係[4]と同様のものと考えるのは，とりわけ2008年以降の状況下ではミスリーディングである。

　そもそも単体の，一つの銀行としてのECBの役割と規模は非常に小さい。まず，ECBが行うオペは，ユーロシステムが行うもののうちごく限られたもの（FRBとのドルスワップ，証券買入れオペの一部）だけであり，通常のオペは行っていない。したがって，バランスシートを見ても，ユーロシステムに占めるECBのシェアは1割にも満たない（別表2参照）。

　また，各国中銀の間にも大きな違いがある。同一の条件のもとで実施されたオペでも，応札の結果（金融調節による資金供給額）は各中央銀行ごとに大きく異なる。例えば，A国の中央銀行において資金供給額がほとんど増えない一方で，B国の中央銀行では急激に増加するといったことが実際に生じている。さらに，欧州危機の過程では，後述するように，各国中銀は政策理事会の決定したオペとは別に（ただし政策理事会の承認のもとで）独自の

3）ECB政策理事会における議決権は，従来，参加者1名1票であったが，2015年1月より各国中銀総裁の議決権は（今後さらに加盟国が増えたとしても）15票とするローテーション方式が開始されている。執行部6名はローテーションの対象外であるため，議決権総数は21票である。政策理事会における議決権の割当てについては，ECB, "Rotation of voting rights in the Governing Council," December 1, 2014参照。

4）米国の中央銀行制度については，第2章注5参照。

第3章　欧州危機とユーロシステム　　73

資金供給を行うことが認められている。

　その結果，2008年以降，ユーロシステム内において，各中銀の資金供給額，各中銀間の債権・債務に大きな不均衡が発生している。それは，ユーロ圏が内包する困難を象徴的に示すものと言ってよいであろう。

　第2章で見た米国の場合は，FRBによる急激で巨額の，従来とは異なる方法での，異なる対象への資金供給が，危機対応の大きな特徴であったが，ユーロ圏の場合，ユーロシステム全体としての資金供給の額や方法というよりも（そこに後述する大きな変化があったことは当然であるが），ユーロシステム内部における不均衡の拡大にこそ，欧州危機の特徴と単一通貨ユーロの内包する問題が現れているように思われる。

　次の第1節ではユーロシステム全体の変化を確認する。ユーロシステム（すなわちECBと各国中銀の連結ベース）のバランスシートが，リーマン・ショックから現在（2014年末）までどのように変化したか，そしてそれがECB政策理事会のどのような政策対応によるものなのかを明らかにする。

　続く第2節では，EU・ECB・IMF（いわゆるトロイカ）[5]からの支援を受けるに至った4ヵ国（ギリシャ，キプロス，アイルランド，ポルトガル）および国債利回りが高騰（＝国債価格が暴落）したスペイン，イタリア（この6ヵ国を以下，危機国とする）の中央銀行のバランスシートを，ユーロ圏の中心国であるドイツの中央銀行[6]と比較するところから，ユーロシステムに発生した不均衡を検証する。

　さらに，いくつかの中央銀行が実施しているELA（Emergency Liquidity Assistance：緊急流動性支援）の実際を紹介するとともに，ECB政策理事会の，ELAの承認権を利用した改革プログラム受託の要請についても述べておきたい。

　そうした不均衡な資金供給は各国中銀間の債権債務関係を拡大させたが，

　5）"トロイカ"におけるEUは，欧州委員会（European Commission）を指す。

　6）中央銀行の名称は，例えば，ギリシャの中央銀行は〈ギリシャ銀行〉であるのに，アイルランドでは〈アイルランド銀行〉は一民間銀行で，中央銀行は〈アイルランド中央銀行〉であるなど，やや面倒である。そのため，本書では，〈ドイツ連邦銀行〉に代えて〈ドイツ中央銀行（ドイツ中銀）〉などと表記することがある。

図表 3-1 ユーロシステムの資産構成

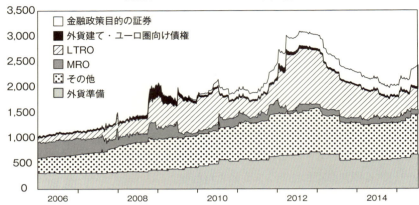

(注) 10億ユーロ。週次ベース。
(出所) ECB ウェブサイト資料 (Statistical Data Warehouse) より作成。

そのメカニズムを第3節で解説し，最後に，ユーロシステムにおける不均衡が意味するものを検討して小括とする。

1　金融危機とユーロシステム

(1) 貸出の増加

　金融危機が発生する前のユーロシステムのバランスシートの特徴は，第1章で述べた通りである。それが，米国のサブプライムローン危機からリーマン・ショック，そして欧州危機によってどのように変化したかを見てみよう[7]。

　図表3-1（本章末の別表1の内容を週次ベースでグラフ化したもの）から見

---

[7] ユーロシステムの金融調節の制度的解説については，ECB (2011a, b) 参照。以下，ECB 政策理事会の決定した政策の内容等については，別途記載しない限り，ECB の年次報告書 (Annual Report) 各号，決定日のプレスリリースおよびそれに付属する解説文書，*Official Journal of the European Union* に拠る。

図表3-2 ユーロシステムの貸出額（MRO + LTRO）

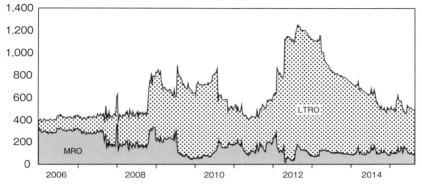

（注）10億ユーロ。週次ベース。
（出所）図表3-1に同じ。

てとれる大きな変化は，①資産規模全体が約1兆5,000億ユーロから2兆ユーロへ，そして2012年には3兆ユーロへと拡大していること，②それは主として「金融調節（貸出）」の増大によること，③その「金融調節（貸出）＝ MRO + LTRO」の構成を見ると，MRO（Main refinancing operations：原則として満期1週間，週1回実施）が絶対額でも減少し，代わってLTRO（Longer-term refinancing operations：原則として満期3ヵ月，月1回実施）が急増していること，④LTROは2011年末におよそ1兆ユーロもの急増を見せていること，⑤リーマン・ショック直後には「外貨建て・ユーロ圏向け債権」の増加も見られること，⑥09年に始まった「証券買入れ」（バランスシート上は「金融政策目的の証券」）が徐々に増大し11年以降は一定の規模に達していること，である。

「金融調節（貸出）」の変化から見てみよう[8]。図表3-2は，図表3-1から「金融調節（貸出）」だけを抜き出したものである。貸出額は，2008年9

[8) なお，日銀やFRBにおいては，レポと担保付貸出は明確に区別されているが，ユーロシステムにおいては，特に区別せず，各国の法律上の扱いに委ねられている。例えば，第1章で述べたように，ドイツではレポではなく，日銀の「共通担保オペ」と類似の担保付貸出方式が採用されている。本書では，「（担保付）貸出」とする。

月に急増し，2010 年後半から 11 年初めにかけて一旦減少するものの，同年末から 12 年にかけてさらに増加している。08 年のリーマン・ショック，2010 年からのギリシャ危機，アイルランドの住宅バブル崩壊などに対応した資金供給，スペインやイタリアの国債利回り上昇に対応した 11 年から 12 年にかけての大量の長期資金の供給などを反映したものである。

単に量的な拡大だけでなく，その過程で，政策理事会では，オペの頻度を引き上げると同時に，LTRO の満期を通常時の 3 ヵ月から 6 ヵ月，1 年さらには 3 年[9] へと長期化している。潤沢な流動性を供給するとともに，長期金利の低下を（国債の買入れという方法をとらないで）図ってきたのである。

そして，巨額の長期資金の供給は，同時に，オペにおける技術的な，しかし重要な意味をもつ政策変更を伴っていた。

その一つは固定金利での金額無制限方式の開始である。ユーロシステムにおいても（日銀や FRB と同様に），通常時のオペは金利入札方式で実施される。すなわち，政策理事会が決定した供給総額と最低金利をもとに，応札資格をもつ金融機関がそれぞれの国の中央銀行に金利と金額を応札し，それをユーロシステムとして同一の基準で（いわば単一の〝板〟で）処理し，高金利での応札者から順次資金が供給されるというものである。しかし，リーマン・ショックの発生を受け，政策理事会は，MRO，LTRO のオペにおいて，金融機関が応札した金額を政策金利（MRO の最低応札金利）で無制限に供給する方式[10] に移行したのである（2008 年 10 月 15 日決定，現在（15 年9 月）まで継続）。これによって，市場で資金を調達できなくなった銀行も，保有する適格担保いっぱいまで，自国中央銀行から資金を調達することが可能となったのである[11]。

9）2011 年 12 月 8 日，政策理事会はユーロ発足後初めてとなる 3 年物オペを 2 回に分けて実施することを発表した（金利は政策金利（1.0％）固定，供給額は無制限）。1 回目が同月 21 日に実施され 4,892 億ユーロ（ユーロ圏全体で 523 行が応札），2 回目が 12 年 2 月 29 日に実施され 5,295 億ユーロ（同 800 行が応札）が供給された。期間と金額の両方において異例となった資金供給は，欧州危機のスペインとイタリアへの波及を防ごうというドラギ ECB 総裁の強い意思を示すものとして，〝ドラギ・バズーカ〟とも呼ばれ，市場に大きなインパクトを与えた。なお満期は 3 年に設定されたが，期限前償還が進み，図表 3－2 が示すように 3 年を待たずして残高は減少している。

第3章　欧州危機とユーロシステム　　77

　もう一つが，適格担保基準の引下げである。ユーロシステムが貸出を行う
際の適格担保に関する基準は，ユーロ発足当初は，各国の金融構造の違いを
考慮し，ユーロシステムに共通の適格基準（Tier 1）と各国中銀が（ECB 政
策理事会の定める最低基準の制約を受けつつも）独自に定める基準（Tier
2）の二層構成とされた。それが 07 年 1 月に一元化され，格付けに関しては
A − 以上とされていたのである。

　しかしリーマン・ショックが発生すると，政策理事会は，08 年 10 月 15
日に 10 年末までの時限措置として BBB − に引き下げることを決定，ところ
がさらにギリシャ危機が発生したため，10 年 4 月 8 日，時限措置を 11 年ま
で継続することとした（その時点のギリシャ国債の格付けは BBB ＋
(S&P)）。そして，5 月 3 日には，ギリシャ国債に関しては適格担保基準を
適用しないこと，すなわち格付けの如何にかかわらず適格担保として認める
ことを発表したのである（ECB/2010/3)[12]。その後，アイルランド（11 年
3 月 31 日，ECB/2011/4），ポルトガル（11 年 7 月 7 日，ECB/2011/10），
キプロス（2013 年 5 月 2 日，ECB/2013/13）の国債についても，格付け基
準を適用しないことが決定されている[13]。

　さらに 2011 年 12 月 8 日，ECB 政策理事会は，政策理事会に申請した中
央銀行に限り，適格担保の融資債権の範囲を拡大する決定を行った。そして
12 年 2 月 9 日に，実際に 7 ヵ国の中央銀行が申請し承認を受けている（アイ

10）それ以前にも，ユーロシステムは無制限の資金供給を実施したことがある。いわゆ
　　るパリバ・ショックの際（2007 年 8 月 9 日），FTO（Fine tuning operation：臨時に，
　　主として準備預金の積み期間最終日に実施する，政策理事会の裁量性の高い資金供給）
　　の形で，950 億ユーロが供給された（パリバ・ショックについては，第 2 章注 7 参
　　照）。08 年 10 月の決定は，緊急措置であった無制限供給を MRO，LTRO にも適用す
　　ること，つまりその一般化，常態化を意味した。
11）ただし，“固定金利オペ＝全額供給オペ”ではない。ユーロシステムでは 1999 年か
　　ら 1 年半ほど，供給総額を定めた上で比例按分方式で資金を供給する固定金利オペを
　　実施していた（ECB（2011a）p. 105）。日本銀行が 2009 年 12 月から実施している固
　　定金利方式も同様である。
12）ECB 政策理事会の決定を掲載した OJEU（Official Journal of the European Union）
　　については，その記番号のみを記す。なお，ECB 政策理事会の決定日の記述は，ECB
　　のプレスリリースと OJEU で異なる場合がある。

ルランド，スペイン，フランス，イタリア，キプロス，オーストリア，ポルトガル）。この適格基準拡大の目的は，（主たる資金調達を銀行融資に依存する）中小企業を主たる顧客とする中小銀行への資金供給と説明されており，確かに，例えば 12 年の 3 年物オペの参加銀行はユーロ圏全体で 800 行と前年 12 月時の 523 行から大幅に増えている（注9参照）。これが，後述するように，ドラギ・バズーカにおけるスペイン，イタリア中銀の資金供給を支えたのであるが，適格担保の二層化への逆戻りであることも否定できない。

(2) FRB との為替スワップによる外貨貸出

　ユーロシステムのバランスシートの変化を見た際，「金融調節（貸出）」の増加の次に目につくのは，リーマン・ショック直後の「外貨貸出」の急増である（図表 3 - 1）。

　これは，ECB が FRB との為替スワップ，すなわち〈直物でのユーロ売りドル買い〉＋〈先物でのドル売りユーロ買い〉＝〈ユーロ担保のドル借り〉によって調達したドルを，各国中銀を通じてユーロ圏内の金融機関に供給したものである[14]。つまり，第 2 章で米国側から述べた為替スワップを，欧州側から見たものである。

　市場統合・通貨統合によって欧州の大手金融機関間の競争は激しさを増すが，それに伴い競争の場は欧州域内を超え，世界最大の金融市場である米国市場にも拡大した。そこでの主なビジネスの一つが，短期ドルの調達と（サブプライムローンの証券化商品を含む）ドル資産への投資を組み合わせた利

---

13) ただし，格付け基準の適用免除は，EU・ECB・IMF の支援プログラム（融資条件）の遵守を条件としている（遵守されているか否かは ECB 政策理事会が判断）。プログラムにもとづく財政再建・構造改革と資金供与によって当該国債の信用力が担保されているという理屈である。しかし危機国の側からすると，プログラムを遵守できなければ，国債に適格基準が適用される（≒適格担保でなくなる）ことを意味し，その場合には，ユーロシステムの「金融調節（貸出）」を実施することが困難となる。実際，ギリシャは，2012 年 7 月 18 日にプログラム遵守状況が十分でないことを理由に，適格基準の免除を停止された。その時は同年 12 月 19 日に再び免除が認められたが，2015 年 2 月 10 日にもう一度，免除を停止されることになった。そうなると ELA に依存するほかなくなる。この点は後述する。

第3章 欧州危機とユーロシステム　　　79

ざやの獲得であった。米国市場では，住宅バブルの拡大の過程で証券化商品を含む（国債以外の）各種証券を担保とするレポ取引が拡大したが，それは，預金形態でのドル調達に制約のある欧州金融機関にとっての大きなビジネスチャンスだと認識されたのである。

　ところがサブプライム問題の悪化，さらにはリーマン・ショックによって，ドルの短期金融市場は事実上機能を停止する。それは，欧州金融機関にとって，巨額のドル建て資産を抱えたまま短期調達したドルの借換えができないことを意味した。そこで，ECB が FRB からドルを調達し欧州の民間金融機関に貸し出したのである。

(3)　証券の買入れ

　第1章で述べたように，ユーロシステムでは，従来，成長通貨（≒現金）の供給手段としても証券の買切りオペを行ってこなかった。しかし，ECB 政策理事会は，2009 年よりカバードボンドの，10 年からは国債の，14 年には ABS の買入れと再度の（そして規模を拡大した）国債の買入れを決定している。（15 年 3 月までは）金額としては大きなものではないが，ユーロシステムにとって非伝統的な金融政策手段の採用という点で，これらも大きな政策転換と言えよう[15]。

　「CBPP（Covered Bond Purchase Programme：カバードボンド買入れプログラム）」とは，カバードボンド（銀行自身の信用力にプラスして，銀行

---

14)　この為替スワップに関する動きをバランスシートで確認すると以下の通り。ユーロシステム（別表 1）では，2008 年の［資産］の「外貨貸出」と［負債］の「ユーロ圏外に対するユーロ建て債務」（FRB による ECB へのユーロ預金）の増加として示されている。別表 2 で，ECB 単独のバランスシートを見ると，各国中銀へのドル貸出が［資産］の「対ユーロシステム債権（TARGET2 債権）」となって現れて，FRB のユーロ建て預金が，［負債］の「ユーロ圏外に対するユーロ建て債務」として示されている。各国中銀については，ドイツの場合で見れば（別表 3），［資産］の「外貨貸出」が 2008 年に増加している。その見合いとなる ECB からの借入れは，［負債］の「TARGET2 債務」に計上されるはずであるが，「TARGET2 債権・債務」はネッティングされ［資産］・負債のいずれか一方にしか計上されないため，バランスシート上には現れていない。

が保有する不動産ローン債権等を裏付けに発行される債券）を，発行市場・流通市場双方から[16] ユーロシステムが買い取るというものである。2009年5月7日の政策理事会で決定され（実際の買取り開始は同年7月2日），買入れ額が当初予定の600億ユーロ（元本ベース）に達した10年6月30日に買取り自体は終了している。ユーロシステム全体の資金供給のなかではそれほど大きなウエイトを占めているわけではないが，銀行の資金繰りを通じて住宅ローン市場を支える一定の役割を果たしたものと思われる。

なお，カバードボンドの買入れはその後も，CBPP2（2011年10月6日決定）[17]，CBPP3（2014年10月2日決定）と断続的に実施されている。

2010年5月9日に決定された「SMP（Securities Markets Programme：証券市場プログラム）」は，公式には，金融政策の波及メカニズムの正常化（ユーロ加盟国の国債の価格発見機能の回復）が目的とされたが，それが，ギリシャ危機の深刻化・他国への波及懸念を受けた，危機国国債の買支えを意味することは明らかであった。CBPP（2009年5月）が金融市場の危機への対応であったのに対して，2010年には政府債務問題への対処が必要となったのである。

それまで，かたくなまでに国債の買いオペを拒否してきたECB政策理事会が，こうした異例の措置に踏み込んだ背景には，決定直前の5月2日に，EUとIMFの対ギリシャ支援策（第1次）が合意され，中央銀行としても相応の責任を分担せざるをえないとの判断があったものと思われる。また，先述したギリシャ国債への適格担保基準の不適用の決定も，この時のものである。

買入れ対象となる国債は，形式上，ユーロシステム・オペの適格基準を満

15）ここでいう「証券買入れプログラム」は，ユーロシステム（加盟各中銀）のバランスシートでは，［資産］の「証券（金融政策目的）」に該当する。「証券（その他）」は，ユーロ加盟前に各中銀が行っていた国債買入れの残高や関連会社の株式など，金融政策を目的としない証券保有残高を示す。

16）ユーロシステムでも公債については発行市場での購入（引受け）が禁止されているが，民間債についてはそうした制約はない。

17）当初予定では12年末までに400億ユーロを買い入れるはずであったが，発行額の伸び悩みなどから，買入れ額164億ユーロで12年10月に終了した。

第3章　欧州危機とユーロシステム

図表3-3　SMP残高の発行国別シェア

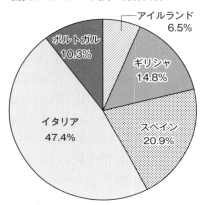

（注）2012年12月末時点。総額2,087億ユーロ（簿価）。
（出所）ECB, "Details on securities holdings acquired under the Securities Markets Programme," February 21, 2013.

たすものに限定されていたが，注13で述べたように，EU・ECB・IMFの改革プログラムを受け入れている国の国債は適格基準の適用を免除された（すなわち格付け等にかかわらず適格とみなされる）ため，その限定は意味をもっていなかった。実際，後日明らかにされた買入れ残高のポートフォリオによると，SMPによって買い入れられた国債は，危機国のものに限定されていた（図表3-3）。

ただし，このSMPは，日銀やFRBの量的緩和政策と大きく異なっている。一つは，その金額が非常に小さいことである。SMPの残高はピーク時（2012年2月）でも2,195億ユーロにとどまっており，バランスシート全体の1割以下にすぎない。もう一つは，その目的が特定国の国債価格に置かれ，ベースマネーの拡大が排除されていた点である。日本や米国の場合は，長期金利の抑制と同時に，買入れによるバランスシートの拡大も目的に含まれている（特に日本の場合にはそれが主たる目標）。ところがSMPでは，国債の買入れに伴って市中に供給された資金は，資金吸収オペ（満期1週間

の中央銀行定期預金）によって不胎化されていた。この時点のユーロ圏の問題はあくまで特定国の国債価格の下落であって，デフレ等のマクロ的な問題ではなかったのである。

なお，SMP は，2012 年 9 月 6 日，新たな証券買入れプログラムである OMT（Outright Monetary Transaction）[18] の詳細発表と同時に終了が発表されている（買入れ国債は，CBPP と同様，満期まで保有）。

「ABSPP（Asset-Backed Securities Purchase Programme：ABS 買入れプログラム）」は，2014 年 10 月 2 日に詳細が発表され，11 月より買入れを開始した。ところが政策理事会は，15 年 1 月 22 日，既存の ABSPP と CBPP3 に追加して，「PSPP（Public Sector Purchase Programme）」の名目で加盟国の国債を買い入れることを発表。この三つのプログラム合計で月間 600 億ユーロのペースで 2016 年 9 月まで買入れを行うとしたが，そのほとんどを PSPP が占めることになった（PSPP による実際の買入れ開始は 15 年 3 月）。

PSPP は，以下の二点で先の SMP 等と異なっている。まず，その主たる目的が，特定国の国債買支え，つまり欧州の金融・債務危機対応というよりユーロ圏全体としてのデフレの回避というマクロ的側面に置かれていること，つまり日米の量的緩和と同じ性格のものとなっている点である。そのため，購入される国債のシェアは，ほぼユーロ圏内の経済規模（≒国債発行残高）に比例しており（図表 3 - 4），また，SMP で実施された不胎化はここでは実施されていない。そして，規模が非常に大きく設定されている点である。ユーロシステムによる「金融政策目的の証券買入れ」残高は 2015 年 7 月末で 5,283 億ユーロであるが，これが予定通りのペースで増加すれば 16 年 9 月末にはおよそ 1 兆 3,000 億ユーロ，バランスシート全体の 4 割近くを占める計算となる。

繰り返し述べてきたように，ユーロシステムは，証券（国債）の買切りに極めて消極的であったが，そうした政策方針は，デフレ懸念の高まった

---

18) OMT は，財政改革などの改革プログラムを受け入れた国の国債を買い入れるという新しいタイプの証券買入れプログラムであり，市場へのインパクトも大きかったが，2015 年 9 月現在まで，買入れの実績はない。

第3章　欧州危機とユーロシステム

図表3-4　PSPP残高の発行体別シェア

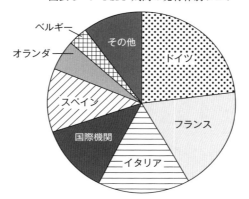

(注) 2015年9月末時点。総額3,433億ユーロ（簿価）。
(出所) ECB, "Public sector purchase programme ; Holdings by end of month," (www.ecb.europa.eu/mopo/implement/omt/html/index.en.html).

2015年になって大きく変化し，この時点で，日銀やFRBに続いて量的緩和に踏み出すことになったのである。

2　各国中央銀行のバランスシート

(1) 貸出残高の不均等な増加

ここまで，ユーロ圏の中央銀行全体（ユーロシステム）のバランスシートの変化を概観してきた。

しかしながら冒頭で述べたように，各国中銀のバランスシートの動きは，各国の金融構造，危機の状況を反映してそれぞれに大きく異なり，全体を連結したユーロシステムのバランスシートからは見えない特徴をもっている。危機が特定の数ヵ国に偏って発生したためである。

まず，ユーロ圏各国中銀の資産規模の変化を見てみよう（図表3-5，詳細は本章末の別表を参照）。

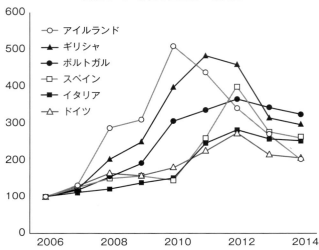

図表 3-5　各国中央銀行の総資産

（注）各中央銀行の 2006 年末の総資産額を 100 として指数化。
（出所）本章別表より作成。

　危機国のバランスシートは 2008 年以降急拡大し，06 年時点と比較すると，アイルランドやギリシャはおよそ 5 倍になっている。また，ピークに達する時期が中銀によって少しずつ異なっている点も注目に値する。アイルランドは 2010 年に，ギリシャは 11 年に最大となって，その後 2 ヵ国は低下に転じるが，12 年にはスペイン，ポルトガル，イタリアがそれぞれのピークを形成している。いずれも金融危機，債務危機が深刻化した時期と一致している。
　そしてもう一つ見逃してはならないのは，ドイツも 2012 年に対 06 年比で 3 倍近い規模となっていることである。ドイツの金融危機は 2009 年には収束しており，12 年当時には流動性供給を増加させる必要はなかった。では，このドイツ中銀のバランスシートの拡大はなぜ生じたのだろうか。
　また，こうした各国中銀バランスシートの，3〜5 倍への拡大は，図表 3-1 と別表 1 で示したユーロシステム全体のバランスシートの拡大と整合的でないように見える。もちろんその理由の一つは，危機国中銀のバランスシー

第3章 欧州危機とユーロシステム

図表3-6 各国中央銀行の貸出残高シェア

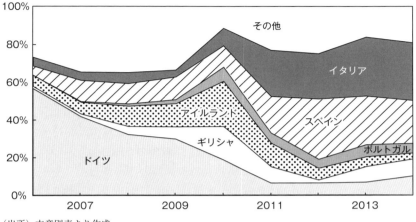

(出所) 本章別表より作成。

トの, 全体に占める比率が小さいためであるが, それでは, ドイツ中銀の拡大が説明できない。後者を説明するには, 各国中銀間の債権・債務である (したがって連結ベースであるユーロシステムのバランスシートには現れない), 「TARGET2債権・債務」を中心とする「対ユーロシステム債権・債務」の意味を明らかにする必要がある。

まず, 各国中銀のバランスシート拡大の要因を見てみよう。

図表3-6は, 図表3-2の「金融調節（貸出）」を, 中央銀行別のシェアの推移に組み替えたものである。ユーロ圏の「通常」の姿を表しているのは, サブプライム問題が顕在化する前の2006年末である。ドイツ中銀が57％を占めており, これは, ユーロ圏における同国の経済規模, 金融市場の大きさをそのまま反映していると言えよう。しかし2007年, 08年には住宅バブルが崩壊したスペイン, アイルランドのシェアが大きくなり, 2010年になると, ギリシャとポルトガルの比率が上昇している。そして2011年から14年にかけてはイタリア, スペインの比重が高い。他方でドイツのシェアは急減している。

個々の中央銀行のバランスシートについて, ここでは, ギリシャとドイツ

を取り上げて簡単に見てみよう。

ギリシャ中銀（別表4）の「金融調節（貸出）」は2006年末には48億ユーロにすぎないが，2010年のピーク時には977億ユーロへとおよそ20倍に拡大している。前述の金利固定での金額無制限のオペや適格担保基準の引下げ（さらには適用除外）などに支えられ，資金の流出に苦しむ民間銀行が中央銀行のオペに殺到したことがわかる。他の危機国も同様である。

他方のドイツはどうであろうか（別表3）。「金融調節（貸出）」は，危機国とは逆に，2008年の2,774億ユーロをピークにその後減少，2013～14年には500～600億ユーロ程度，つまり通常時（06年の2,563億ユーロ）からすればおよそ2割にまで縮小している。負債の側の「準備預金」を見てみよう。リーマン・ショックに見舞われた2008年に，潤沢な流動性供給を受けて「準備預金」が増加しているのは当然である。しかしその後，ドイツの金融機関の経営に特段の問題はなく，中銀からの資金供給も先に見た通り大幅に減少しているにもかかわらず，「準備預金」は2012年には3,000億ユーロにまで増加している。

その背景にあるのは，危機国からドイツへの「質への逃避」である。すなわち，ユーロ発足前後から，ドイツ等の中心国（＝低インフレ・低金利国）からギリシャ等の南欧諸国（＝高インフレ・高金利国）へと，インフレ率・金利の収斂を見込んだ活発な投資がなされていたが，リーマン・ショックによってリスク回避姿勢が強まり，さらにギリシャの巨額債務が明らかになると資金は逆流し始めた。その結果，危機国の金融市場は資金不足となって中銀貸出に依存するほかなくなり，反対にドイツには流入資金が溢れ，金融機関は中銀の貸出を必要としなくなったのである。

そして，こうした中銀貸出のアンバランスは，各国中銀が勝手に行ったものではなく，ECB政策理事会が決定したユーロ圏統一のオペにおける，各国中銀レベルでの応札額の違いの結果生じたものであった。これが，各中銀のバランスシートのアンバランスの主な原因であるが，その他に，金額としては大きくないものの，ユーロ圏の内包する問題を考える上で重要な意味をもつものとして，ELAと呼ばれる各国中銀独自の資金供給が存在する。

第3章 欧州危機とユーロシステム　　　87

(2) ELA の供給

① ELA とは何か

本章冒頭で述べたように，ユーロ圏の金融政策の決定は ECB 政策理事会に一元化され，各国中銀はその決定の執行機関にすぎない。しかしそれとは別に，例外的な状況においては，各国中銀が独自の責任において資金を供給することが認められている。それが，ELA（Emergency Liquidity Assistance：緊急流動性支援）である。

ECB 政策理事会は，長らく ELA の明確な説明を避けてきたように思われる。（筆者の知る限り）ECB の刊行物で ELA に直接言及しているものはわずかで[19]，ECB（2011a, b）といった金融政策の解説書にも説明はない。

しかし，ELA が実際に発動されると，当該中銀の年次報告書や ECB の意見書[20] などでの言及が増え，また外部からも詳細な分析が発表され[21]，ELA の実際が広く知られるようになった。そして ECB も 2014 年にはウェブサイト上に ELA に関する各国中銀から ECB への報告事項等をまとめた "ELA Procedures" を公表した[22]。

それらに拠りながら，以下，ユーロ圏における特異な資金供給手段である ELA について，やや詳しく見てみよう。

ELA とは，① ECB 政策理事会が決定したオペとは別に，②各国中央銀行が自らの責任と負担（responsibility and liability）で独自に行う，③例外的な状況下での，④ケースバイケースで判断される，⑤流動性不足に陥ってはいるものの債務超過ではない金融機関に対する，⑥システミック・リスクに

---

19) ECB, *Annual Report 1999*, pp. 98-99（ECB の年次報告書は，これ以降現在（2014年版）まで ELA に言及していない），ECB, *Financial Stability Review*, December 2006, pp. 171-172 ; *Monthly Bulletin*, February 2007, pp. 80-81 ; *Monthly Bulletin*, 10th Anniversary of the ECB, 2008, pp. 123-124.

20) 例えば，ECB, "Opinion of the European Central Bank of 8 October 2008," CON/2008/46, paragraph 4. 3.

21) 現在までに ELA の検証は多くなされているが，最も早い時期に詳細な説明を行ったのは Buiter, et al.（2011）で，本章もこれに多くを負っている。

22) ECB, "Emergency liquidity assistance（ELA）and monetary policy—ELA Procedures," October 17, 2013.

対応するための，⑦ ECB 政策理事会における三分の二以上の賛成による承認を必要とする，貸付のことである。法令上は，欧州中央銀行制度議定書（The statute of the European System of Central Banks and of the European Central Bank）第 14 条第 4 項[23]を根拠とする。

まず，①政策理事会の決定したオペとは別であるから，ELA は MRO や LTRO 等とは区別される。バランスシート上も，「金融調節（貸出）」ではなく，「金融機関向けその他債権」に計上される[24]。したがって，図表 3 - 2，3 - 6 は ELA を含んでいない。

②の各国中銀の「責任と負担」とは，具体的には，ELA には当該国政府による債務保証を要すること，また万一 ELA に貸倒れ（損失）が発生してもユーロシステム（他の中央銀行）はその負担を負わないことを意味する。なお，通常の「金融調節（貸出）」から発生する損益は，ECB への出資比率にもとづいて各国中銀に分配・分担されることになっている。

また，上記④の「ケースバイケースで判断される」とは，第 1 章で述べたスタンディング・ファシリティではないこと，すなわち金融機関の要請によって中央銀行が受動的に資金を供給するルール・ベースのものではなく，あくまで各国中銀が個別案件ごとに裁量的に決定する（そして政策理事会の承認を経て実行される）資金供給であることを意味する。

具体的には，ELA は，ユーロシステム共通の適格担保が不足した金融機

---

23) 第 14 条第 3 項「各国中央銀行は，ESCB の統合された一部であり，ECB のガイドラインと指示に従って行動しなければならない。政策理事会は，ECB のガイドラインと指示の遵守を保証するための必要な手続きをとらなければならず，必要なすべての情報が与えられるよう求めなければならない」。第 4 項「各国中央銀行は，政策理事会が三分の二以上の多数によってそれが ESCB の目的と業務を阻害すると判断しないならば，この議定書に定めた事柄以外の業務を行うことができる。その業務は，各国中央銀行の責任と負担において行われなければならず，ESCB の業務の一部とみなされてはならない」。

24) ELA のバランスシート上の計上項目は 2011 年末までは統一されていなかった。例えば，ドイツでは「金融機関向けその他債権」であったが，ギリシャ，キプロス，アイルランドでは「その他資産」に計上されていた。それを，ECB 政策理事会が，2012 年以降，「金融機関向けその他債権」に計上することで統一を図っている。本章別表もそれに従っており上記 3 中銀では 2011 年までと 12 年以降で計上項目が異なる。

第 3 章　欧州危機とユーロシステム

関に対する救済融資としての役割を担っている。金融機関が担保不足に陥った場合，中央銀行が ELA として資金を貸し付けるのである。

したがって ELA は，ユーロ圏における「最後の貸し手」機能の一種であり[25]，日本で言えば日銀法第 38 条による「特融」，米国では連邦準備法第 13 条第 3 項による「緊急貸付」に相当するものと言えよう。

しかし，ELA には当該政府による保証が必要である一方，その決定は政府から独立になされなければならないほか[26]，後述するように，日本や米国と比較すると「最後の貸し手」としては極めて限定的で柔軟性に欠けるように思われる[27]。

また，ユーロシステムは多数の主権国にまたがる中央銀行組織であり，日米では想定できない問題が発生することになる。ELA は，政府による債務保証と政策理事会による承認が必要であるが，ある加盟国の国債価格が下がると，政府による債務保証能力そのものが信用を失い，政策理事会の承認を得られず，ELA を供給できないという事態が生じるのである。またそれを逆手にとって，政策理事会は，後述するようにアイルランド，ギリシャ，キプロスのケースでは，ELA の承認の条件として，EU・ECB・IMF による改革プログラムの受入れを強要するといったことも行っている。すなわち，欧州委員会，ユーロ圏各政府（二国間），EFSF（ESM）[28]，IMF から危機

---

25) ユーロシステムにおける「最後の貸し手」機能としては，他に，FTO（注 10 参照）とスタンディング・ファシリティとしての Marginal Lending Facility（第 1 章参照）がある。

26) ECB, "Opinion of the European Central Bank of 8 October 2008," CON/2008/46, paragraph 4. 3. 参照。ELA の決定においては，政府による保証が必要であるが，といってその決定に政府の意向が反映されてはならず中央銀行の政府からの独立性が維持されていなければならない。破綻処理コストの中央銀行による負担や財政ファイナンスを避けるためであると思われる。

27) ユーロシステムにおける「最後の貸し手」機能は，日米と比較すると抑制的であるが，その背景には，金融システムの安定の責任は中央銀行ではなく政府が担うべきであるというドイツの考え方があるように思われる。ドイツにおいては「最後の貸し手」機能の担い手は，中央銀行ではなく，金融業界とドイツ連銀が出資する別の機関（Liko Bank : Liquiditäts Konsortialbank）である。ドイツにおける「最後の貸し手」については，山村（2003）参照。

国への財政支援は，マクロ的な財政再建策とミクロ的な構造改革から成る改革プログラムの受託・実施を条件としているが，そうした財政資金だけでなく，ELA という中央銀行の流動性供給も，当該プログラムの受入れとリンクされているのである。

他方，政策理事会からすれば，各国中銀独自の資金供給は，ユーロ圏における金融政策の一元性を否定するものであり，無制限に行われればユーロシステムは根底から崩壊してしまう。それゆえ，ELA は，「例外的な状況下」に限定され，「政策理事会の三分の二以上」による承認を必須の要件としているのである。しかしながら，欧州危機の長期化は「例外的な状況」を常態化し，危機国では ELA が数年に及びバランスシートの大半を占めるといった状況が生まれたのである。

では，ELA は，実際にはどのような状況でどのように実施されているのだろうか。筆者が当局の文献で ELA の実施を確認できたのは，ベルギー・オランダ，ドイツ，アイルランド，キプロス，ギリシャのケースである。順に見てみよう。

② ベルギー・オランダ

ベルギー中央銀行は，リーマン・ショック直後の 2008 年 9 月末から翌月の上旬まで，ELA を実施した。それはフォルティスの破綻に対応したものであった。

---

28) EFSF（European Financial Stability Facility）は，2010 年 5 月に設立が合意された，ユーロ圏向けの財政支援ファンド。加盟国政府の保証による債券発行で資金を調達し，アイルランド（10 年 11 月 28 日，177 億ユーロ），ポルトガル（11 年 5 月 17 日，260 億ユーロ），ギリシャ（第 2 次，12 年 2 月 21 日，131 億ユーロ）への貸付を行った。貸付実施を 13 年 6 月までとする期限を切った機関で，その役割は ESM に引き継がれた。ESM（European Stability Mechanism）は，恒常機関として 12 年 10 月から稼働を開始し，現在（15 年 9 月末）までに，スペイン（12 年 6 月 9 日，413 億ユーロ），キプロス（13 年 3 月 25 日，63 億ユーロ），ギリシャ（第 3 次，15 年 8 月 19 日，150 億ユーロ）への貸付を行っている（括弧内の日付けと金額は，EU 経済財務閣僚理事会等での支援決定日と貸付実施額。貸付は国債引受けを含む）。EFSF，ESM の貸付実績については，それぞれのウェブサイト（www.efsf.europa.eu/about/operations/index.htm; www.esm.europa.eu/assistance/index.htm）参照。

第3章　欧州危機とユーロシステム　　　91

　ベルギー，オランダ，ルクセンブルクにまたがる大手金融機関フォルティス（Fortis）は，2007年，RBS（Royal Bank of Scotland），サンタンデールと共同でABNアムロを買収する。その結果巨額の債務を背負うことになったが，緩和的な金融環境が続く中，それが同社の経営を揺るがすものとは考えられていなかった。ところが翌年9月，リーマン・ショックが発生すると金融市場は急速にリスク回避の姿勢を強め，負債比率の高いフォルティスは市場から資金を調達できなくなったのである。同社は事実上の破綻に追い込まれ，9月29日，ベルギー，オランダ，ルクセンブルク3ヵ国がフォルティスを一時国有化することで合意[29]，同時に，ベルギー，オランダの中央銀行がそれぞれの現地法人に向けてELAを実施したのである[30]。

　これについて，ベルギー中銀は次のように説明している。「その結果生じた流動性不足のため，当行は，9月29日よりフォルティスに緊急支援を提供した。それは，ユーロおよびドルをオーバーナイト，罰則金利にて貸し付ける形で行われ，担保は，ECBの通常のオペに適格ではないものであった。この緊急流動性支援（ELA）は10月9日まで実施され，10月3日には513億ユーロのピークに達した」[31]。

　わずか11日間であるが，ECB政策理事会の適格条件を満たさない資産を担保に資金供給したことが明らかにされている。しかもピーク時に500億ユーロを超えたというその金額は，ベルギー中銀の資産規模が07年末で1,124億ユーロであったことを考えると極めて大きなものであった。また同行は，別のレポートで，ELAの性格について，「このオペレーションは，金融調節というより中央銀行の最後の貸し手としての役割に基づくものである。ELAは，例外的なものでなければならず，（金融機関が申請すれば）自

---

29) その後，結局，フォルティス・グループは三つに分解されて，BNPパリバ，ABNアムロ，アジアスに譲渡された。

30) オランダ中銀のELA供給については，ベルギー中銀の年報で言及されているが（National Bank of Belgium, *Report 2008 : Economic and financial developments*, p. 180)，オランダ中銀自身の文献では確認できなかった。

31) National Bank of Belgium, *Report 2008 : Economic and financial developments*, p. 178.

図表 3-7 ドイツ連邦銀行の「金融機関向けその他債権」

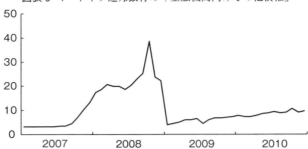

(注) 10億ユーロ。2007年1月から10年12月まで月次ベース。
(出所) Deutsche Bundesbank, *Monthly Report* 各号より作成。

動的に与えられるものとみなされてはならない。これは，当該金融機関が所在する国の中央銀行の責任において，ECB 政策理事会の承認の下で行われるものである（括弧内は引用者）」と述べている[32]。

このケースでは，ELA の，例外的な，極めて短期間の流動性供給としての性格が維持されている。しかしながら危機が長引けば，ELA の供給期間は長くなり，例外的でも一時的でもなくなっていく。次にドイツ連銀が行った1年以上にわたる ELA を見てみよう。

③ ドイツ

図表 3-7 は，ドイツ連邦銀行のバランスシート（資産の部）のうち，「金融機関向けその他債権」を抜き出してグラフ化したものである。それは2007年夏に増加し始め，08年秋にピークをつけ，その後，急減し常態に戻っている。

この「金融機関向けその他債権」について，ドイツ連銀の2008年版年次報告書は，他の年とほぼ同様に「この項目には，金融機関に保有する，中央銀行サービスに関連した受取金から生じた定期預金が含まれる」と述べるだけで[33]，筆者の知る限りそれ以上の説明を行っていない。

---

32) National Bank of Belgium, *Report 2008 : Corporate Report*, pp. 2-3.

しかし，このグラフの動きは，サブプライムローン問題の悪化からリーマン・ショックに至る過程での，ドイツの金融機関が直面した流動性不足に対するドイツ連銀からの資金供給と考えるほかないであろう。実際，IMFが，ドイツに関する2本の報告書で，「ドイツ連邦銀行は，2008-09年の短い期間，限定的ながらELAを利用した」と記している[34]。

ドイツ連銀の資産総額に占める比率は大きくないが，これは，ECB政策理事会の決定にもとづくユーロシステム・レベルのオペ（「金融調節（貸出）」）とは異なる連銀独自のものであった。そしてそれは，前述のベルギーのケースと異なり，1年以上にわたって供給されていたのである。

④　アイルランド

アイルランド中央銀行は，その年次報告書において，ELAの供給を明らかにしている[35]。別表6の資産の「その他」の内訳として記されたELAは，2010年末時点には総資産の四分の一に達している。

前述のように，アイルランドの金融機関が，ECB政策理事会の定めた適格担保を保有しているならば，金額無制限のオペが実施されている以上，ELAは必要なかった。実際，IMFは，アイルランドへの救済融資に関する2011年2月の報告書において「（アイルランド国債の格付け引下げにより）ECBの流動性供給に提供されていた担保の一部がECB不適格となったため，それらはアイルランド中央銀行のELAに振り替えられた」と説明し，

---

33) Deutsche Bundesbank, *Annual Report* 2008, p. 142. これは，日本銀行の場合で言えば，「代理店勘定」（日銀が国庫事務等を委託している民間銀行に，支払準備として預けている資金）に相当するものと思われる。

34) IMF, "Germany: Financial Sector Stability Assessment," *IMF Country Report*, No. 11/169, July 2011, p. 33;"Germany : Technical Note on Crisis Management Arrangements," *IMF Country Report*, No. 11/368, December 2011, p. 22.

35) ELAの呼称について，アイルランド中銀は，2010年版年次報告書では，Exceptional Liquidity Assistanceとしているが，09年版では同じものをSpecial Liquidity Assistanceと呼び，*The Irish Banking Crisis Regulatory and Financial Stability Policy 2003-2008*, 2010ではEmergency Lending Assistanceと，紛らわしい。ECB政策理事会はELA（Emergency Liquidity Assistance）に統一しており，ここでもそれに従う。

さらに同国の銀行部門は「事実上，市場での資金調達が不可能であり，ユーロシステムと ELA に大きく依存したままである」と述べている[36]。

こうした指摘は，別表 6 でも確認することができる。「金融調節（貸出）」のピークは 2010 年の 1,320 億ユーロであるが，それはその後，1,072 億ユーロ，709 億ユーロと減少する。他方で ELA は 400 億ユーロ超で維持されたのである。

危機対応の長期化によって，「例外的」な「一時的」支援も長期化せざるをえず，別表 6 が示すように，アイルランドが 2013 年に ELA から脱却する（残高が事実上ゼロとなる）までには 4 年がかかっている。ベルギーのフォルティス破綻時とは，ELA の性格が大きく変化しているのである。

アイルランドの ELA に関して，2014 年 11 月に，注目すべき文書が公表された。トリシェ ECB 総裁からアイルランドのレニハン（Brian Lenihan）財務大臣に宛てられた 2010 年 11 月 19 日付けの，Secret の刻印のある手紙が，アイルランドの新聞に掲載されたのである[37]。前述のように，2010 年当時は，アイルランド中銀による ELA が急増していた時期である。手紙は，ELA は政策理事会によってモニターされていること，その借り手は資産超過でなければならないこと等を確認した上で，「以下の 4 点に関するアイルランド政府からユーロシステムに対する書面での約束が提出されなければ，アイルランドの金融機関に対するさらなる ELA を認めることはできないというのが，政策理事会の立場である」とし，EU・ECB・IMF（いわゆるトロイカ）に支援を申請すること，すなわち，トロイカの支援プログラムが条件とする財政再建・構造改革の実施を約束することを求めたのである。そして実際に，この手紙の 2 日後，アイルランド政府は正式に支援を申請し

---

36) IMF, *IMF Country Report*, no. 11/47, February 2011.

37) Cliff Taylor, "Triche letter revealed : ECB threatened to stop emergency funding unless Ireland took bailout," *The Irish Times*, November 6, 2014. ECB は，この記事が発表されるとただちに，この手紙を含む関連文書を "Irish letters" として，アイルランド危機の原因の解説（そこではアイルランド自身の経済政策運営の失敗が強調されている）とともに，ウェブサイトに公表した（www.ecb.europa.eu/press/html/irish-letters.en.html）。Vincent Boland and Peter Spiegel, "ECB threatened to end funding unless Ireland sought bailout," *Financial Times*, November 6, 2014 も参照。

第 3 章　欧州危機とユーロシステム　　95

ている。

　つまり，破綻の危機に瀕していたアイルランドの民間銀行はアイルランド
中銀の ELA によってなんとか資金繰りをつけていたわけであるが，それは
アイルランド中銀の総資産の四分の一に達し，ECB 政策理事会からすれば，
ユーロシステムにおける統一的な金融政策という大原則を逸脱するもので
あった。アイルランドの銀行部門に必要なのは流動性ではなく資本であり，
それは，アイルランド政府，あるいは EU・IMF という政府（財政）が責任
をもつべきだということであろう。

　他方，アイルランド政府にしてみれば，自国の財政に余裕はなく，しか
し，トロイカの支援を受ける際に求められる融資条件（改革プログラム）
は，財政再建にしろ構造改革にしろ世論の反発が強く，政治的なコストが非
常に大きい。その点，ELA であれば，事実上無償で時間を稼ぐことができ
る。

　しかし，その ELA を止められれば銀行はただちに資金繰りに窮し，預金
封鎖（資本規制）や銀行休業が避けられないが，それが市民生活，国民経済
に与える影響は計り知れない。そこで，アイルランド政府はトロイカへの支
援の要請に踏み切り，政策理事会は財政支援に伴う改革プログラムの実施を
条件に ELA の継続・増額を認めたのである。先に述べたように，改革プロ
グラムが，EU・IMF 等の財政支援と，中央銀行の資金供給双方のコンディ
ショナリティ（融資条件）とされているのである。

　アイルランドが回避した預金封鎖が現実のものとなったのが，キプロス
（2013 年）とギリシャ（2015 年）のケースである。

⑤　キプロス

　2008 年にユーロ圏に加盟したキプロスは，ギリシャとの経済的結び付き
が強く，また，経済規模に比べて銀行部門が大きかったことから，2010 年
からのギリシャ危機の影響を直接受けることになった。キプロス中央銀行の
年次報告書は，2011 年以降，同行が ELA を供給していることを明らかにし
ている[38]。

　そして 2013 年に入り金融危機が深刻化，3 月に EU 側が支援の条件とし

て預金のカットを打ち出したことから取付けが発生し，金融市場は大混乱に陥った。そのため，キプロスは 16 日から 27 日まで銀行休業（祝休日を含む）を余儀なくされたのである[39]。そうしたなか，ECB 政策理事会は 3 月 21 日に，キプロス中央銀行の ELA 残高維持を 25 日までしか認めず，それ以降は，EU・ECB・IMF の改革プログラムの受入れ・遵守を条件とすることを発表する[40]。アイルランドのケース（2010 年 11 月）では秘密裡に行われた，ELA をテコにした改革プログラムの受入れをめぐる交渉が，13 年にはオープンな形で進められたことになる。

　ELA が認められなければ，すでに他の資金調達手段を失っている民間銀行は預金の引出しに応じられず，キプロスは預金封鎖の継続か改革プログラムの受入れかの選択を迫られたわけである。結局，3 月 25 日，キプロスと支援側の合意が成り，ELA は延長・増額された。そしてその後，改革プログラムに沿って，キプロス最大手のキプロス銀行では預金保険の上限である 10 万ユーロを超える預金の 47.5% が削減されるなど，ベイルイン[41] を含む再建策が実施されたのである[42]。なお，別表 5 が示すように，キプロス中銀は，直近時（2014 年末）においても 74 億ユーロの ELA 残高を抱えたままである。

　⑥　ギリシャ
　ギリシャ中央銀行の ELA は，2015 年の春から夏にかけての EU 等とギリ

38）特に Central Bank of Cyprus, *Annual Report 2014*, pp. 42-45 は ELA の条件等について詳細に説明している。

39）Central Bank of Cyprus, *Annual Report 2013*, p. 42.

40）ECB, "Governing Council decision on Emergency Liquidity Assistance requested by the Central Bank of Cyprus," March 21, 2013 ; Central Bank of Cyprus, *Annual Report 2013*, p. 29.

41）公的資金の投入による再建・破綻処理（ベイルアウト：Bail Out）に対して，破綻金融機関の債権者・預金者の損失負担による再建・破綻処理をベイルイン（Bail In）と言う。第 5 章参照。

42）ただし，キプロスの場合，大口預金者のうち多くをロシア等の非居住者が占めており，またその一部にはマネーロンダリングの疑惑が指摘されるなどの特殊事情もあった。

シャ政府の第3次支援をめぐる交渉の過程で，世界中の注目を集め広く知られるところとなったが，その開始は2011年にさかのぼる。それは，アイルランド等と同様，「金融調節（貸出）」を代替する役割を担っていた。

別表4が示すように，ギリシャ中銀の「金融調節（貸出）」は，2010年のピーク977億ユーロから減少しているが，代わってELAが11年に550億ユーロ，12年には1,019億ユーロと拡大している。12年時点のギリシャ中銀の総資産は1,598億ユーロであるからその三分の二がELAで占められていたことになる。ギリシャ国債は，前述のように，2010年5月よりユーロシステムによる資金供給の適格担保基準の適用を免除されていたが（したがって格付け等にかかわらず適格担保として承認）[43]，それでも民間銀行は担保不足に陥り，ELAに依存するほかなかったのである。

2015年の春から夏にかけての債権団との交渉において，ECB政策理事会は，ギリシャ中銀のELAについて供給額の引上げを拒否するが，それは，支援策がまとまらずギリシャ国債が事実上のデフォルト状態にあるなかでは，ELAに必要となるギリシャ政府の保証が実質的な意味をなさないとの判断にもとづく。

具体的には，ギリシャ政府がさらなる財政緊縮等を拒否するなか，EU・ECB・IMFが第2次ギリシャ支援を6月30日で打ち切る方針を固めると，ECB政策理事会は6月28日，ギリシャのELAの残高を維持する（＝増額を認めない）決定を発表[44]。銀行の経営不安が広がり預金の引出しが増えている状況下で中央銀行の資金供給がストップすれば，預金の引出しを制限するほかなくなる。ギリシャは，翌29日から銀行休業（預金の引出し制限）に踏み切り，それは7月19日まで続いた（休日を含む）。つまり，ギリシャに残された選択肢は，①改革プログラムを受託する，②政策理事会の決定を

---

43) ただし，2012年2月27日から3月5日まで（債務再編を実施したため），同年7月18日から12月19日まで（改革プログラムの実行が十分でなかったため），2015年2月10日以降現在（9月末）まで（同上）は，基準の免除を停止されている（つまり適格担保として認められず）。

44) ECB, "ELA to Greek banks maintained at its current level," 28 June 2015. 7月6日にも同様の決定がなされている。

拒否する（＝ユーロ圏を離脱する），③長期の預金封鎖に耐える，の三つしかなくなり，結局，EU 側に譲歩して第 3 次となる金融支援（＝改革プログラム）を受け入れることで，中央銀行の資金供給を再開したのである。

ELA の維持・増額をテコに，支援の申請（＝改革案の実施）を迫るという手法は，前述のアイルランドやキプロスのケースと同じである。これは，「最後の貸し手」であるはずの ELA において政府保証を条件とするというユーロシステムの特徴に由来すると言えるが，財政危機と金融危機のスパイラル的状況に陥った国にとっては，極めて厳しい選択を迫るものであった。通貨統合による金融主権喪失に伴う負の側面の端的な表れである。

すなわち，一般的には，債務危機に陥った政府は，自国通貨建て債務であれば，自国の金融機関あるいは中央銀行に国債を引き受けさせることによって，（高率のインフレ発生の危険を伴いながらも）一時的な資金繰りをつけることができる。管理通貨制度の"メリット"である。

ところがユーロ圏の場合，債務危機が発生すると，国債は格付けが引き下げられるだけでなく，ユーロシステムのオペの適格担保でもなくなってしまう。（第 1 章で述べたようにユーロシステムの担保は国債だけでなく企業向け貸付債権を含む幅広いものではあるが）担保不足に陥った金融機関は ELA に依存するほかなくなる。ところが，ECB 政策理事会が，適格担保としての承認や ELA の認可には，改革プログラムの受入れとその着実な実施が必要であるとしており，危機国は，預金封鎖か改革かを迫られることになる。しかし，長期に及ぶ預金封鎖に耐えられる経済は存在しない。

以上のように，ユーロ危機の中で，危機国の中央銀行は，まずは「金融調節（貸出）」を拡大させることで，さらには ELA によって，金融機関の流動性をなんとか支えようとしてきた。それが，図表 3-5 に示した各国中銀のバランスシートの不均等な拡大をもたらしたのである。

しかし，図表 3-5 ではもう一つの問題が残されていた。（ユーロシステム以上の）バランスシートの拡大は，危機国だけではなく，ドイツ中銀にも生じている。それはなぜか。

それを解くカギは TARGET2 残高の推移にあり，それはまた，ここまで

確認してきた ELA を含む貸出における不均衡とコインの裏表の関係にある。では，TARGET2 残高とはどのような仕組みなのか，次にそれを見てみよう[45]。

3　TARGET2 債権・債務の増大

(1)　残高増大のメカニズム

　ユーロ圏内（一部圏外を含む）の民間銀行・中央銀行は，TARGET2 (Trans-European Automated Real-time Gross settlement Express Transfer system の第 2 世代）と呼ばれるシステムを用いて銀行間決済を行っている。

　ギリシャの A 銀行がドイツの X 銀行に 100 ユーロを送金する場合を考えてみよう（図表 3-8）。送金をもたらす要因が，顧客企業の輸入に伴う支払い［マクロ的にはギリシャの貿易赤字］であっても，X 銀行からの借入れの返済や顧客資金の移動［マクロ的にはギリシャの資本収支赤字］であっても同じである。

　送金は，A 銀行がギリシャ中銀にもつ口座から 100 ユーロが引き落とされ，X 銀行のドイツ中銀（ドイツ連銀）口座に 100 ユーロ入金されることによって完了する。その結果，ギリシャ中銀はドイツ中銀に対して 100 ユーロの債務を負う（＝ドイツ中銀はギリシャ中銀に対して 100 ユーロの債権をもつ）ことになるが，それらは，日次ベースでそれぞれの対 ECB 債務・債権に振り替えられる。つまり，ECB は，（決済面において）ユーロ圏における〈中央銀行の銀行〉として機能しており，ユーロ圏の決済が TARGET2 と命名されたコンピュータ・システムを用いて行われているため，その決済尻を「TARGET2 残高（TARGET Balance)」という。各国中銀のバランスシートにおいては，当該債権債務のネット残高がプラスの場合には［資産］

---

45)　「TARGET2 残高」の増大のメカニズム，関連する論点については Whittaker (2011)，Weidmann (2012)，Deutsche Bundesbank (2011a, b)，ECB (2011c, 2013)，ECB, *Annual Report 2011*, pp. 35-37, Cour-Thimann (2013) 参照。

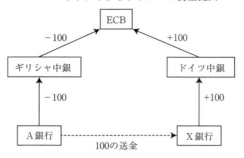

図表3-8　TARGET2残高のメカニズム：
ギリシャからドイツへの資金流出

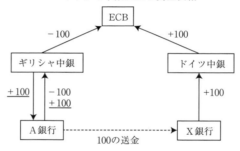

図表3-9　TARGET2残高のメカニズム：
ギリシャ中銀による資金供給

の「TARGET2債権」に，マイナスの場合には［負債］の「TARGET2債務」にそれぞれの金額が計上される。ただし，連結ベースであるユーロシステムのバランスシートでは，加盟中銀間（ECBを含む）の債権・債務は相殺されるため，TARGET2残高その他の「対ユーロシステム向け債権・債務」は計上されない（別表1参照）。

　もう一度，ギリシャの民間銀行に戻ろう。当然ながら，このままの状態（資金の支払い超過）が続けば，A銀行は倒産してしまう。だからこそ銀行は，黒字（受取り超過）の会社を顧客にしようとするのであるが，一時的な資金不足であれば，市場から同額の資金を調達することで対応可能である。

それは図表 3 - 8 の資金の流れと逆方向の資金移動を意味するため，図表 3 -
8 の資金の流れは相殺され，ギリシャ中銀とドイツ中銀の「TARGET2 債
権・債務」もゼロとなる。これが通常時の姿であり，したがって通常時に
は，各国中銀の「TARGET2 債権・債務」はゼロに近い水準で推移する。

　ここで A 銀行に信用不安が発生し市場で資金を調達できなくなったとし
よう。それが 2010 年以降の状況である。ギリシャ中銀は A 銀行の倒産を防
ぐべく，図表 3 - 9 のように資金を供給する（A 銀行に適格担保があれば
「金融調節（貸出）」で，担保不足であれば ELA によって）。それによって
A 銀行は破綻を免れるが，同時にギリシャ中銀の「TARGET2 債務（＝ド
イツ中銀の「TARGET2 債権」）はそのまま残る。A 銀行から X 銀行への資
金流出が止まらずそれに併せてギリシャ中銀からの資金供給が拡大すれば，
各中銀の対 ECB 債権・債務もますます大きくなる。このようにして，危機
の拡大に比例する形でユーロシステムを構成する中央銀行間の債権債務の不
均衡が増大したのである（図表 3 - 10 参照）。

(2)　残高増大の意味

　通常時であれば，銀行は不足する資金を市場で調達するため，TARGET2
残高がそれほど大きくなることはない。また，ユーロシステムによる資金供
給（オペ）も，従来は，ECB 政策理事会がオペごとに供給額を設定してい
たため，こうした不均衡の拡大には一定の歯止めがかかっていた。

　しかしリーマン・ショック以降，ECB 政策理事会は異例の金融緩和策を
矢継ぎ早に繰り出し，危機国中銀の大量の資金供給を可能としてきた。その
結果，危機国側の TARGET2 債務残高が増加すると同時に，ドイツ連銀の
TARGET2 債権はピーク時（2012 年末）には 6,549 億ユーロに達し（別表 3
参照），同行のバランスシート全体の 6 割以上を占めるに至ったのである。
これは，これまでの EU レベル（政府）で用意されてきた金融支援策におけ
るドイツの拠出金額をはるかに上回る。

　では，こうした TARGET2 残高における不均衡の拡大には，どのような
意味があるのだろうか。ドイツ経済にとってどのようなリスクやコストを意
味するのだろうか。

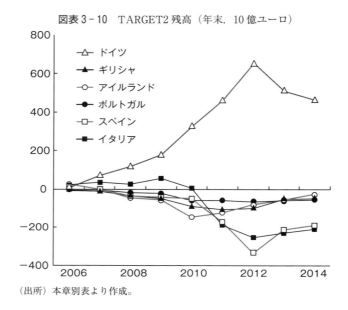

図表3-10　TARGET2残高（年末，10億ユーロ）

（出所）本章別表より作成。

　ただし，TARGET2債権の場合，そもそも回収するということが制度的に不可能である。ドイツ連銀は当該債権を，自らが払超となった際，つまりドイツの民間銀行から他国に資金が流出した際の決済に用いることができるだけである（実際，図表3-10が示すように，危機が沈静化し危機国からの資金流出に歯止めがかかった2013，14年にはTARGET2債権・債務の縮小が見られる）。

　ECBのドラギ総裁は，2012年2月の記者会見で以下のように述べている[46]。

　　TARGET2の不均衡は，正常なことであり，通貨統合に不可避的に付随するものである。正常な環境の下では，一国内のあるいは国境を越えた銀行間市場が機能するため，諸国間の不均衡が大きくなることはない。しかし，ユー

---

46) ECB, press conference, 9 February 2012.

第3章 欧州危機とユーロシステム　　103

ロ圏の一部においてファンディングの状況にストレスがかかる時には，ストレスを受けていない国がストレスの高まっている国に対して債権を積み上げることになる。しかしこのことは，いわゆる「債権国」にとっての何らかのリスクの増大を意味するわけではない。それは，ECB というインフラを中央に備えた単一の通貨圏の正常な機能の一部である。

　では，TARGET2 債権が損失をもたらすことはないのだろうか。

　その前に，そもそものユーロシステムにおける利益と損失の配分方法を確認しておこう。ユーロ圏の各国中銀の損益は，そのまま当該中銀のモノとはならない。損益計算上においても，各中銀はユーロシステムの一部にすぎず，すべてのユーロ圏中銀の損益（ただし金融政策にかかるものに限る）はECB への払込資本金の比率[47]に従って，中銀間で再配分される（欧州中央銀行制度議定書第 32 条）。しかし，これは政策理事会で決定されたユーロ圏共通の金融政策によるものの場合である。ELA に伴う貸倒れ（損失）は，先に述べたように，当該国の政府が中央銀行に補填することになる。

　TARGET2 債務が返済されない場合とは，事実上，当該債務国がユーロ圏を離脱する場合に限定されると思われるが，その時には債権者である（単体としての）ECB が損失を被ることになる。ECB の損益も，準備金の積み立て（取り崩し）後，ECB への払込資本金にもとづいてユーロ圏中銀間で再配分することになっている（議定書第 33 条）。したがって，損失が発生し

47）ECB の（規定上の）資本金は，設立時は 50 億ユーロに決定されたが，その後の増資を経て，現在は（2015 年 1 月）約 108 億ユーロである。「出資比率（Capital Key）」は，"全 EU 加盟"中銀に対して，GDP 比率と人口比率の平均と同じ数値に定められるが（5 年毎および新規加盟時に改訂），「出資比率」の全額を払い込む義務を負っているのは"ユーロ圏"の中銀だけであり，"非ユーロ圏の EU 加盟中銀（イングランド銀行など）"の払込みは「出資比率」の 3.75％（2010 年 12 月以降。ECB 設立時は 7％）に抑えられている（そのため，現在の ECB の「払込資本金」は，ユーロ圏中銀の払い込んだ 76.2 億ドルと非ユーロ圏中銀の 0.1 億ドルの計 76.3 億ユーロ）。したがって，各中銀の「出資比率」と（本文で述べているユーロシステムおよび ECB の損益配分比率を規定する）「ユーロ圏中銀の払込比率」は異なり，ドイツ中銀の場合，前者が 18.0％であるのに対して後者は 25.6％である。ECB の資本金と損益配分，ユーロシステムの金融政策にかかる損益配分については，ECB（2006）pp. 114-116；ECB, "Capital subscription", January 1, 2015 参照。

た場合の負担においても，意味をもつのはECBの払込資本金の比率であって，各国中銀のTARGET2債権の大きさは関係がない。極端な場合，ドイツ中銀のTARGET2債権がゼロであっても，ドイツ中銀はその払込資本金のシェアに応じて損失の，25.6%を負担しなければならないのである。

　TARGET2残高拡大の本当の問題は他のところにある。それは，一つには債権国における金融調節能力の低下であり，もう一つは債務国（危機国）におけるモラルハザードの高まりである。

　ドイツ連邦銀行のヴァイトマン総裁は，2012年3月に，新聞への寄稿論文（Weidmann（2012））でTARGET2残高に関する同行のスタンスを明らかにしたが，それは前述のドラギECB総裁の指摘と大きく異なる。寄稿文の前半はTARGET2残高の発生メカニズムを説明しているだけであるが，注目すべきは後段である。金融市場の安定性を強化するための通貨供給もユーロシステムの業務に含まれることを確認した上で以下のように述べている。

　　しかしながら，金融政策と財政政策は峻別されなければならず，とりわけ，政府債務のマネタイゼーションの禁止は厳格に遵守されなければならない。事実上破綻した銀行を救済したり，政府の返済能力をかさ上げしたりすることは金融政策の責務ではない。銀行や政府の破綻リスクをどのように配分するかを決定するのは，選挙で選ばれた議会と政府だけが負う責任である。確かに，銀行の流動性不足とソルベンシーリスクを明確に区別することは常に可能なわけではなく，危機に際してはある程度柔軟に対応することが一時的には適切でもある。しかしながら，それはまた，中央銀行のバランスシートのリスクを大きくし，モラルハザードを危機的な水準に押し上げる可能性がある。
　　（中略）
　　ユーロシステムにおいては，非伝統的な金融政策は，限定的であり一時的であると大筋で合意されている。それを，必要な財政・経済改革を延期する言い訳に使うことはできない。私自身の最大の懸念は，金融政策は財政政策の人質になっているといった世論が起こることによって，何らかの安定性を損なうリスクが発生することである。
　　（中略）
　　ユーロシステムは，インフレーションのリスクを排除すべく，各中央銀行が

増大した流動性供給を適切な時期に縮小する計画をスピーディに実施しようとしている。結局のところ，危織を解決する鍵を担っているのは，中央銀行ではなく，加盟国政府なのである。

ヴァイトマンは，経営破綻した金融機関や債務国の救済は金融政策の役割ではなく財政の仕事であることを強く主張し，なし崩し的に進む金融政策による財政の肩代わりを厳しく批判しているのである。

ヴァイトマンの懸念の背景にあるものを，図表3-11で見てとることができる。これは，ドイツ連銀のバランスシートの「金融調節（貸出）」と「準備預金（金融機関の中央銀行預金）」の推移を示したものである。欧州危機が進行するにつれて，危機国からドイツへの資金流出が発生し，したがって危機国では資金不足に，ドイツでは資金余剰が発生している。そのためドイツの金融機関はオペに応じる必要がなく，反対に余剰資金を中央銀行に預金する一方となっているのである。

こうした状態でインフレ率が上昇した場合，ドイツ連銀はどのようにして金融を引き締めるのであろうか。中央銀行は，通常は，貸出（資金供給額）を減額することで金融市場の流動性を絞るが，欧州危機下のドイツ連銀では，準備預金が貸出額を上回っておりそれでは十分な引締めは難しい。実際には，資金吸収型のオペ（ECB債務証書の発行，定期預金オペ）によって市場の流動性をコントロールするほかないと思われる。

もちろん，資金吸収オペの場合も，ユーロ加盟国としてその金融政策はECB政策理事会で一元的に決定される必要があるが，ELAとは逆に，今度は資金流入国に対して独自の準備預金吸収策を認めることが必要となるかもしれない。もし十分にインフレ率をコントロールできないとなれば，一元的な金融政策の枠組みへのドイツからの不満は極めて大きなものとなるだろう。

現在（2015年9月）のところ，ドイツを含めユーロ圏が直面しているのは，インフレの危機ではなく，デフレの危機である。しかし，そのことが，供給資金のコントロール力の低下に対するドイツ連銀の懸念を払拭するわけではないだろう。

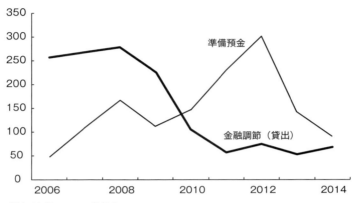

図表3-11 ドイツ連邦銀行の金融調節（貸出）と準備預金

（注）10億ユーロ。各年末。
（出所）Deutsche Bundesbank, *Annual Report* 各号より作成。

　その一方で，危機国においては，中央銀行オペにおける担保基準の引下げ，金額無制限オペの継続，そしてELAの実施が，モラルハザードを引き起こしている可能性が高い。
　中央銀行の「最後の貸し手」機能は，原理的には，流動性不足ではあるが資本不足ではない銀行に限定されるべきであり，債務超過に陥った銀行の救済は財政が担当すべき領域である。流動性不足と資本不足を正確に区別することは実際には不可能に近いが，第2章で見たように，米国ではその区別を遵守しているように思われる。
　ところがユーロ圏の場合，財政赤字の拡大が今回の危機の主たる原因であるため，危機国において銀行への財政資金による資本注入が困難であり，何よりも，通貨と金融政策が統合されている一方で財政は統合されていないという問題がある。そのため財政からの危機対策が限定的なものにとどまり，本来ならば財政が担うべき役割を，ユーロシステムが過剰なまでに肩代わりしているのである。そしてそこから逆に，危機国の国債の担保基準の適用やELAの承認をテコに，中央銀行（ECB政策理事会）が，政府（EUと危機国政府）に対して資金援助と改革プログラムの実行を要請するという，一国

第3章　欧州危機とユーロシステム　　107

一中央銀行制の日本や米国では考えられない事態が生じたのである。

　欧州における金融危機へのユーロシステムの対応の特徴は，貸出残高（図表3-6）やTARGET2残高の不均衡（図表3-10）として，またドイツ連銀における貸出と預金の不均衡（図表3-11）として現れていることを述べてきた。リーマン・ショックへの米国FRBの対応の特徴が，従来と異なる方法・対象での資金供給を含めたバランスシートの急拡大にあったのに対して，ユーロシステムの場合，規模よりも内的な不均衡の拡大に重要な意味があったと思われる。

　欧州危機の解消には，①危機の収束すなわち危機国における財政収支の改善と銀行の健全化（≒トロイカによる改革プログラムの実行），②ユーロ圏における財政統合の促進，③ドイツ等債権国の，自国における金融調節能力低下の受容・危機国におけるモラルハザードの容認，のいずれかが必要であろう。しかし危機国が短期間に財政収支を改善することも，ドイツ連銀が他国に起因するインフレを受け入れることも，事実上破綻した金融機関の中央銀行資金による延命も，ユーロ圏の再編以上に困難なことのように思われる。

　確かに，2010年の危機以降，財政統合という面ではEFSFやESMの設立，金融監督では銀行同盟構想の進展があり，危機国の側でも，アイルランドやスペイン等では経済改革に一定の前進が見られた。2015年夏のギリシャ危機の際にはスペインやイタリアに影響が及ぶことはなかったが，それは市場がそうした変化を評価したからであろう。しかしながら現状では危機の再来を防ぐには不十分であり，近い将来に，改めてユーロ圏の再編が現実的な課題となる可能性も小さくないように思われる。

別表1　ユーロシステムのバランスシート

年	総資産	外貨準備	金	外貨	外貨貸出	金融調節（貸出）	金融機関向けその他債権	証券	金融政策目的	その他証券	対政府債権	対ユーロシステム債権	その他資産
2006	1,150.0	319.1	176.8	142.3	23.4	450.5	11.0	77.6	-	77.6	39.4		216.7
2007	1,508.0	336.6	201.5	135.1	42.0	637.2	23.9	96.0	-	96.0	37.1		321.3
2008	2,075.1	378.1	217.7	160.4	234.3	860.3	57.0	271.2	-	271.2	37.4		218.1
2009	1,903.0	462.4	266.9	195.5	32.2	749.9	26.3	328.7	28.8	299.9	36.2		252.3
2010	2,002.2	591.4	367.4	224.0	26.9	546.7	45.7	457.4	134.8	322.6	35.0		276.5
2011	2,733.3	668.1	423.5	244.6	98.2	863.6	78.7	618.8	273.9	344.9	33.9		346.7
2012	2,962.7	689.5	438.7	250.8	32.7	1,126.0	202.8	586.1	277.2	309.0	30.0		277.6
2013	2,273.3	542.2	302.9	239.3	22.5	752.3	74.8	589.8	235.9	353.8	28.3		243.3
2014	2,208.3	613.8	343.6	270.2	27.9	630.3	59.9	589.5	217.2	372.3	26.7		241.0

年	総負債	銀行券	準備預金（定期等を含む）	当座預金	政府預金	対ユーロシステム債務	ユーロ圏外に対するユーロ建て債務	その他債務	再評価益
2006	1,150.0	628.3	174.1	173.5	45.2		16.6	71.4	121.9
2007	1,508.0	676.7	379.2	267.3	38.1		45.1	123.2	147.1
2008	2,075.1	762.9	492.3	291.7	83.3		293.6	166.5	175.7
2009	1,903.0	806.5	395.6	233.5	120.5		46.8	164.1	220.1
2010	2,002.2	839.7	378.0	212.7	71.7		47.7	172.4	331.5
2011	2,733.3	888.7	849.5	223.5	65.6		156.9	209.6	394.0
2012	2,962.7	912.6	925.4	447.1	95.3		184.5	237.6	407.4
2013	2,273.3	956.2	282.6	282.6	65.9		115.4	219.6	262.6
2014	2,208.3	1,016.6	366.5	318.2	36.8		47.9	221.1	330.7

（注）
1）10億ユーロ。各年末。
2）主要項目のみを示しているため，合計は総資産・総負債に満たない（「その他資産」「その他債務」は，それぞれ，"Other assets"，"Other liabilities"で，主要項目合計と総額との差額を示すものではない）。
3）2008年末の［資産］において「その他資産」が急減し「その他証券」が急増しているのは，同年末より満期保有目的の証券の計上勘定項目が「その他資産」から「その他証券」に変更になったため。例えばギリシャ（別表4），イタリア（同8），スペイン（同9）を見よ。
4）2012年末の［資産］において「その他資産」が減少し「金融機関向けその他債権」が増加しているのは，同年末よりELAの計上勘定項目が「金融機関向けその他債権」に統一されたため。例えばアイルランド（別表6）を見よ。
5）［資産］の「外貨準備」は時価評価され，評価益は［負債］の「再評価益」に計上。
6）［資産］の「金融調節（貸出）」は，MROとLTROの合計。
　　以上の注記は，別表1〜9に共通。
7）ユーロシステムのバランスシート（別表1）は連結ベースであるため，「対ユーロシステム債権・債務」は計上されない。
（出所）ECB, *Annual Report* 各号より作成。

第3章　欧州危機とユーロシステム　　109

別表2　ECB（単体）のバランスシート

年	総資産	外貨準備	金	外貨	外貨貸出	金融調節（貸出）	証券（金融政策目的）	対ユーロシステム債権	銀行券調整	TARGET2債権	その他資産
2006	105.8	39.6	9.9	29.7	2.8		–	53.8	50.3	3.5	9.5
2007	126.0	39.3	10.3	29.0	3.9		–	71.4	54.1	17.2	11.4
2008	383.9	52.3	10.7	41.6	22.2		–	295.1	61.0	234.1	13.7
2009	138.0	47.9	12.4	35.5	3.3		2.2	70.9	64.5	6.4	13.8
2010	163.5	56.7	17.0	39.7	4.3		17.9	67.2	67.2	–	15.5
2011	230.9	61.0	19.6	41.4	4.8		22.8	120.5	71.1	49.4	20.0
2012	207.3	61.7	20.4	41.3	2.8		22.1	97.7	73.0	24.7	23.0
2013	174.2	53.5	14.1	39.4	1.3		18.2	76.5	76.5	–	24.3
2014	185.3	60.4	16.0	44.4	1.8		17.8	81.3	81.3	–	24.0

年	総負債	銀行券	ユーロ圏外に対するユーロ建て債務	対ユーロシステム債務	外貨準備受入れ債務	TARGET2債務	再評価益
2006	105.8	50.3	0.3	39.8	39.8	–	5.6
2007	126.0	54.1	0.7	40.0	40.0	–	6.2
2008	383.9	61.0	253.9	40.1	40.1	–	11.4
2009	138.0	64.5	9.5	40.2	40.2	–	10.9
2010	163.5	67.2	1.2	61.4	40.2	21.2	19.6
2011	230.9	71.1	77.1	40.3	40.3	–	24.3
2012	207.3	73.0	50.9	40.3	40.3	–	23.5
2013	174.2	76.5	24.8	40.4	40.3	0.1	13.4
2014	185.3	81.3	0.9	64.1	40.6	23.6	19.9

（注）
1) ECBは，通常の金融政策を行わないため，「金融調節（貸出）」は計上されない。
2) ECBは，発券業務を行わないため，［負債］の「銀行券」は，常に［資産］の「対ユーロシステム債権（銀行券調整）」に等しい。「銀行券」と「対ユーロシステム債権・債務」の意味については，別表3の注記を見よ。
（出所）ECB, *Annual Report* 各号より作成。

別表3 ドイツ連邦銀行のバランスシート

資産

年	総資産	外貨準備	金	外貨	外貨貸出	金融調節（貸出）	金融機関向けその他債権	金融政策目的証券	その他証券	対政府債	対ユーロシステム債権	ECB持分	ECBへの外貨移転債権	銀行券調整	TARGET2債権	その他資産	金融資産
2006	373.5	84.8	53.1	31.7	0.0	256.3	3.0	-	0.0	4.4	18.3	1.2	11.8	-	5.3	6.4	2.8
2007	483.7	92.5	62.4	30.1	7.1	268.0	13.1	-	0.0	4.4	84.0	1.2	11.8	-	70.9	14.4	9.8
2008	612.6	99.2	68.2	31.0	63.3	277.4	22.0	-	0.0	4.4	128.6	1.2	11.8	-	115.3	17.4	10.0
2009	588.0	125.5	83.9	41.6	4.4	223.6	7.1	7.9	5.3	4.4	189.7	1.1	10.9	-	177.7	19.7	10.2
2010	671.3	162.1	115.4	46.7	0.0	103.1	9.6	30.9	5.2	4.4	337.9	1.4	10.9	-	325.5	18.0	10.3
2011	837.6	184.5	132.8	51.7	18.1	55.8	8.5	71.9	4.9	4.4	475.9	1.7	10.9	-	463.3	18.4	10.5
2012	1,025.3	188.6	137.5	51.1	3.3	73.1	1.4	67.5	0.0	4.4	667.9	2.0	10.9	-	654.9	19.0	12.1
2013	801.0	143.8	94.9	48.9	0.1	52.1	4.7	55.9	0.0	4.4	523.4	2.0	10.9	-	510.5	16.8	11.8
2014	770.8	158.8	107.5	51.3	0.0	65.6	2.0	50.2	0.0	4.4	473.0	1.9	10.4	-	460.6	16.8	12.5

負債

年	総負債	銀行券	準備預金（定期等を含む）	当座預金	対ユーロシステム債務	銀行券調整	TARGET2債務	再評価益
2006	373.5	170.9	48.0	47.9	84.3	84.3	-	45.9
2007	483.7	183.8	109.5	64.0	99.5	99.5	-	55.0
2008	612.6	206.6	166.9	100.7	121.8	121.8	-	63.1
2009	588.0	201.3	112.2	76.7	146.8	146.8	-	76.8
2010	671.3	209.6	146.4	71.4	157.1	157.1	-	110.5
2011	837.6	221.3	228.9	76.4	170.5	170.5	-	129.4
2012	1,025.3	227.2	300.0	129.6	200.3	200.3	-	132.6
2013	801.0	237.3	141.5	83.9	224.3	224.3	-	88.1
2014	770.8	240.5	90.2	81.2	267.9	267.9	-	104.5

第3章　欧州危機とユーロシステム　　　　111

(注)

「対ユーロシステム債権」は、①「ECB持分」、②「ECBへの外貨移転債権」、③「銀行券調整」、④「その他債権」の4項目から成り、「対ユーロシステム債務」は、⑤「銀行券調整」、⑥「その他債務」の2項目から成る。

① 「ECB持分」については本文注47を見よ。

② 「ECBへの外貨移転債権」は、各国中銀のECBへの金・外貨の拠出に伴う債権（拠出時のレートによるユーロ建て）。拠出総額は当初395億ユーロ（最大500億ユーロ）で、割当比率はECBへの払込資本金の比率に拠る。ECB (2006) pp. 94-97参照。

③⑤の「銀行券調整」は以下の意味である。8%をECBの発行券とし、残り92%を各国中銀のECBへの出資比率に応じて配分する。その計算結果が、各月末時点の銀行券発行残高総額の内、8%を中銀のバランスシート［負債］の「銀行券」とし、ユーロシステム各中銀のバランスシート上の「銀行券」の扱いは一般の中央銀行と異なる。その発行額とは異なる。実際の各行の発行券をその発行額とする。割当額となる。つまり、割当額よりも多くの銀行券を発行した中央銀行はその差額を［資産］の「銀行券調整」に計上し（ドイツ、ギリシャ、アイルランドの場合）、割当額よりも少ない銀行しか発行していない銀行はその差額を［負債］の「銀行券調整」に計上する（ポルトガルの場合）。Deutsche Bundesbank, *Annual Report 2010*, pp. 162-163参照。

④⑥の「その他債権・債務」のほとんどは「TARGET2債権・債務」が占める。

以上の注記は、別表3～9に共通。

(出所) Deutsche Bundesbank, *Annual Report* 各号より作成。

別表4　ギリシャ銀行のバランスシート

資産

年	総資産	外貨準備 金	外貨準備 外貨	外貨準備 外貨貸出	金融調節(貸出)	金融機関向けその他債権	証券	証券 金融政策目的証券	証券 その他証券	対政府債権	対ユーロシステム債権 ECB持分	対ユーロシステム債権 ECBへの外貨移転債権	対ユーロシステム債権 銀行券調整	対ユーロシステム債権 TARGET2債権	その他資産	その他資産 金融資産
2006	34.9	2.7	0.5	0.6	4.8	0.9	6.3	-	6.3	8.7	1.4	0.4	1.0	-	8.8	6.8
2007	42.7	3.0	0.4	0.7	8.7	0.2	10.5	-	10.5	8.2	1.4	0.4	1.0	-	8.7	6.5
2008	70.9	3.2	0.3	2.5	38.4	0.0	14.5	-	14.5	7.8	1.5	0.4	1.0	-	2.2	0.0
2009	86.8	4.7	1.1	0.3	50.0	0.0	20.7	0.7	20.0	7.3	1.6	0.4	1.1	-	2.3	0.0
2010	138.6	6.0	1.0	0.3	97.7	0.0	23.9	4.7	19.0	6.9	1.6	0.5	1.1	-	2.3	0.0
2011	168.4	6.8	1.0	1.0	76.2	0.0	21.1	7.8	13.4	6.7	1.6	0.5	1.1	-	55.0	0.0
2012	159.8	7.0	1.0	0.3	19.3	101.9	20.8	7.0	13.8	6.1	1.8	0.5	1.1	-	2.5	0.0
2013	109.5	5.2	1.1	0.3	63.2	9.8	21.4	6.1	15.3	5.7	1.7	0.5	1.1	-	2.2	0.1
2014	103.2	6.3	1.6	0.6	56.0	0.0	31.1	5.8	25.3	5.2	1.8	0.6	1.2	-	2.1	0.1

負債

年	総負債	銀行券	準備預金(定期等を含む)	当座預金	対ユーロシステム債務	対ユーロシステム債務 銀行券調整	対ユーロシステム債務 TARGET2債務
2006	34.9	15.3	4.5	4.5	9.8	1.6	8.2
2007	42.7	16.3	7.1	6.6	13.2	2.4	10.8
2008	70.9	19.3	7.8	4.9	37.8	2.5	35.3
2009	86.8	20.9	8.0	4.6	49.1	0.1	49.0
2010	138.6	21.8	10.5	3.3	95.1	7.9	87.1
2011	168.4	23.0	4.7	2.5	123.2	18.4	104.8
2012	159.8	23.6	2.2	1.4	112.8	14.5	98.4
2013	109.5	24.6	2.0	0.7	62.0	10.8	51.1
2014	103.2	27.2	3.1	2.9	54.5	5.1	49.3

（出所）Bank of Greece, *Annual Report* 各号より作成。

別表5　キプロス中央銀行のバランスシート

資産

年	総資産	外貨準備	金	外貨	外貨貸出	金融調節(貸出)	金融機関向けその他債権	証券	金融政策目的	その他証券	対政府債権	対ユーロシステム債権	ECB持分	ECBへの外貨移転債権	銀行券調整	TARGET2債権	その他資産
2008	10.69	0.71	0.28	0.43	0.77	4.37	0.09	2.45	-	2.45	1.60	0.20	0.02	0.07	0.11	-	0.38
2009	13.46	0.88	0.34	0.54	0.52	7.56	0.00	2.47	0.05	2.42	1.55	0.26	0.03	0.08	0.15	-	0.17
2010	11.88	0.85	0.47	0.37	0.54	5.47	0.00	2.92	0.25	2.67	1.50	0.42	0.03	0.08	0.31	-	0.17
2011	15.16	0.93	0.53	0.39	0.40	5.52	0.00	2.48	0.46	2.02	1.45	0.66	0.03	0.08	0.55	-	3.64
2012	15.05	0.91	0.56	0.34	0.17	0.41	9.40	1.63	0.43	1.21	1.40	0.98	0.03	0.08	0.86	-	0.12
2013	14.31	0.67	0.39	0.28	0.03	1.60	9.55	0.88	0.35	0.53	1.35	0.11	0.03	0.08	-	-	0.08
2014	11.73	0.79	0.44	0.35	0.02	1.12	7.40	0.86	0.35	0.50	1.30	0.13	0.04	0.09	-	-	0.08

負債

年	総負債	銀行券	準備預金(定期等を含む)	当座預金	対ユーロシステム債務	銀行券調整	TARGET2債務
2008	10.69	1.34	1.29	1.29	6.55	-	6.55
2009	13.46	1.46	3.10	1.24	7.13	-	7.13
2010	11.88	1.52	2.29	1.19	6.44	-	6.44
2011	15.16	1.60	3.17	1.57	7.91	-	7.91
2012	15.05	1.64	3.98	1.90	7.47	-	7.47
2013	14.31	1.69	2.77	1.01	7.34	0.50	6.84
2014	11.73	2.02	4.13	2.00	2.68	0.18	2.50

（出所）Central Bank of Cyprus, *Annual Report* 各号より作成。

別表6 アイルランド中央銀行のバランスシート

資産

年	総資産	外貨準備 金	外貨準備 外貨	外貨貸出	金融調節（貸出）	金融機関向けその他債権	証券	証券 金融政策目的	証券 その他証券	対政府債権	対ユーロシステム債権	ECB持分	ECBへの外貨移転債権	銀行券調整	TARGET2債権	その他資産	ELA
2006	40.3	0.7	0.6	0.6	27.0	1.1	7.1	-	7.1	0.0	0.6	0.1	0.5	-	-	0.4	-
2007	53.5	0.6	0.5	0.5	39.4	0.4	9.9	-	9.9	0.0	0.6	0.1	0.5	-	-	0.6	-
2008	116.1	0.7	0.6	5.1	93.4	0.1	14.2	-	14.2	0.0	0.6	0.1	0.5	-	-	0.7	-
2009	124.9	1.4	1.3	0.1	92.9	0.6	14.9	0.5	14.4	0.0	0.8	0.1	0.6	-	-	12.8	11.5
2010	204.5	1.6	1.4	0.1	132.0	0.5	18.2	3.0	15.2	0.0	0.8	0.1	0.6	-	-	51.1	49.5
2011	176.2	1.3	1.1	1.2	107.2	0.4	20.7	4.8	15.9	0.0	0.8	0.2	0.6	-	-	43.3	42.4
2012	137.5	1.3	1.1	0.5	70.9	40.4	21.3	4.4	16.9	0.0	0.9	0.2	0.6	-	-	0.9	-
2013	108.1	1.2	1.0	0.0	39.0	0.6	63.8	3.3	60.5	0.0	0.9	0.2	0.6	-	-	1.1	-
2014	81.3	1.5	1.3	0.0	20.7	0.4	55.1	3.4	51.7	0.0	0.9	0.2	0.7	-	-	0.7	-

負債

年	総負債	銀行券	準備預金（定期等を含む）	当座預金	政府預金等	対ユーロシステム債務	銀行券調整	TARGET2債務
2006	40.3	7.5	12.9	na	5.5	11.9	9.4	2.5
2007	53.5	8.0	21.8	na	8.0	12.9	12.3	0.6
2008	116.1	8.9	19.4	na	25.8	58.7	14.4	44.4
2009	124.9	11.8	14.9	na	26.3	67.2	13.7	53.5
2010	204.5	12.3	11.4	na	15.9	160.1	15.0	145.2
2011	176.3	13.0	6.0	3.7	15.6	135.9	15.4	120.4
2012	137.5	13.3	3.5	1.8	19.6	95.2	15.9	79.3
2013	108.1	14.1	3.2	2.0	10.3	71.6	16.5	55.1
2014	81.3	15.5	4.1	3.1	6.8	38.8	16.0	22.7

（出所）Central Bank of Ireland, *Annual Report* 各号より作成。

別表7　ポルトガル銀行のバランスシート

資産

年	総資産	外貨準備			外貨貸出	金融調節(貸出)	金融機関向けその他債権	証券			対政府債権	対ユーロシステム債権					その他資産	
		計	金	外貨				計	金融政策目的証券	その他証券		計	ECB持分	ECBへの外貨移転債権	銀行券調整	TARGET2債権	その他資産	金融資産
2006	32.7	7.4	5.9	1.5	0.8	0.2	0.0	6.6	–	6.6	0.0	10.8	0.1	1.0	9.8	–	4.8	4.1
2007	38.7	7.8	7.0	0.8	0.6	2.5	0.0	5.3	–	5.3	0.0	13.4	0.1	1.0	12.3	–	5.0	4.1
2008	50.7	8.5	7.6	0.9	0.0	10.2	0.0	8.5	–	8.5	0.0	16.8	0.1	1.0	15.7	–	5.9	4.7
2009	62.5	11.1	9.4	1.7	0.0	16.1	0.0	8.1	0.6	7.4	0.0	19.1	0.1	1.0	17.9	–	6.4	5.5
2010	99.7	15.7	13.0	2.7	0.6	40.9	0.0	13.6	4.2	9.4	0.0	20.2	0.1	1.0	19.0	–	7.0	5.9
2011	109.8	16.5	15.0	1.5	0.3	46.0	0.0	15.9	7.3	8.7	0.0	23.0	0.2	1.0	21.8	–	7.3	6.1
2012	119.4	17.2	15.5	1.7	0.4	52.8	0.0	14.8	7.0	7.8	0.0	26.3	0.2	1.0	25.0	–	7.3	5.8
2013	111.6	12.7	10.7	2.0	0.3	47.9	0.0	14.0	6.0	8.0	0.0	29.5	0.2	1.0	28.2	–	6.6	5.2
2014	105.6	16.1	12.1	4.0	0.4	31.2	0.1	17.9	5.3	12.6	0.0	33.2	0.2	1.0	31.9	–	6.5	5.3

負債

年	総負債	銀行券	準備預金(定期等を含む)		対ユーロシステム債務			再評価差益
				当座預金		銀行券調整	TARGET2債務	
2006	32.7	14.3	5.0	5.0	6.6	6.6	–	2.1
2007	38.7	15.3	9.3	6.1	6.2	6.2	–	2.0
2008	50.7	17.3	5.4	4.8	19.0	19.0	–	4.8
2009	62.5	18.6	8.8	4.5	23.4	23.4	–	6.5
2010	99.7	19.4	4.9	1.9	59.9	59.9	–	10.1
2011	109.8	20.5	5.7	3.3	61.0	60.9	–	12.1
2012	119.4	21.0	8.2	3.8	66.0	66.0	–	12.7
2013	111.6	22.3	8.2	2.7	59.6	59.6	–	7.8
2014	105.6	23.3	3.6	3.6	54.6	54.6	–	9.6

（出所）Bank of Portugal, *Annual Report* 各号より作成。

別表8　イタリア銀行のバランスシート

資産

年	総資産	外貨準備 金	外貨	外貨貸出	金融調節（貸出）	金融機関向けその他債権	証券 金融政策目的	その他証券	対政府債権	対ユーロシステム債権	ECB持分	ECBへの外貨移転債権	銀行券調整	TARGET2債権	その他資産
2006	218.6	38.0	19.5	6.9	21.0	0.0	–	2.0	18.3	30.8	0.7	7.3	–	22.9	82.1
2007	244.4	44.8	19.3	5.1	28.1	0.0	–	0.0	18.1	43.7	0.7	7.2	–	35.8	85.3
2008	267.4	49.0	26.6	7.0	50.3	0.2	–	41.2	17.9	31.4	0.7	7.2	–	23.5	43.8
2009	301.3	60.4	31.8	1.7	27.2	0.4	5.0	45.7	17.8	63.2	0.7	7.2	–	55.3	48.2
2010	333.0	83.2	35.7	2.1	47.6	3.0	18.1	66.3	17.6	11.8	0.9	7.2	–	3.7	47.5
2011	539.0	95.9	38.0	2.9	210.0	2.7	43.1	71.2	17.5	8.4	1.2	7.2	–	–	49.3
2012	610.0	99.4	38.3	2.9	271.8	1.5	44.5	71.9	14.6	12.2	1.4	7.2	3.6	–	52.2
2013	554.4	68.7	36.8	0.9	235.9	9.0	37.6	74.0	14.5	21.5	1.4	7.2	12.9	–	54.2
2014	530.6	77.9	39.3	1.2	194.5	5.0	35.5	82.1	14.3	30.8	1.3	7.1	22.4	–	48.4

負債

年	総負債	銀行券	準備預金（定期等含む）	当座預金	対ユーロシステム債務	銀行券調整	TARGET2債務	再評価勘定
2006	218.6	105.5	17.2	17.2	14.2	14.2	–	23.4
2007	244.4	112.2	42.6	35.1	16.2	16.2	–	30.0
2008	267.4	126.2	35.4	28.4	13.3	13.3	–	33.9
2009	301.3	132.8	34.3	26.3	10.4	10.4	–	45.0
2010	333.0	138.3	22.7	20.2	7.1	7.1	–	70.2
2011	539.0	146.0	33.9	19.8	198.5	7.6	190.9	83.0
2012	610.0	149.9	27.7	24.6	253.8	–	253.8	86.9
2013	554.4	157.5	20.8	18.4	228.4	–	228.4	54.2
2014	530.6	164.5	15.4	15.1	208.6	–	208.6	66.2

（出所）Bank of Italy, *Annual Report* 各号より作成。

第3章　欧州危機とユーロシステム

別表9　スペイン銀行のバランスシート

〔資産〕

年	総資産	外貨準備 計	金	外貨	金融調節（貸出）	外貨貸出	金融機関向けその他債権	証券 計	金融政策目的証券	その他証券	対政府債権	対ユーロシステム債権 計	ECB持分	ECBへの外貨転債持分	銀行券調整	TARGET2債権	その他資産 計	金融資産
2006	137.8	10.4	6.5	3.9	21.9	1.2	0.0	29.4	-	29.4	7.4	29.8	0.4	4.3	-	25.1	36.9	34.1
2007	175.2	8.8	5.1	3.7	71.4	2.6	0.0	29.3	-	29.3	5.8	4.8	0.4	4.3	-	-	51.8	48.5
2008	209.0	14.0	5.6	8.4	92.6	8.9	0.0	75.9	-	75.9	5.2	4.8	0.4	4.3	-	-	4.6	0.0
2009	218.0	19.2	6.9	12.3	90.1	0.0	1.2	84.3	3.4	80.9	4.7	13.1	0.6	4.8	7.7	-	4.3	0.0
2010	202.6	23.6	9.6	14.0	61.6	0.0	0.0	87.8	13.9	73.9	4.1	20.9	0.8	4.8	15.4	-	3.7	0.0
2011	355.6	36.0	11.0	25.0	168.2	4.3	0.0	106.4	31.1	75.3	3.5	32.2	0.9	4.8	26.5	-	4.2	0.0
2012	549.7	38.0	11.4	26.6	361.1	2.6	0.0	96.9	33.0	63.9	2.9	40.1	1.1	4.8	34.2	-	7.3	0.0
2013	381.0	33.5	7.9	25.6	195.2	2.2	0.0	88.2	29.6	58.6	1.9	53.1	1.1	4.8	47.2	-	6.5	0.0
2014	359.3	41.2	8.9	32.3	143.9	2.8	0.0	88.2	26.5	61.7	1.0	76.7	1.3	5.1	70.3	-	5.2	0.0

〔負債〕

年	総負債	銀行券	準備預金（定期等を含む） 当座預金等	外貨	対ユーロシステム債務 計	銀行券調整	TARGET2債務	再評価損益
2006	137.8	62.9	20.6	20.6	24.1	24.1	-	5.3
2007	175.2	67.6	52.3	38.3	21.1	17.9	3.2	4.4
2008	209.0	76.0	54.3	24.1	42.0	7.1	34.9	5.8
2009	218.0	88.3	35.1	24.7	41.0	-	41.0	7.0
2010	202.6	91.9	27.0	20.0	50.9	-	50.9	9.3
2011	355.6	97.0	50.9	14.6	174.8	-	174.8	12.0
2012	549.7	99.6	72.0	12.9	336.8	-	336.8	12.6
2013	381.0	104.4	30.8	14.8	213.4	-	213.4	9.0
2014	359.3	118.2	17.9	5.2	189.7	-	189.7	14.5

（出所）Bank of Spain, *Annual Report* 各号より作成。

第 4 章
金融機関の破綻処理と日本銀行

はじめに

　本章では，1990 年代の日本を取り上げ，金融危機に対する日本銀行の資金供給のあり方を検証する。

　日本の金融危機は，80 年代後半の資産バブルが崩壊し，金融機関の不良債権が増大したことによって発生した。バブルの原因については，非常に多くの検証があるが[1]，整理すれば，〈日本銀行の過度の金融緩和〉と〈金融機関の異常な貸出行動〉の二つにまとめられるだろう。

　前者は，①プラザ合意（1985 年 9 月）後の円高対策として，また拡大する貿易黒字に対する米国からの批判に応えるべく，内需拡大策が必要とされたものの，すでに財政赤字が増大していたことから，各種の規制緩和と金融緩和に多くが求められ，②ドルのさらなる下落を防ぐため各国に金融緩和の継続が求められるなか（87 年 2 月のルーブル合意），その枠組みの破綻によって同年 10 月にアメリカ株式市場の大暴落（ブラックマンデー）が発生したことから，日銀への緩和圧力が一層強まり，③他方で，80 年代半ばの石油価格の大幅下落（逆石油ショック）を背景にインフレ率が上昇しなくなっていたため，日銀としても金融を引き締める理由を見失ったのである。その結果，87 年 2 月から 89 年 5 月に至るまで，公定歩合 2.5％という（当時としては）史上空前の金融緩和が続いた。

---

1) そのうち金融当局によるものとしては大蔵省（1993），翁他（2000）がよく知られている。

後者の金融機関の異常な貸出行動とは，銀行等が，①金融の自由化によって利ざやが縮小していくと同時に，②1973 年の石油ショック以降の低成長経済化による企業の設備投資の伸び悩みに時価発行増資の定着や社債市場の自由化が加わって，企業の借入需要が低迷していたことから，③上記金融緩和を追い風に，リスク管理体制を十分に整えないまま不動産関連融資を極限まで拡大させたことを指す。

こうして，1980 年代後半には，大都市圏を中心に不動産価格が上昇すると同時に，不動産関連の含み益の多い企業の株価が急騰したものの[2]，89 年5 月から日銀が金融引締めに転じ，さらに 90 年 3 月に大蔵省が不動産関連融資への規制を強化したことを直接の契機として，バブルは崩壊した。不動産関連融資の多くは回収不可能な不良債権と化し，金融機関の経営を蝕んでいったのである。

その結果，1991 年頃から中小金融機関の破綻が発生するようになり（預金保険の最初の発動は，東邦相互銀行の破綻に関連する 92 年 4 月の資金援助），97〜98 年には北海道拓殖銀行，山一証券，日本長期信用銀行，日本債券信用銀行といった大手金融機関が破綻するに至る。日本の 90 年代の金融危機と言う場合，狭義にはこの 97〜98 年頃を指すが，本書ではより広く 90 年代の初めから 2003 年のりそな銀行，足利銀行への公的資金注入・国有化までを対象とする。そして本章の課題は，その破綻処理（公的資金の注入を含む）[3] において日本銀行の資金供給が果たした役割を，第 2，3 章で見たFRB，ユーロシステムの危機対応との比較を念頭に検証することである。

---

2) 当時，株価の上昇が著しかったのは，成長の見込めるハイテク企業ではなく，簿価の低い土地を多く持つという点のみが評価された，社歴の長い，重厚長大型の，すなわち高度成長期の日本経済を牽引したものの今後の成長は見込みにくい企業が中心であった。このことは，1980 年代後半の日本の資産バブルでは，あくまで不動産バブルが主であり，株式バブルは従たる存在にすぎなかったことを示している。この点，1990 年代末の世界的な IT バブルが，ハイテク企業の将来の成長への（過大な）期待から生まれた，まさに株式市場におけるバブルであったこと，2000 年代半ばの米国のバブルが（第 2 章で述べたように）住宅ローンその他のクレジット市場を主たる舞台とするバブルであったことと対照的である。それぞれのバブルの比較については伊豆（2013）参照。

第 4 章　金融機関の破綻処理と日本銀行　　121

　日銀の危機対応として最もよく知られているのは，破綻金融機関への特融
（無担保・金額無制限の貸付）であろう（図表 4 - 1）。その残高は，北海道拓
殖銀行，山一証券等が破綻した 1997 年 11 月末には 3 兆 8,215 億円に達して
いる。

　しかし特融は，日銀による危機時の資金供給の一部でしかない。特融の他
に預金保険機構向けの貸付があり，その残高は 98 年 12 月末には 8 兆 477 億
円に達し，日銀資産全体の 8.8％，特融のピーク時残高の 2 倍以上となって
いる。預金保険機構向け貸付は，特融ほど一般の注目を集めることはなかっ
たが，金額だけでなく危機対応上の意味も非常に大きかった。

　とはいえ，これは，FRB のリーマン・ショック時の資金供給額の急増
（倍増）に比べると非常に小さい。その理由は，危機の大きさが異なるだけ
でなく，第 1 章で述べたように，日本銀行の通常時における資産規模が，
FRB に比べて非常に大きいという点にもあると思われる。

　そして，こうした特融，預保機構向け貸付の実施と同様に重要であるの
は，こうした特殊な貸付が，後に，ほぼ全額回収されていることである。特
融は 2005 年 1 月，機構向け貸付は 2001 年 4 月に残高がゼロとなり，それ以
降，現在まで実施されていない。そのうち回収されなかったのは山一証券向
け特融のうちの 1,111 億円のみである。山一向け以外の，特融約 4 兆円，機
構向け約 8 兆円はどのようにして回収されたのか，本章では，まずその資金
フローを確認したい。

　また，日銀は，特融・預保機構向け貸付のほかに，以下三つの案件では出
資も行っている。①東京共同銀行への 200 億円の出資（1995 年 1 月），②新
金融安定化基金への 1,000 億円の拠出（96 年 9 月。うち 800 億円を日債銀の優

　3）1990 年代における金融機関の破綻処理制度の変遷については，預金保険機構
　　（2007），Nakaso（2001），高橋（2012），西村（2011），三國谷（2012），佐藤（2003），
　　鎌倉（2005），斉藤（1995，2006），飯野（2001）参照。破綻処理の実際についての
　　ジャーナリストによる報告としては軽部・西野（1999），西野（2001，2003），山脇
　　（2002），行政当局者による回想としては西村（1999，2011），中井（2002），五味
　　（2012）がある。本章における事実の叙述は，以上の他，別途注記しない限り，預金保
　　険機構『預金保険機構年報』（1996〜2014 年度版），日本銀行政策委員会『年次報告
　　書』（1994〜1997 年版），日本銀行『業務概況書』（1998〜2003 年度版）に拠った。

図表 4-1　特融等の発動

	融　資　先　等	政策委員会決定日	ピーク時残高（億円）
①	日本興業銀行	1946 年 7 月 17 日	na
②	復興金融金庫	1947 年 2 月 15 日	【復金債の引受け】
③	山一証券	1965 年 5 月 29 日	282
④	大井証券	1965 年 7 月 6 日	53
⑤	東京共同銀行	1995 年 1 月 13 日	200【出資】
⑥	コスモ信用組合	1995 年 7 月 31 日	1,980
⑦	木津信用組合	1995 年 8 月 30 日	9,105
⑧	兵庫銀行	1995 年 8 月 30 日	6,120
⑨	みどり銀行	1996 年 1 月 26 日	1,100【劣後貸付】
⑩	新金融安定化基金	1996 年 9 月 24 日	1,000【拠出】
⑪	阪和銀行	1996 年 11 月 21 日	na
⑫	京都共栄銀行	1997 年 10 月 14 日	130
⑬	北海道拓殖銀行	1997 年 11 月 17 日	26,771
⑭	山一証券	1997 年 11 月 24 日	約 12,000
⑮	徳陽シティ銀行	1997 年 11 月 26 日	2,283
⑯	みどり銀行	1998 年 5 月 15 日	193
⑰	国民銀行	1999 年 4 月 11 日	665
⑱	幸福銀行	1999 年 5 月 22 日	2,786
⑲	東京相和銀行	1999 年 6 月 12 日	4,875
⑳	なみはや銀行	1999 年 8 月 7 日	1,264
㉑	新潟中央銀行	1999 年 10 月 2 日	1,643
㉒	信用組合関西興銀	2000 年 12 月 16 日	5,466
㉓	朝銀近畿信用組合	2000 年 12 月 29 日	2,067
㉔	石川銀行	2001 年 12 月 28 日	831
㉕	中部銀行	2002 年 3 月 8 日	226
㉖	りそな銀行	2003 年 5 月 17 日	0
㉗	足利銀行	2003 年 11 月 29 日	0

（注）

1）①～⑮は旧日銀法第 25 条（1942 年 3 月～1998 年 3 月），⑯～㉗は現行日銀法第 38 条（1998 年 4 月～）の発動。

2）「融資先等」は，実質的な融資先等。信用組合向けは全国信用協同組合連合会，証券会社向けは取引先銀行を経由して実行。

3）①復興金融金庫設立までの約半年間，復興資金融資を担った興銀の資金繰りを支援したもの。①と②の決定は役員集会。⑤ 164 億 5,120 万円の損失。⑩うち 100 億円を紀伊預金管理銀行に出資，800 億円で日債銀優先株を引受け（800 億円の損失）。⑭ 1,111 億円の損失。㉖と㉗は決定されたものの実行されていない。

（出所）日本銀行『日本銀行百年史』，『業務概況書』，日本銀行政策委員会『年次報告書』等より作成。

第4章　金融機関の破綻処理と日本銀行　　123

先株に，100億円を紀伊預金管理銀行に），③預金保険機構の住専勘定に1,000億円（96年7月）である。他に資本性の資金供給として，みどり銀行への1,100億円の劣後貸付（96年1月）もある（ただしこれは貸付であるため特融に含まれる）。このうちの2件，東京共同銀行向け200億円の出資については約8割が，日債銀向け800億円の出資については全額が損失となっている。流動性供給を使命とするはずの中央銀行が，こうしたリスクを伴う出資に乗り出した理由，その役割についても検討したい。

　金融危機に際して，日銀は，以上の特融，預保機構向け貸付，出資の他に，当然ではあるが，通常の資金供給も多用している。当時，いわゆる「日銀貸出」は，通常の資金供給・金融調節手段としての役割を終えつつあったが，一方で，不良債権処理に苦しむ特定の金融機関への非公式の収益支援という役割を担っていた。金融機関にすれば，市場金利以下のコストで資金調達できればその運用で確実に利益を得られる。日銀貸出は，貸出先が公表されず，また，マクロ的な金融調節との区別が明確でないため，金融行政上，極めて使い勝手のよい「利益補塡」手段という一面をもっていたのである。この点についても後述する。

　他方で，公的資金の注入を含む破綻処理において，財政資金が直接支出（贈与）されたのは，住専（住宅金融専門会社）7社の一次損失処理に投入された6,850億円，預金保険機構に投入された10兆4,326億円にとどまる。それ以外の，例えば98年3月と99年3月に予防的に銀行に注入された公的資金計約9兆円については，全額が預金保険機構の借入れによって調達されており財政資金は用いられていない。これは，第2章で見たように，米国が政府系住宅金融機関やAIGの救済，さらには金融機関や自動車会社等の資本注入に直接，財政資金を投入したことと対照的である。つまり，米国と比較すると，日本では金融危機への対応において，財政の出動に抑制的で逆に中央銀行への依存度が高かったと言えるが，それについても，若干の検討を加えることとしたい。

1 特融の発動

(1) 特融の定義

はじめに特融の定義を確認しておこう。特融という言葉[4]は，日本銀行法[5]には旧法上も現行法上も存在しない。しかし現行法第38条は，日銀は「特別の条件による資金の貸付けその他の信用秩序の維持のために必要と認められる業務」を行えると定めている（旧法第25条では「信用制度ノ保持育成ノ為必要ナル業務」）。この第38条にもとづく「貸付け」が特融であり，「その他」（出資など）を含めると「特融等」とされる。

特融等は，第一に，「信用秩序の維持のために必要と認められる」場合に実施されるものであるが，その具体的内容，発動要件，逆に発動できない場合は明らかではない。例えば，現行日銀法の立法過程においては，「明白に回収不可能なケースについての損失補填は，金融機関のモラルハザードを避けるためにも行うべきではない」[6]とされたが，その主旨は条文には明記されていない。

日本銀行は，特融等の発動にあたっては，以下の四つの原則に基づいてその可否を判断するとしている[7]。すなわち，①システミック・リスクが顕在化する惧れがあること，②日銀の資金供与が必要不可欠であること，③モラ

---

4) 特融という言葉は，現在では一般的に「特別融資」の略と解されているようであるが，歴史的には「特別融通」の略である。例えば，1927年の昭和恐慌時に特融を定めた法律は「日本銀行特別融通及損失補償法」であった。ところが1965年の証券恐慌の際には，日銀は「特別融通」としているものの，政府や新聞は「特別融資」を用いており，この頃から「特別融資」が一般化したのではないかと思われる。『日本銀行百年史』第6巻，1986年，151-165頁参照。

5) 現行日本銀行法は，1942年に制定された旧日本銀行法を1997年に全面改正したものである（翌98年4月施行）。したがって，本章が対象とする90年代は，旧法と現行法の両方にまたがることになるが，単に「日本銀行法（日銀法）」として条文（番号）をあげている場合は現行法とする。なお，97年以降も，たとえば「大蔵大臣」を「財務大臣」とするなどの改正がなされているが，条文の引用については2015年5月時点のものを用いた。

6) 中央銀行研究会（1996），金融制度調査会（1997）。

第 4 章　金融機関の破綻処理と日本銀行　　125

ルハザード防止の観点から関係者の責任が十分に明確化されること，④日銀
の財務の健全性維持に十分配慮したものであること，であるが，これらが特
融等の発動の基準として実際にどの程度機能していたのかは必ずしも明らか
ではない。その発動は，現行法上は内閣総理大臣と財務大臣が日銀に要請
し，それを受けた日銀が政策委員会通常会合において最終決定することに
なっている（したがって日銀には特融等の要請を拒否することも法律上は可
能である）ものの，実際には政府との事前の交渉によって発動の有無までが
決定されており，その場においても，日銀の定めた原則が実効的に作用して
いたとは考えにくい。例えば，原則④の日銀の財務の健全性への配慮とは，
「明白に回収不能なケースについての損失補塡ではなく，回収可能と見込み
得る事由が存在すること」等とされているが[8]，「回収不能」は「明白」な
場合に限定され，「回収可能」性の判断は「見込み得る事由」があればよし
とされており，要件は非常に緩やかである。

　第二に，第 38 条のいう「特別の条件」とは具体的には（実質的に）無担
保であることを意味する。特融の場合であっても，形式上は担保が徴求され
ることが多いが，それは借り手の振出手形であるなど日銀適格担保としての
要件を満たしていない。特融の金利は，公定歩合（基準貸付金利）に
0.25％（1999 年からは 0.5％）[9] 上乗せされた金利が適用されている。また
金額については，事前には決定されず「必要最小限の額」とされることが多
いが，それは，特融は，多くの場合，破綻した金融機関の預金の引出しへの
対応その他の営業資金の供給であり，事前に必要な金額を確定することが難
しいからである[10]。その結果，りそな銀行（2003 年 5 月）や足利銀行（2003
年 11 月）の場合のように，特融は決定されたものの，実際の貸付はなされ

---

7) 四原則とその運用にあたっての考え方が，日本銀行政策委員会で正式に議決・公表
　されたのは 1999 年であるが（日本銀行『平成 10 年度業務概況書』120-127 頁），四原
　則については 95 年にはすでに定式化されており（日本銀行政策委員会『平成 7 年年次
　報告書』37-38 頁），本章で取り上げる特融等（図表 4－1 の⑤東京共同銀行への出資
　以降のすべて）は，その原則のなかで実施されたものである。

8) 日本銀行『平成 10 年度業務概況書』127 頁。

9) 日本銀行『平成 11 年度業務概況書』138-139 頁。

なかったケースもある。

　第三に，「特融」は，前述のように，定義上貸付に限定されるため，劣後ローンは含むが，引受け・出資・拠出は含まない。引受け等は先述の第38条上の「その他」である。したがって，「特融」（＝貸付），「特融等」（＝貸付＋出資等）であり，面倒であるが，本章においても，二つを区別している。

　劣後ローンは，みどり銀行に対して1,100億円が供給された例（図表4-1の⑨）がある。「貸付」ではない「その他」（「特融等」の「等」）の例としては，（戦後復興期の復金債引受け（図表4-1の②）を除けば）1995年1月の東京共同銀行への200億円の出資（同⑤），1996年9月の新金融安定化基金への1,000億円の拠出（同⑩。ここから，日債銀に800億円，紀伊預金管理銀行に100億円の出資）がある。

　第四に，預金保険機構向け貸付および，同機構の「住専勘定」向け出資は，第38条（旧法第25条）ではなく，預金保険法等それぞれの法律と日銀法第43条（他業禁止規定とただし書きによるその解除[11]。旧法第27条）を根拠に行われており，したがって「特融等」には含まれない[12]（図表4-1にも記載していない）。しかしながら，預保機構向け貸付や出資は，前述のように規模も大きくまたその役割も非常に重要であり，十分な検討が必要である。

　こうした日銀の「特融等」を，FRBやユーロシステムの「最後の貸し手」

　10）ただし，図表4-1の③山一証券，④大井証券の場合には，事前に上限金額が決定され，必要に応じてその後引き上げるという方法がとられていた。またこれらのケースでは，金利は公定歩合がそのまま適用されている。

　11）第43条第1項「日本銀行は，この法律の規定により日本銀行の業務とされた業務以外の業務を行ってはならない。ただし，この法律に規定する日本銀行の目的達成上必要ある場合において，財務大臣及び内閣総理大臣の認可を受けたときは，この限りでない」。

　12）日銀が行った出資には，他に，預金保険機構（1971年）および貯金保険機構（1973年）設立時の出資がある。これらについても，日銀法上の根拠は，旧法第25条（特融等）ではなく，第27条（他業禁止規定とただし書きによるその解除）であったと思われる。

機能と，簡単に比較してみよう。FRB の場合，第 2 章で述べたように，連邦準備法第 13 条第 3 項にもとづく「緊急貸付」であっても，（ベア・スターンズ，AIG の救済においていささかグレーな部分もあったものの）可能なのは，有担保あるいは資産超過先への貸付のみであって，出資や，無担保あるいは債務超過先への貸付は認められない。ユーロシステムの場合，第 3 章で述べたように，ELA であっても，債務超過先には認められず，しかも政府による債務保証を必要とする。ましてや損失負担が予想される債務超過先への出資を ECB 政策理事会が承認するといったことはありえない。その意味で，日銀の「最後の貸し手」機能の第一の特徴は，FRB やユーロシステムでは考えられない柔軟性の高さであり，法的には，日銀法第 38 条（旧法第 25 条）がそのような広い権限を日銀に与えていたことによる。

(2) 特融の背景と役割

　こうした特融等は，1942 年（旧日銀法施行）からバブル崩壊までは，（筆者の確認した限り）戦後直後の復興金融金庫に関連する 2 件と 65 年の証券恐慌時の 2 件しか発動されなかった[13]。それが，バブル崩壊後は 10 年足らずの間に 20 件を超えている。なぜ特融等が必要になったのだろうか。

　バブル崩壊以前においても，経営危機に陥る金融機関が存在しなかったわけではない。しかし 1990 年代初めまでは，金融機関の経営危機は，親密金融機関等による救済合併によって処理されてきた。金融機関が法律上清算されるということはなかったのである。それは，好景気が（短期間の不況をはさみながらも）続いたことのほか，①金利規制等の銀行保護行政により，金融業界に破綻金融機関を救済できるだけの内部留保の蓄積があったこと，②店舗規制が厳しくかつ企業の資金ニーズが大きい時代には，破綻金融機関の店舗網には大きな経済的価値があったこと，③他方で，ペイオフを伴う破綻処理を行った場合，取付けなどの経済的混乱や金融行政への批判が予想され

---

13) なお，戦時下の，国債の日銀引受けは，日銀法上は，旧法第 22 条第 2 項「日本銀行ハ国債ノ応募又ハ引受ヲ為スコトヲ得」にもとづく通常業務の一つであり，特融等には含まれない。戦後も，この規定自体は 98 年の現行法施行まで存続したが，日銀引受けは，財政法（1947 年制定）第 5 条によって禁止されている。

たこと，による。

　ところが，バブルの崩壊後，こうした条件は失われてしまう。不況が長期化しただけでなく，①それぞれの金融機関が自らの不良債権処理で自己資本比率を低下させ，他行を救済する余裕を失い，②金利の自由化により預貸利ざやが縮小しかつ企業への貸出も伸びない上に，店舗規制の自由化も進んだことで，銀行店舗の経営上の価値は大幅に低下した。とはいえ，③連鎖的な取付けや行政批判が懸念されるペイオフの発動は選択できなかった。残された方法は，破綻金融機関の損失の穴埋め資金を，いずれかの公的機関が提供することであった。

　預金保険機構に認められた破綻処理方法は，1971年の設立当初は，破綻金融機関は清算し，預金者に対して保険金（設立時は一人あたり100万円まで）を支払うというもの（ペイオフ方式）のみであった。しかしそれは，預金者の本人確認や名寄せなどの実務上の問題のほか，何より，銀行と預金は安全だという神話を崩壊させることになるため，現実的な選択肢とはみなされなかった。そこで86年の制度改正によって，ペイオフに必要な資金と同額（ペイオフコスト≒100万円×預金者数）を救済合併や事業譲受を行う金融機関（受皿金融機関）に贈与する（それによって引き受けた金融機関の損失を補塡する）という方法（資金援助方式）が導入されたのである[14]。

　ただし，経営責任を明確にする必要があり，救済するのはあくまで預金者等であって破綻した金融機関は救済しないとの立場から，預保機構の援助先は，受皿金融機関に限定された（破綻金融機関は事業譲渡の後，清算）。つ

14）現在に至るまで破綻処理はすべて資金援助方式で実施され，ペイオフ方式が採られたことはない。なお，一般には，「ペイオフ＝定額保護（現在なら元本1,000万円とその利息まで）」と理解され，例えば「ペイオフ解禁」という言葉が「預金の全額保護の終了＝定額保護の開始」の意味で用いられてきたが，厳密にはそれは誤りである。前述のように，ペイオフは（資金援助方式ではなく）保険料支払い方式の意味であり，定額保護であるか否かとは関係ない。これまでで唯一の定額保護での破綻処理となった日本振興銀行のケース（2010年9月破綻）も，ペイオフ方式（＝保険金の支払い）ではなく，受皿金融機関への資金援助方式であった（日本振興銀行の破綻処理については遠藤他（2013）参照）。ただし本書では，一般の用法に従って，ペイオフを定額保護の意味でも用いている。

第4章　金融機関の破綻処理と日本銀行　　　　129

まり，預金保険機構は，破綻金融機関にはいかなる形であれ（金銭贈与であれ貸付であれ）資金援助することはできなかったのである。

しかし，受皿金融機関が決定しても，実際に事業が譲渡されるまでには資産査定等の手続きに数ヵ月程度かかる。その間も破綻金融機関は営業を継続しているが，そのための資金はすでにない。そこで，預金払戻しのための資金など，事業譲渡までに必要となる資金を貸し付けること，それが1990年代の日銀特融の主たる役割であった。つまり，法律上の制約によって生じていた実務上の穴を特融が埋めたのである。

ただし，ここで留意すべき点が二つある。一つは，破綻金融機関のすべてに特融が供給されたわけではないこと，もう一つは，厳密な意味では特融は多くの場合，預金払戻しを超えた営業一般の支援の意味をもっていたことである。

特融について，日銀は，他の方法では資金調達が困難な場合に限定している（前述の四原則の②）。金融機関が破綻しても，合併等の受皿となる金融機関，上部機関（信用組合の場合の全国信用協同組合連合会など），あるいは地方公共団体などが必要な支援を提供可能であれば，特融は実施されない。例えば，1994年末に破綻した東京協和信組・安全信組の場合，特融等の発動は，受皿となる新銀行設立のためであって，事業譲渡までの必要資金は，日銀ではなく全信組連が供給している[15]。

他方で，特融を受けた金融機関のうち，業務停止命令（預金の払戻しを除く）を受けていたのは，⑥コスモ信組，⑦木津信組，⑪阪和銀行，の三先のみであり，その他は，いずれも受皿金融機関への事業譲渡まで，通常通り営業を継続していた（ただし，⑭山一証券は取締役会で営業停止を決議）。したがって，特融における貸付金額に関する日銀の決定においても，コスモ信組等の場合には「預金払戻しに要する必要最小限の金額」とされたのに対して，その他のほとんどの場合は，「預金払戻し等営業を継続するための必要最小限の金額」であった。破綻金融機関の金融機能の維持（具体的には健全な借り手との取引の継続）のためである。したがって，特融の目的は，主と

15）『週刊金融財政事情』1995年2月20日，9頁，『日本経済新聞』1995年3月11日。

して預金者保護であったが，厳密には，より広く破綻金融機関の事業譲渡までの営業全体の支援と言うべきであろう。

2　特融の返済と預金保険機構向け貸付

　以上の特融は，1997年の山一証券向けを除くすべてにおいて全額が回収されている。破綻した金融機関向けの貸付であるにもかかわらず，全額が回収されたのはなぜだろうか。全額回収されているということは，特融といってもリスクの小さな貸付だったと言えるだろうか。また，山一証券の場合だけ，貸倒れが発生したのはなぜだろうか。

(1)　特融の役割とその性格
　その理由は，実は単純である。返済は，破綻金融機関の事業（債権債務）を受け継いだ受皿金融機関への預金保険機構からの資金援助（金銭贈与）によってなされたのである（図表4-2）。整理すると，①預保機構は破綻金融機関には資金援助できず，援助は受皿金融機関に限定されるが，②破綻認定から合併・事業譲渡の実施までには最低でも数ヵ月を要し，③といってその間，破綻金融機関の営業（預金の払戻し等）を停止することはできないため，④その期間の資金を日銀が特融の形で供給している。⑤そして合併・事業譲渡が実施され，預保機構からの金銭贈与が実施されると，⑥破綻金融機関の債権と債務（特融を含む）を譲り受けた受皿金融機関は，その援助資金で，特融を返済する，というわけである。
　では，こうした資金フローの中で日銀特融はどのような役割を担っていたのだろうか。
　しかし，その前に，なぜこのような面倒な方法がとられていたのかを明らかにする必要がある。日銀特融は，結局，預金保険機構の資金で返済されるのであるから，それならば，直接，預保機構が破綻金融機関に必要資金を貸し付けて，事業譲渡等のあとに貸付金額を受皿金融機関への金銭贈与に振り替える形にすれば，特融は必要ないからである。実際，その後の制度改正を

第4章　金融機関の破綻処理と日本銀行　　　131

図表4-2　特融とその回収の資金フロー

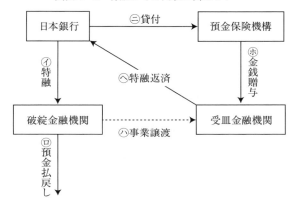

経て，2010年に破綻した日本振興銀行の場合は，預保機構が，受皿金融機関ではなく，直接，振興銀行に貸付を行っており，特融は実施されていない。

預保機構が，破綻金融機関への貸付を行わなかったのは，前述のように，〈預金保険機構は預金者を保護するのであって，破綻金融機関は救済しない〉という原則が堅持されたためである。ここで，〈破綻金融機関は救済しない〉とは，具体的には〈破綻金融機関の経営者は救済しない〉という意味である。破綻金融機関の経営者は辞任することが多かったが，それは法的な根拠にもとづくものではなく，法律上は，破綻金融機関は破綻認定後も従来の経営者のもとで経営され，事業譲渡等を迎えたのである（事業譲渡後は清算）。したがって，逆に言えば，経営者の入替えが法的に担保されるなら，預保機構が直接貸し付けることが可能なはずであった。

それを実現したのが金融再生法（1998年10月）における「金融整理管財人」制度[16]の導入である（同制度は，当初2001年までの時限措置であったが，2000年の預金保険法改正により恒久化された）。同制度により，破綻金融機関には金融監督当局から「管理を命ずる処分」が下され，預保機構が選

16）預金保険機構（2007）72-77頁。

任する「金融整理管財人」が，旧経営陣に代わって経営権を掌握することとなった[17]。これによって，「（預保機構の）貸付資金が適切に預金等の払戻しのためにのみ使用されるように，公平な管理者が存在する場合に限定」[18]できるようになったのであるから，理屈の上では，この時点から，破綻金融機関への特融は不要となり，預保機構が直接，貸付を実施できるはずであった。しかし，この時点では，当該貸付に関する規程は法定化されず[19]，実際には，2000年の預金保険法改正（第127条の新設）と2002年4月の定額保護への移行（いわゆるペイオフ解禁）を待つこととなり[20]，その最初の（そして現在まで唯一の）適用先が，前述の日本振興銀行なのである。

　したがって，今の時点から振り返れば[21]，日銀特融は，金融整理管財人制度ができるまでの「つなぎ」の役割を果たしていたことがわかる。法制度が整わず，かつ預金保険料で成り立つ預金保険制度はその使途を厳格に制限

---

17) 破産管財人等の従来の管財人制度が，裁判所の決定にもとづくものであるのに対して，金融整理管財人は，裁判所や株主総会の決定を経ずに，行政の枠内で決定・選任される点に大きな特徴がある。つまり，預金金融機関については，一般の事業会社とは異なる，特別の，行政による（司法の外での）破綻処理が実施できるようになったのである。これは，すでにこうした方法を備えていた米国の預金保険制度を参考にしたものと思われる。さらに米国では，リーマン・ショック後のドッド＝フランク法によって，証券会社等の非預金金融機関も同じ方法で破綻処理できることとなり，これは日本では「秩序ある処理」として2013年の法改正で取り入れられた（第2章注18，第5章参照）。

18) 佐々木（2003）466頁。

19) その例外が，金融再生法における特別公的管理（いわゆる国有化）の場合で，特別公的管理銀行には，預金保険機構が直接貸付を行えることとされた（同法第61条）。適用例は，日本長期信用銀行と日本債券信用銀行の2行で，前者には37,000億円，後者には5,000億円（1998年度）の貸付がなされ（『平成10年度預保機構年報』9頁），日銀特融は発動されていない。そしてこの貸付は，後に，預保機構からの資金援助に振り替えられている。

20) 図表4-1の石川銀行，中部銀行のケースの場合，法律上は，預保機構による貸付制度（2000年の預金保険法改正（01年4月施行）による第127条）が導入済みであったが，定額保護への移行（いわゆるペイオフ解禁）が延期されたため（01年4月から02年4月へ），預保機構による貸付は実施されず，従来通り，特融による対応がなされた。第127条は，「ペイオフ凍結解禁前の全額保護のもとにおける発動は，その必要性に照らし，予想されていなかった」とされる（佐々木（2003）464頁）。

第4章　金融機関の破綻処理と日本銀行　　　133

したままという状況下で，日本銀行は，信用秩序維持の大義名分のもと，事業譲渡がなされるまで破綻金融機関に資金を供給したのである。

このことは，言い換えれば，金融業界（預金金融機関）が納付した預金保険資金は，「公平な管理者」が存在しなければ一時的な資金繰りのための貸付にも使えない一方で，日銀資金にはそれが可能だということである。

では，この日銀特融に貸倒れのリスクはなかったのだろうか。債務超過であることが見込まれる破綻金融機関への貸付とはいえ，当該金融機関の債務の全額保護が法制化されていれば，事業譲渡後の，受皿金融機関への預保機構からの資金援助による回収が確実であるから，特融に貸倒れリスクは存在しなかったと言えるであろう。しかし，全額保護の法制化は1996年6月の預金保険法改正による。前年6月には大蔵省から全額保護法制化の方針が示されていたとはいえ[22]，96年6月までの日銀特融は，確実に返済される法的根拠を欠いたまま実施されていたことになる。

(2)　山一証券向け特融の処理

このように考えると，山一証券向け特融が一部回収できなかった理由も明らかとなる。証券会社は預金金融機関ではないため預金保険機構による保護の対象外とされ[23]，かつ政府（財政資金）からの支援も受けられなかった

21）現在は（2013年の預金保険法改正以降），①「定額保護」による破綻処理の場合と，②「秩序ある処理」の場合（特定第1号措置と，特定第2号措置で「特定管理の処分」が命じられた場合）には，預金保険機構が，破綻金融機関に対して直接，貸付を行えることとなっている。そのため，今後の特融の発動は，それ以外の，①「危機対応」の第1・2・3号措置の場合，②「秩序ある処理」の特定第2号措置の対象で「特定管理を命ずる処分」が下されなかった場合，③その他，に限定されており，いずれも発動の可能性は低い（「秩序ある処理」，「危機対応」については第5章で述べる）。

22）「金融システムの機能回復について」（1995年6月8日）。西村（1999）112-116頁参照。

23）この点，2013年6月に成立した預金保険法改正により大きな変更があった。リーマン・ショックにより，非預金金融機関の破綻が金融危機を招きうることが明らかとなり，その恐れがある場合には，証券会社や生命保険などの非預金金融機関も，預金保険機構による予防的な資本注入や債務の保護の対象となった。同法改正については第5章で述べる。

ことから，同社の債務超過分は貸倒れとなったのである。

特融決定時には，日銀は，山一証券は債務超過ではなく，かつ政府による「適切な対処」がなされるので，「日本銀行資金の回収に懸念が生じるような事態はない」（1997年11月24日総裁談話）としていた。しかし，実際には債務超過であり，また日銀からの強い要請にもかかわらず政府は補塡せず，日銀の2004年度決算で1,111億円の貸倒れが確定している。

この，山一特融の損失処理のあり方には，金融危機対策における日銀と財政の関係を考える上での興味深い論点が含まれている。貸倒れの損失処理が，日銀の法定準備金の積み増しという形で決着したことである。貸倒れによる損失は日銀の損失である。しかし，日銀は利益（剰余金）のうち原則5％の法定準備金と配当500万円を除いた全額を国庫に納付する義務を負っている。すなわち，多少の貸倒れが発生したとしても，日銀が最終損失に陥らない限り，利益のほとんどは国庫に納付されてしまうのであり，日銀の留保利益（自己資本）への影響は準備金の積立額に限定される。そこで，山一特融の損失処理にあたって政府と日銀は，①貸倒れ額を政府が補塡することはしないものの，②貸倒れがなかった場合と同様の法定準備金の積立て（回収できなかった1,111億円に，法律が原則として定める積立率5％[24]を掛けた55億円の積立て）を認める，ことで合意した。

つまり，日銀は，形式上は貸倒れによる利益の減少を受け入れたものの内部留保（自己資本）への影響は回避されており，政府の側は，形式上は財政による補塡を行わなかったものの実質的には国庫納付金の減少という形で損失を負担したのである。損失補塡のための財政支出と国庫納付金の減少は，財政収支上は全く同じであり，結局は納税者の負担である。しかし，財政支出には国会の承認が必要であり，日銀納付金の減少には不要である（日銀の決算は財務大臣の承認で足りる（日銀法第52条））。つまり，日銀による形式上の損失負担は，事実上の財政負担でありながら国会の承認を迂回する役

24）ただし2004年度は，全体としての剰余金に対しては10％の積立てが認められていた（02〜03年度は15％）。これは，02年11月から04年9月まで日銀が金融機関保有株式の買入れを行っていたことに対応したものである。

第4章　金融機関の破綻処理と日本銀行　　135

割を果たしたのである。

(3)　特融の返済と預金保険機構向け貸付

　では，預金保険機構は，資金援助のための資金をどうやって調達したのだろうか。

　預保機構の本来の資金源は預金金融機関から徴収する保険料である。機構は，1971年の設立以降，すべての預金金融機関から預金額の一定割合の保険料を徴収してきた。それを積み立てた資金（責任準備金）が，ペイオフ（保険金の支払い）またはペイオフコスト相当額の資金援助に充てられるのであるが，71年から92年までは，保険料が徴収されるばかりでペイオフも資金援助も実施されなかったため，責任準備金は増大する一方であった（図表4-3参照）。にもかかわらず，90年代前半の金融機関の相次ぐ破綻によって資金は瞬く間に底をついてしまう。そこで，96年に保険料率が7倍に引き上げられたのであるが（0.012%→0.084%）[25]，それでも資金は全く足りない。その不足分を補ったのが日銀から預金保険機構への貸付であった。

　1996年度を例にとってみよう（図表4-3参照）。年度初め（=95年度末）の責任準備金（ストック）は約4千億円である。96年度の保険料収入（フ

---

[25]「特別勘定（98年2月に「特例業務勘定」に改組）」分を含む。預金保険機構から受皿金融機関への資金援助方式は，前述のように1986年に導入されるが，その金額はペイオフコストまでに限定されていた。しかしながら，破綻金融機関の不良債権額・債務超過額の増大に伴い，それでは預金の全額をカバーできなくなる。そこで1996年に預金保険法を改正し，機構の勘定をペイオフコストまでを扱う「一般勘定」と，ペイオフコスト超過分を扱う「特別勘定」に分割することとした。これによって，初めて預金の全額保護が法制化されたのである（ただし2001年3月までの時限措置）。同時に，保険料も「一般勘定」分が0.012%から0.048%に4倍に引き上げられ，新設の「特別勘定」分が0.036%に設定され，合わせて0.084%とされたのである。「特別勘定（特例業務勘定）」は，ペイオフコスト超過分の資金援助の終了（=「定額保護」の開始。当初予定の01年3月末から1年延長され02年3月末に実施）に伴い，03年3月末をもって廃止され「一般勘定」に統合された。なお，「特例業務勘定」には，98年2月に上限7兆円，00年6月には上限13兆円の財政資金が（交付国債の形で）投入されている。02年度末の「特例業務勘定」廃止の際，残額2兆6千億円分の国債は返納され，実際の財政資金投入額は10兆4,326億円となった（図表4-3の注参照）。

図表4-3 預金保険機構収支状況[1] （100万円）

年度	収　　益			費　　用	差引剰余金	責任準備金等（年度末）
	保険料	特例業務基金受入れ[2]	その他[3]共　計			
1971	2,800	－	3,090	23	3,066	3,066
1972	4,560	－	5,030	43	4,987	8,053
1973	5,638	－	6,369	40	6,328	14,381
1974	6,364	－	7,563	57	7,505	21,887
1975	7,214	－	8,958	61	8,896	30,784
1976	8,402	－	10,739	69	10,670	41,454
1977	9,401	－	12,252	78	12,174	53,629
1978	10,571	－	14,024	105	13,919	67,548
1979	11,818	－	16,084	95	15,988	83,536
1980	12,767	－	18,392	104	18,288	101,825
1981	13,631	－	20,314	127	20,187	122,012
1982	20,107	－	28,209	119	28,090	150,103
1983	21,624	－	31,519	123	31,396	181,500
1984	23,232	－	34,769	118	34,650	216,151
1985	25,274	－	38,569	134	38,435	254,586
1986	40,739	－	55,236	140	55,096	309,683
1987	44,195	－	62,015	155	61,860	371,543
1988	48,759	－	68,021	143	67,878	439,421
1989	53,757	－	74,333	146	74,187	513,608
1990	60,381	－	87,944	156	87,788	601,396
1991	63,202	－	95,154	166	94,987	696,384
1992	63,149	－	94,411	20,169	74,241	770,626
1993	63,792	－	96,081	46,137	49,944	820,570
1994	64,972	－	98,140	42,680	55,459	876,030
1995	66,643	－	111,581	601,033	△ 489,452	386,578
1996	461,992	－	532,743	1,314,428	△ 781,684	△ 395,106
1997	462,956	－	464,317	163,228	301,089	△ 94,017
1998	465,003	1,199,232	1,675,820	2,769,430	△ 1,093,610	△ 1,187,627
1999	480,736	3,645,679	4,216,932	4,926,059	△ 709,127	△ 1,896,755
2000	482,837	3,640,683	4,204,983	5,453,792	△ 1,248,809	△ 3,145,565
2001	511,087	667,547	1,288,209	1,940,875	△ 652,666	△ 3,798,231
2002	509,944	1,589,874	2,502,074	2,710,347	△ 208,273	△ 4,006,504
2003	522,106	－	742,728	230,070	512,657	△ 3,493,847
2004	529,386	－	656,581	139,783	516,798	△ 2,977,048
2005	537,769	－	740,157	218,034	522,122	△ 2,454,926
2006	540,496	－	754,717	232,457	522,259	△ 1,932,667

第4章　金融機関の破綻処理と日本銀行

2007	566,674	–	703,539	148,656	554,882	△ 1,377,784
2008	611,676	–	828,608	361,326	467,281	△ 910,502
2009	641,157	–	700,516	63,274	637,241	△ 273,260
2010	679,397	–	722,155	311,545	410,609	137,348
2011	702,932	–	1,011,208	728,047	238,160	420,509
2012	606,561	–	875,133	265,613	609,520	1,030,030
2013	622,346	–	917,741	259,759	657,982	1,688,012
2014	645,969	–	926,174	233,752	692,422	2,380,434

(注)
1) 預金を保護するための勘定である，一般勘定（ペイオフコスト相当分）と特別勘定（後に特例業務勘定：ペイオフコスト超過分）の合計。したがって，金融再生勘定，住専勘定などその他の勘定は含まない。預金保険機構の各勘定については図表4-5の注参照。
2) 「特例業務基金受入れ」は，特例業務勘定に交付された国債の償還（＝現金化）額で，財政資金の投入額を意味する。5年度合計で10兆7,430億円となるが，各年度に交付国債の返還があり，その合計額3,104億円を差し引いた10兆4,326億円が実際の財政資金投入額である。
3) 「その他」の収益は，資産運用収入等。
(出所)『平成26年度預金保険機構年報』170頁の資料(9)に注を加筆。

ロー）は，前年度の7倍の約5千億円あり，これで9千億円弱を用意できたことになるが，その時の「費用」（＝機構から受皿金融機関への資金援助）は1兆3千億円余りであり，結局，この年度，機構は4千億円近い資金不足に陥る。それを埋めたのが日銀借入であった。

「費用」の中身を見てみよう。96年度の約1兆3千億円の「費用」の大半を占めたのは，木津信用組合の受皿金融機関となった整理回収銀行[26]への約1兆円の資金援助（金銭贈与）である。そしてそれは，木津信への日銀特融の返済に充てられている。すなわち，木津信は，95年8月に破綻処理が発表され，それから日銀は，（全国信用協同組合連合会を通じて）9,105億円（ピーク時）の特融を供給したが，それが96年度（97年2月），全額，返済されたのである。

整理すれば，①木津信の破綻処理の発表（日銀特融の開始），②木津信の

---

26) 整理回収銀行は，1996年9月に，東京共同銀行を改組する形で預金保険機構の子会社として設立された，破綻した信用組合（98年2月からは銀行法上の銀行を含む）の受皿となるための銀行。99年4月に住宅金融債権管理機構と合併し，整理回収機構となる。

債権債務の整理回収銀行への譲渡＝預金保険機構から整理回収銀行への金銭贈与（機構は不足資金の全額を日銀から借り入れ）[27]，③整理回収銀行から日銀へ特融の返済，ということになる（図表4-2の資金フロー参照）。日銀サイドから見れば，木津信向けの特融が預金保険機構向け貸付に振り替わったことになる。図表4-4を見てみよう。1996年から97年にかけて，特融が減少し預金保険機構向け貸付が増えているのは，主として，この木津信と預保機構をめぐる資金フローの変化を反映したものである。

　もう一つの例として，北海道拓殖銀行のケースを見てみよう。1997年11月の拓銀や山一等の破綻によって特融は急増し，98年10月には残高およそ2兆5千億円に達するが，翌月には6千億円へと急減している。これは，同月，拓銀向け特融（ピーク時残高2兆7千億円）が，受皿金融機関となった北洋銀行と中央信託銀行への機構からの資金援助により全額返済されたためである。代わって日銀から機構への貸付が，同じ月に3兆円余り増加している（10月の4兆4千億円から翌月の7兆6千億円へ）。

　すなわち，破綻銀行向け日銀特融の全額回収と預金保険機構向け貸付の増大とは裏表の関係にあるのである。

　そして，こうした預保機構向けの日銀貸付は，いわゆる公的資金の注入によってさらに増大していく。

3　公的資金の予防的注入

　日銀の預金保険機構向けの貸付が始まり増大した理由の一つは，上に見たように，受皿金融機関への資金援助が，機構の責任準備金・保険料収入を大幅に上回ったからである。

　しかし，97年度末，さらに98年度末の機構向け貸付の急増の理由は，また別のところにあった。破綻懸念のない（とされた）金融機関への予防的な

---

27) 預金保険機構は当時，すべての借入れを日銀からのみ行っていた。民間金融機関からの借入れは1997年6月から，預金保険機構債の発行は99年10月からである。

第4章　金融機関の破綻処理と日本銀行

図表 4-4　特融と預金保険機構向け貸付（残高，億円）

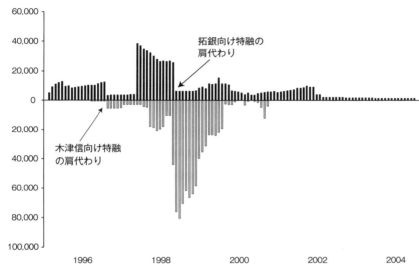

（注）上段が特融，下段が預金保険機構向け貸付。
（出所）飯野（2001），日本銀行政策委員会『年次報告書（平成 8, 9 年版）』，『通貨及び金融の調節に関する報告書』1998 年 11 月，『経済統計月報』各号，日本銀行ホームページ時系列データより作成。

資本注入のための資金供給である。

　1997 年 11 月の北海道拓殖銀行，山一証券などの破綻による金融不安の高まり，貸し渋り批判等を受けて，政府・国会は，大手金融機関を中心に自己資本の充実を図るべく公的資金の投入を決定する。1998 年 3 月には 21 行に対して 1 兆 8 千億円（金融安定化法にもとづく），翌 99 年 3 月には 15 行に 7 兆 5 千億円（早期健全化法にもとづく）が供給された[28]。

---

28) 早期健全化法にもとづく資本注入は，その後も 2001 年度末までに 17 行に 1 兆 1,460 億円が実施された。同法以外でも，健全金融機関への予防的資本注入は，① 2000 年の改正預金保険法による金融危機対応の第一号措置（りそな銀行に約 2 兆円），②組織再編法（03 年 4 月施行，関東つくば銀行に 60 億円），③金融機能強化法（04 年 8 月施行，紀陽銀行他計 27 行に約 6 千億円）によって実施されている。

140

　この二度にわたる資本注入については，「公的資金」との表現から，一般には，財政資金が直接投入されたとの誤解も少なくないようであるが，実際には財政資金は全く使われていない（金融安定化法にもとづいて3兆円の交付国債が用意されたが，結局これは使われることなく全額が返納された）。資金はすべて預金保険機構の借入金で賄われており，借入金の返済は，投入資金の回収のみによってなされることになっている[29]。政府（財政）の役割は，その借入れに政府保証を与えたことである。そして，その借入金の多くが日銀からの借入れであった。

　資本注入は，具体的には，預金保険機構に専用の二つの勘定——「金融危機管理勘定」（金融安定化法向け。98年10月の金融再生法の施行（＝金融安定化法の廃止）に伴い「金融再生勘定」に移管）と，「早期健全化勘定」（早期健全化法向け）を設け（機構の勘定については図表4-5の注参照），そこが日銀および民間からの借入れによって資金を調達し，それを機構の子会社である整理回収銀行に貸し付け，それを整理回収銀行が個々の金融機関に投融資するという形をとった。

　1998年3月に注入された1兆8千億円の場合，預保機構が金利入札によって民間から4,720億円を借り入れ，残りの1兆3,436億円を日銀から調達している。99年3月の7兆5千億円は，6兆3,000億円が民間調達で，残額1兆1,625億円が日銀借入である。

　こうした資金調達のあり方はどのように考えるべきだろうか。

　第一に，民間金融機関に対する公的資金による資本の増強は，預金保護を本来の目的とする預金保険の仕事ではなく，ましてや流動性の供給を原則とする中央銀行の責務でもない。第2章で見たように，米国では直接に財政資金（緊急経済安定化法にもとづくTARP資金）によって賄われている。しかしながら，財政資金の投入は，（とりわけ1996年のいわゆる住専国会以降）国会・世論の支持を得られないところから，財政の役割は預保機構への

29）金融安定化法にもとづく18,156億円，早期健全化法にもとづく総額86,053億円の資本注入は，すでにそのほとんどが回収されており，2015年3月末時点の回収等累計額は，それぞれ16,526億円，95,581億円，残額（元本ベース）は1,900億円，3,358億円である（『平成26年度預金保険機構年報』37，137-139頁）。

第4章　金融機関の破綻処理と日本銀行

図表4-5　預金保険機構の資金調達額（年度末、残高、億円）

勘定	1995	1996	1997	1998	1999	2000	2001	2002	2003	2004	2005	2006	2007	2008	2009	2010	2011	2012	2013	2014
一般勘定	0	0	0	7,605	13,129	24,642	31,178	39,264	53,146	42,675	29,720	22,528	16,365	11,432	4,389	923	0	0	0	0
特例業務勘定		5,321	5,544	28,074	35,676	34,915	33,711	30,873	–	–	–	–	–	–	–	–	–	–	–	–
金融危機管理勘定			18,181																	
金融再生勘定				48,198	39,243	51,183	52,656	56,558	46,649	41,196	32,700	22,700	19,633	19,205	19,008	18,794	18,610	18,454	18,213	17,969
早期健全化勘定				74,625	80,402	81,046	82,239	82,041	79,331	65,239	46,000	28,000	14,000	10,000	10,000	4,000	0	–	–	–
危機対応勘定								0	19,604	19,534	19,436	19,320	19,284	18,413	17,963	13,714	4,552	4,447	2,693	0
経営基盤強化勘定									61	60										
金融機能強化勘定											60	462	462	1,672	3,487	3,490	5,216	5,472	4,949	4,505
被害回復分配金支払勘定														2	2	2	2	2	2	2
合計	0	5,321	23,725	158,502	168,450	191,786	199,784	208,736	198,791	168,704	127,916	93,010	69,744	60,724	54,849	40,923	28,380	28,375	25,857	22,476

（注）
1) 借入金残高と預金保険機構債発行残高の合計。
2) 特例業務勘定：ペイオフコストを超過する預金を保護（全額保護）するための勘定。1996年6月の預金保険法改正により、前身となる「一般金融機関特別勘定」と「信用協同組合特別勘定」を設置。98年2月の法改正で両者を統合して「特例業務勘定」とする。全額保護の終了に伴い、02年度末に廃止。一般勘定に移管。
3) 金融危機管理勘定：1998年2月の金融安定化法化により設置。98年10月の金融再生法に移管。
4) 金融再生勘定：1998年10月の金融再生法により設置。長銀、日債銀の破綻処理などを経理。
5) 早期健全化勘定：1998年10月の金融早期健全化法により設置。99年3月、大手15行に約7兆円を資本注入。
6) 危機対応勘定：2000年5月の預金保険法改正により設置。2003年のりそな銀行への資本注入（約2兆円）、足利銀行の破綻処理を経理。04年度末に廃止。金融機能強化勘定に移管。
7) 経営基盤強化勘定：2002年12月の組織再編法により設置。合併した地域再生金融機関への資本注入のための勘定。金融機能強化勘定に移管。
8) 金融機能強化勘定：2004年8月の金融機能強化法により設置。地方・中小金融機関への資本注入のための勘定。
9) 被害回復分配金支払勘定：2008年6月の振込め詐欺救済法により設置。
10) 預金保険機構には他に、「住専勘定」（1996年6月の住専法により設置。2012年6月に廃止。「産業再生機構法」（2003年4月の産業再生機構法により設置、07年6月廃止。「企業再生勘定」（2009年9月の企業再生支援機構法により設置、13年3月に「地域活性化勘定」に名称変更。「東日本大震災事業者再生支援勘定」（2011年11月の東日本大震災支援機構法により設置）が設置されているが、いずれも借入れ・債券発行は行っていない。

（出所）『預金保険機構年報』各号より作成。

債務保証の提供にとどめ，日銀と民間からの借入れによって資金調達することとなったのである。

第二に，日銀からの借入れが多いと述べたが，98年3月でも26%，99年3月には84%が民間から調達されている。金融機関の資本増強のための資金のかなりの部分が実は民間から調達されたのである。これは，金融機関の資本は不足していたものの，生保や外資系金融機関等を含む広い金融業界全体として見れば，資金（流動性）にはむしろ余裕があったということであろう。〈流動性〉が〈資本（リスク・キャピタル）〉に転換されたのであり，それを可能にしたのが預保機構の借入れに付された政府保証であった。その意味で，財政の役割は決して小さくなかったのである。そして，金融市場全体に潤沢な流動性を提供したのは言うまでもなく日銀であった。

4　預金保険機構の資金調達と日本銀行

次に，預金保険機構の側から，その資金調達を見てみよう。図表4-6は，預金保険機構の債務残高の推移を示したものである（すべての勘定の合計）。当初は日銀借入のみであったが，預保機構にとって，日銀借入は低コストでの便利な資金調達であった。当然ながら，低金利での貸付による日銀収益の減少分，それによる国庫納付金の減少は，納税者負担の増加を意味する。しかしそれは，まもなく民間からの借入れ，そして債券（預金保険機構債）発行へと変化している。こうした変化が生じたのはなぜだろうか。預金保険機構（2007）は，その理由を以下のように説明している（226-227頁）。

まず，日銀の意向があげられる。日銀は，当初より，預保機構は民間からの資金調達に努め，日銀からの借入れは，民間調達が困難であった場合の流動性補完に限定されるべきだと主張してきた[30]。前述のように，日銀法上も預金保険機構向けに貸付を行える規定はない。そこで法律上は，機構の勘

---

30) 例えば政策委員会1999年3月3日決定の基本方針（『平成10年度業務概況書』154頁）など。

第 4 章　金融機関の破綻処理と日本銀行

図表 4-6　預金保険機構の資金調達残高（年度末，億円）

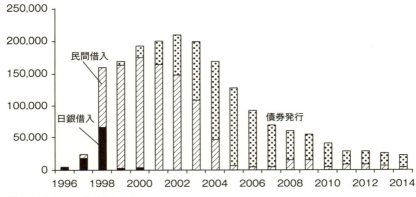

（注）図表 4-5 の各勘定の合計。
（出所）預金保険機構（2007）241 頁，『預金保険機構年報』各号より作成。

定ごとに，一般勘定は預金保険法第 42 条，特別勘定（特例業務勘定）は預金保険法附則第 20 条，金融危機管理勘定は金融安定化法第 11 条，早期健全化勘定は早期健全化法第 16 条などと[31]，個別の立法によって日銀による預保機構の個々の勘定への貸付を認め，日銀法上は，他業禁止規定（第 43 条，旧法第 27 条）をそのただし書き規定を用いて解除する方法がとられてきた。

しかし，では，当初かなえられなかった日銀の意向が後に実現した，つまり民間借入の比重が増大したのはなぜだろうか。それは，日銀自身の政策変更——異例の金融緩和と適格担保の拡大——に因る。日銀は 1999 年 2 月からゼロ金利政策（2000 年 8 月まで），01 年 3 月からは量的緩和政策（06 年 3 月まで）と，異例の緩和政策を導入した。それに加えて，02 年 3 月には預金保険機構の借入証書をオペの適格担保に追加した（預金保険機構債は当初より日銀適格担保）。それによって「金融機関，機関投資家の預金保険機構向け貸出意欲，債券保有意欲が一段と刺激された」のである（預金保険機構（2007）227 頁）[32]。

---

31)　住専勘定向けには，貸付ではなく拠出であるが，住専法第 25 条が設けられた。

図表4-7 預金保険機構の資金フロー

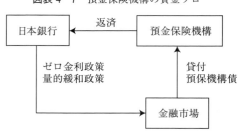

つまり、〈日銀→預金保険機構〉という資金フローが、日銀の金融緩和、適格担保の拡大によって〈日銀→金融市場→預金保険機構〉へと間接化、迂回化したのである（図表4-7）。すなわち、本来、金融機関の預金保険料によって賄われるべき預金保険機構（一般勘定・特別勘定（特例業務勘定））の資金不足と、民間あるいは財政が担うべき資本注入のための預金保険機構（金融危機管理勘定（のちに「金融再生勘定」に移管）・早期健全化勘定）の資金不足の、日銀資金による穴埋めは、日銀自身の金融緩和策によって"解消"されたのである。

しかしながら同時に、その解消は、ゼロ金利政策や量的緩和政策という異例の金融緩和策によって金融市場に過剰な流動性を供給することで可能となった。預金保険機構向けというミクロレベルの異例の貸付は、正常化されたというより、マクロレベルの異例の資金供給の中に埋没し見えなくなったのである。

ただし、こうした日銀・民間からの資金調達も、時間とともに減少している（図表4-5、4-6）。預金保険機構の債務残高（全勘定の合計）は、ピーク時には20兆円を超えていたが（2002年度末）、2014年度末には2兆2,476億円（うち借入れ4,176億円、預保機構債発行残高1兆8,300億円）となっている。これは、金融危機が収束し、新たな破綻処理や資本注入がほぼなくなった一方で、①毎年の保険料収入が確実に入ってくること[33]、②

---

32) 同書は、もう一つの要因として預金保険機構債の入札手法の改善を指摘している。

第4章　金融機関の破綻処理と日本銀行　　145

資本注入した資金が徐々に返済・回収されていること，③破綻金融機関から買い取った不良債権の回収も進んだこと，等による。

　では，結局のところ財政資金はいくら投入されたのであろうか。

　前述のように，98年3月，99年3月他に実施された予防的な資本注入では，調達債務（借入れ・債券発行）に政府保証が付されただけで，財政資金は投入されていない。

　財政資金が投入されたのは，注25と図表4-3の注で述べている「特例業務勘定」への10兆4,326億円と，住専処理（後述）のための6,850億円ということになり，この2件については納税者の負担が確定している。しかし，これらについても，預金保険機構の他の資金調達同様に，政府保証を付した上での借入れという形をとることはできなかったのだろうか。その場合は，最終的には納税者ではなく預金金融機関が後日の保険料でコストを負担することになる[34]。

　他方で，預金保険機構が（子会社の整理回収機構を通じて）買い取った不良債権からの回収超過益等は国庫に納付されることになっており，その金額は2014年度末までで合計8,436億円となっている。また，資本注入分（「金融再生勘定」，「早期健全化勘定」，「金融機能強化勘定」）については，業務が終了し勘定が廃止される際に，剰余金があれば国庫に納付することになっているが[35]，上記3勘定の剰余金・欠損金の合計は1兆4,087億円（2014年度）に達している[36]。

---

33) なお，預金保険料は，①1996年度より，注25で述べているように0.084%（特別勘定（特例業務勘定）分を含む）とされてきたが，②一般勘定（2002年度末に特例業務勘定を吸収）が欠損を解消したことなどから，12年度より年度内に破綻処理事案が発生しなかった場合には0.014%分を金融機関に返還する措置がとられ，③15年度より従来の半分の0.042%に引き下げられた。

34) 碓井（1996）34頁参照。

35) 『平成26年度預金保険機構年報』40頁。ただし，預金保険法第102条第1項（危機対応措置）にもとづく資本注入（りそな銀行のケース）については，時限措置である「金融再生勘定」等とは異なり，「危機対応勘定」が恒久勘定であるため，回収益は国庫納付されず同勘定に留保される。

36) 『平成26年度預金保険機構年報』163-165頁。

5 日本銀行による出資

　特融と預金保険機構向け貸付について述べてきた。続いて日銀による出資
（「特融等」の「等」にあたる部分）について見てみよう。

(1)　東京共同銀行と日本債券信用銀行への出資

　この2件は，どちらも，預金保険が十分に機能せず，財政資金を投入する
ことも困難な状況下での，奉加帳方式で民間資金を集めるための「呼び水」
（飯野（2001）42頁）としての出資である。

　注25で述べているように，預金が法律上全額保護されるのは96年6月の
預金保険法改正以降で，それまでは法律上保護される預金は（1986年以降）
元本1,000万円までであった。預金の全額保護を維持するのであれば，不足
する資金は，預金保険機構以外の誰か，つまり政府（財政資金），日銀，関
係金融機関，地方公共団体が負担するほかない。また，経営破綻した金融機
関を清算するには，受皿金融機関を見つける必要がある。かつてなら，大蔵
省が救済合併を斡旋し，日銀や地公体が低利融資で支援するという方式も可
能であったが，先に述べたようにすでに救済合併のメリットが低下し救済に
乗り出す金融機関は現れなくなっていた。

　そうしたなかで，東京の二つの信用組合（東京協和信用組合と安全信用組
合）が破綻した（1994年12月）。新たに受皿となる銀行を作る必要がある
が，預金保険機構は預金の全額を保護できないため，新銀行の資本金はその
穴埋めに充てられる可能性が高い。当然，金融業界は出資に強く抵抗した。
自らが不良債権処理に苦しんでいたことの他に，1993年の商法改正によっ
て株主代表訴訟の手続きが簡素化され，株主利益の観点から説明しがたい出
資は訴訟リスクが懸念された。銀行業界は，出資に応じるためには，それが
「当局主導」によることが明確化されるべきだと主張したが，乱脈経営の信
用組合の受皿を作るために財政資金を投入することに国会の同意が得られる
可能性はなかった。また，旧日銀法第28条の発動を求める意見もあったが，
大蔵省は拒否し，出資の要請を文書化することもなかった[37]。結局，当局

第 4 章　金融機関の破綻処理と日本銀行　　147

側のギリギリの妥協点として，日銀による出資（普通株式）という形がとられたのである。東京共同銀行と命名された新銀行が 95 年 1 月に新設され，その資本金は，日銀 200 億円と，民間金融機関（151 行と全信組連等の 3 団体）から 200 億円の計 400 億円となった。

　日銀出資は，民間出資が当局のイニシアティブであることを銀行業界に説明する役割を果たしたのである。

　1995 年 8 月に破綻した兵庫銀行の場合も同様で，日銀による資金提供をテコにした奉加帳方式によって新銀行（みどり銀行）が設立されている[38]。ただし，この時は，日銀側の意向を反映して，劣後特約が付いているとはいえ貸付の形をとっている。

　東京共同銀行とみどり銀行の 2 件は，①法律上は定額（1,000 万円）までしか預金が保護されないという状況下で，②預金の全額保護（実際には預金以外の債務を含む全額保護）を維持するために，③民間資金を集めるべく，④財政に比べて柔軟性の高い日銀が，出資を行ったものと言えよう。

　以上のうち，東京共同銀行（96 年 9 月に整理回収銀行に改組。注 26 参照）の普通株式は，同行の預金保険機構の完全子会社化（住宅金融債権管理機構との合併）のため 99 年 3 月に預保機構に売却された。その際，日銀は，預金者保護のための出資であり損失は預保機構側が負担すべきとして額面（5万円）での買取りを主張するが，機構側は，東京共同銀行への出資は預金保険制度の対象外でその株式売買は一般の株式取引と異ならないと主張，時価（8,872 円と算定）での売買を求めた。結局，譲渡は時価で行われ，日銀の164 億 5,120 万円の損失が確定している[39]。日銀の主張する額面での売買とは，損失を日銀ではなく預金保険機構（特例業務勘定）が負担すること，し

---

37)　『週刊金融財政事情』1995 年 2 月 27 日号，10 頁。旧日銀法第 28 条「主務大臣ハ日本銀行ノ目的達成上必要アリト認ムルトキハ銀行其ノ他ノ金融機関ニ対シ日本銀行ノ業務ニ協力セシムル為必要ナル命令ヲ為スコトヲ得」。

38)　みどり銀行の設立は 95 年 10 月。第 1 次増資（同年 12 月），第 2 次増資（翌 96 年 1月）を経て資本金は約 709 億円。日銀の劣後貸付 1,100 億円の最終決定・実施は 96 年1 月であったが，「（新銀行の）資本的基盤を確保させるための信用補完措置」実施の方針は兵庫銀行の破綻処理と同時に 95 年 8 月 30 日に決定されていた。

39)　日本銀行『平成 10 年度業務概況書』157-158 頁参照。

たがって最終的には預金金融機関（預金保険料）が負担することを意味していたが，それは実現しなかったのである。

他方，みどり銀行向けの劣後貸付は，「貸付」であり，99年4月にみどり銀行が阪神銀行に吸収合併されて設立されたみなと銀行より，04年12月までに全額が回収されている。出資ではなく貸付の形式をとったのは，日銀側が強く主張したためであると推測されるが，それが奏功したことになる。

その後1996年6月の預金保険法改正において，①預金の全額保護が法制化されるとともに，②そのための財源も，預金保険料の7倍化と，③預保機構の借入れへの政府保証の付与によって確保され，金融機関の破綻処理は預金保険制度の枠内で行えるようになり，こうした奉加帳やそのための日銀出資は，以降，不要となった。

しかし例外がいくつかあり，その一つが1997年4月の日本債券信用銀行への出資である。

前述のように，この時すでに預金の全額保護が法制化されていたわけであるが，金融債については預金保険料徴収の対象となっていなかったことから，それが保護対象に含まれるか法律解釈上，疑問が残るとする指摘があった[40]。しかしそれ以前に，日債銀のような大銀行に預金保険制度を適用する，つまり破綻処理することが可能なのか，政府は方針を固めきれなかった。他方で，予防的な資本注入が法制化されるのは，山一証券，北海道拓殖銀行等の破綻を経た98年2月（金融安定化法）以降のことである。そうした状況にあった97年4月の時点で大手金融機関の資本増強を図るとすれば，やはり民間資金によるほかなく，そうなると，先の東京共同銀行やみどり銀行の場合と同様に，当局による「呼び水」が必要だったのである。そのため総額約3千億円の増資のうち，800億円を日銀による出資（優先株式）で賄うことになった。なお，日債銀への800億円の出資は，図表4-1の注で述べているように，「新金融安定化基金」への拠出金を利用したものである（同基金については後述）。

40）預金保険機構（2007）81頁。1996年改正（附則第16条）による全債務保護の解釈については佐々木（2003）611頁参照。

そしてこの日債銀の株式は，98年12月の国有化（金融再生法にもとづく特別公的管理），翌年6月の対価ゼロ円の決定により価値を失い，800億円は全額が日銀の損失となっている。

(2) 紀伊預金管理銀行への出資

1996年11月に阪和銀行が破綻した時，すでに預金の全額保護のための法制度は整っていたが，民間からは受皿となる金融機関が現れなかった。（東京共同銀行を改組した）整理回収銀行が公的な受皿金融機関として存在したが，当時，同行が事業譲受できるのは信用組合に限定されていた。金融危機が銀行法上の銀行にも広がるとは想定されていなかったのである。

したがって新たに銀行を作る必要があったが，そのための資金の出し手はどこにも存在せず，ここでも日銀がその役割を担うことになった。日銀の100億円の出資により，阪和銀行の預金の払戻しだけを行う銀行として紀伊預金管理銀行が設立された（阪和銀行の債権は預金保険機構が買い取り。出資金の100億円はのちに全額回収されている）。なお，この100億円の出資は，先の日債銀への出資と同じく，図表4-1の注で述べている「新金融安定化基金」への拠出金を利用したものである。

その後，98年2月に預金保険法が改正され，整理回収銀行は，信用組合だけでなく銀行の営業譲受もできるようになっている。

つまりここでも日銀による出資は，法制度が整う前の"すき間"を埋める役割を果たしているのである。日本銀行の柔軟性の高さ，「使い勝手」の良さを示していると言えよう。

(3) 住専勘定への拠出

以上のほか，日銀は，いわゆる住専の破綻処理に関連して1,000億円を2件，計2,000億円の資金拠出を行っている。しかしその出資の役割を考える前に，住専処理の概要を確認しておこう。

バブル期に拡大した不動産開発融資の不良債権化によって，8社あった住専（住宅金融専門会社）のうち農林系の1社を除く7社は，設立母体となった銀行等では再建が困難となり，特に農林系統金融機関の貸出債権の処理を

めぐる母体行と農林系の調整が難航し，結局，一部財政資金を投入して破綻処理されることになった。そのための法律（住専法）を審議・策定したのが，1996年6月のいわゆる住専国会である。そこで決定した処理の内容は，以下のようなものであった。

まず，一次損失（住専が不良債権を（後述の）住管機構に売却する際の価格の簿価との差額，つまり住専の損失）を約6兆4千億円と見積もり，それを埋めるために，住専の設立母体となった銀行（母体行）3兆5千億円，一般行（母体行以外の住専への貸付元）1兆7千億円，農林系統金融機関（住専7社への貸付元）5,300億円の負担に加えて，6,800億円の財政資金が投入された（財政の負担は，預金保険機構に設けられた「住専勘定」の資本金としての50億円をあわせて計6,850億円）。

そして，住専の債権の買取りとその回収を目的に，預金保険機構の子会社として住宅金融債権管理機構（住管機構)[41] が設立された。住管機構の資本金は，預金保険機構に新たに設けられた「住専勘定」から2,000億円が出資されることとなったが，その原資として，住専勘定に，日本銀行から1,000億円，民間金融機関から1,000億円の計2,000億円が拠出されたのである。この民間からの1,000億円は，前述の一次損失処理とは別に，民間金融機関から集められた総額1兆70億円（金融安定化拠出基金：第一基金）のうちの1,000億円である[42]。

つまり，日銀の1,000億円は，今まで述べてきた他の奉加帳方式による資金集めと同じく，民間金融機関から1兆70億円を集めるために必要だったのである。ただし，日銀の1,000億円は「返還条件付き拠出」という変則的なものであり，実際には無利子での貸付に他ならなかった（実際，二次損失処理が行われた2012年度に全額返還されている）。

なお，日銀のこの1,000億円の拠出は，住専法第25条にもとづくものであり，旧日銀法第25条によるものではないため，「特融等」には含まれない

---

41) その後，1999年4月に整理回収銀行を吸収合併し整理回収機構となる。
42) 残りの9,070億円は，その運用益を15年後に予定された二次損失処理（住管機構による住専からの債権買取価格と実際の回収額の差額，つまり住管機構の損失の補填）に充て，元本は金融機関に返還される予定のものであった。

第4章　金融機関の破綻処理と日本銀行　　　151

（したがって図表4－1にも記載していない）。

　ところが，以上の内容とりわけ財政資金6,850億円の投入に対して世論の批判が強まるなか，政府は，住専法案の国会審議と並行して新たな方策を打ち出さざるをえなくなる。具体的には再び民間金融機関に奉加帳を回し，新たな資金拠出を要請することとなったのである。そしてそこでもまた，日銀による資金拠出とセットとされ，そうやって設立されたのが，日銀の（前述の住専勘定への1,000億円の拠出とは別の）新たな1,000億円と，民間の7,932億円の拠出によって設立された「新金融安定化基金」（第二基金）である（1996年9月）。その目的は，民間拠出分については運用益を住専の二次損失処理に充て，国庫負担をできるだけ少なくすることであったが，日銀出資分については金融機関の資本基盤の強化に充てることとされた。その日銀出資分が，後に，前述の日債銀と紀伊預金管理銀行への出資分となったのである。

　なお，第二基金は，第一基金と異なり住専法上の根拠をもたない，金融機関が「自主的に」設立した社団法人にすぎない。そのためそこへの日銀の拠出も，先の住専法第25条にもとづく1,000億円の出資と異なり，旧日銀法第25条に基づく特融等として実施された（図表4－1の⑩）。

　第一基金と第二基金のいずれにおいても，日銀の出資は，全体に占める比率から考えると金額としては大きくなく，その意味では必要性はなかったと思われる。金額的には民間の拠出によって十分に賄えたのである。しかしながら，その民間からの拠出を実現するためには行政による“指導”が必要であり，ところがそもそも6,850億円の財政支出への批判に応えるためのものであるから，そこに財政を追加出動させることはできず，結局，日銀がその代役を果たしたのであった。

　他方で，日銀の出資の形態が時間の経過とともに変化していることにも注目しておきたい。すなわち，94年末の二信組破綻処理（東京共同銀行設立）の際の200億円は普通株として出資されており，後に大幅な（82％）損失を被ったものの，その後，95年8月の兵庫銀行の破綻処理の際には，普通株ではなく劣後ローンの形をとっており，結果的に全額を回収，そして住専勘定への1,000億円は，拠出とはいえ元本の返還条件を付したものであった。

152

日銀の負担するリスクを極力抑制しようとしていることがわかる。先述のように，その後に実施された日債銀への出資800億円は全額が失われたわけであるが，増資時点では日債銀の再建が可能であり当然に回収可能であると考えられていたものであった。

　ちなみに，住専法は住管機構による債権回収の期間を15年と定めていた。期限の到来した2012年度に二次損失処理がなされ[43]，預金保険機構に設けられていた住専勘定は12年6月に廃止された。

6　収益支援のための「日銀貸出」

　ここまで，特融，預金保険機構向け貸付，出資といった，特殊な資金供給について見てきた。しかし金融危機に際しては，当然のことながら，通常の資金供給もフルに活用されていた。ここでは，「日銀貸出」による金融機関への収益支援について見ておこう。

　「日銀貸出」とは，①適格担保を徴求して，②公定歩合で，行われる貸出である。法律上は，現行法第33条（旧法第20条）にもとづく通常業務の一つである。④貸出金利が事前に決定されており（公定歩合），⑩貸出先が日銀の裁量によって決定されるという点で，金利と資金供給先が入札で決定される各種の「オペ」と異なる[44]。

---

43) 住専の二次損失は約1兆3,900億円となり，その処理は，まず，以下のように負担されることとなった。①住管機構の債権回収額から債権取得価格を差し引いた回収益2,200億円，②買取り債権から発生した金利収入2,800億円，③金融機関の拠出による第一基金のうち住管機構出資金の1,000億円，④第一基金のうち運用に回した9,070億円の運用益1,400億円，⑤金融機関の拠出による第二基金7,932億円の運用益1,600億円。しかし，以上①〜⑤の合計は9,000億円で4,900億円足りない。そこで，財政と金融機関への新たな負担・損失を回避すべく，本来，住専処理とは関係のない，⑥住管機構が（住専以外の）破綻金融機関から買い取った債権からの回収益1,800億円と，⑦預金保険機構の（本来，破綻金融機関の預金者保護に充てるべき）一般勘定からの繰入金3,100億円が，充てられることとなった。『平成22年度預金保険機構年報』134-135頁。

第4章　金融機関の破綻処理と日本銀行　　153

　日銀貸出は，長年にわたり，日本銀行の資金供給における中心的な役割を担い，その貸出金利である公定歩合は，規制金利時代には金利体系全体の基準に位置付けられていた。ところが，1960年代半ばから，長期国債の発行再開に対応して国債の買いオペによる資金供給のウエイトが引き上げられ，70年代後半からは金利自由化が進む中で日々の金融調節においても各種オペが重視されるようになった。

　本章が対象とする1990年代は，日銀貸出がその役割を終える時期と重なる。しかし，日銀貸出には，マクロ的な資金供給・通貨調節を超える役割があった。個別の金融機関への収益支援である。

　公定歩合は，金融機関が市場で資金を調達する金利であるコールレートよりも常に低い水準に置かれていた。したがって，日銀貸出で得た資金を市場に放出すればそれだけでサヤを抜くことができたのである。他方，日銀にしてみれば，こうした日銀貸出を"テコ"に，自らの裁量的政策の効果を高めることも可能であった（第1章注9参照）。その上，個別の貸出先は公表されず，マクロ的な通貨供給とミクロ的な収益支援は区別できないことも，好都合であった。しかし，低金利での貸出は，日銀の収益，したがってその国庫納付金を押し下げるという意味で，納税者の負担を伴うものであった。

　ところが，前述のようにマクロ的な通貨供給としての役割がほぼ消滅すると，収益支援としての役割だけが浮き上がることになる。そのうち，よく知られたものとして，以下の三つのケースがある。

　一つは，東洋信用金庫を救済した三和銀行向けの日銀貸出である。三和銀行は，預金証書の偽造などで破綻した東洋信金を，1992年10月に救済合併した。その際，日銀の都銀向け貸出のうち，三和銀行向けのシェアが急速に高まり，93年度の残高は，他の上位都銀に比べて1千億円程度上回ったという[45]。受皿となる金融機関が見つけにくいなか，日銀貸出を交渉材料に，

44）ここでいう「日銀貸出」は，同じく貸出であっても，特融，預金保険機構向け貸付を含まない。2001年3月に導入されたスタンディング・ファシリティである「補完貸付」とも異なる。「オペ」と「スタンディング・ファシリティ」，「オペ」と「売買」の関係については第1章参照。

45）『日本経済新聞』1994年6月18日。

破綻処理のスキームが作られたものと思われる。

　もう一つは，住専の再建過程における日銀貸出の利用である。住専は，前述のように96年の住専法で破綻処理が決まるが，それ以前の，まだ再建が模索されていた93年2月のことである。住専の設立母体となった銀行と，住専への主たる貸し手であった農林系統金融機関の間で，住専向け貸付の金利の減免をどのように分担するかが協議されていた。その際，大蔵省銀行局長と農水省経済局長の連名で覚書が作成されたのであるが，その第3項には，

　　　住宅金融専門会社に対する農協系統の金利減免が，その体力からみて非常に
　　　厳しいものであることを踏まえ，日本銀行において農林中央金庫に対して必
　　　要な資金の融通が行われるよう調整するものとすること（この融通は通常の
　　　日銀貸出であり，事前に固定して行われるものではない。また，本項につい
　　　ては対外的に明らかにしないものとする）

と記されていた。さらに，この覚書作成時に日銀の了解は得られていなかったとも伝えられており，この時期における日銀貸出の特異な役割，大蔵省と日銀の関係をうかがわせるエピソードとなっている[46]。

　三つ目は，東京共同銀行に対する収益支援のための貸出である。すでに述べたように，東京共同銀行は，東京の二つの信用組合の受皿として日銀と民間の出資によって設立された銀行であるが，破綻したコスモ信組の受け皿となると（1995年7月），早くも資本不足に陥ってしまった。新たな損失補塡策が必要となり，その一部として，日銀が5年間で200億円の収益支援のため同行に2,200億円を融資することが決定されたのである[47]。

---

46) 山脇（2002）146-156頁，日本経済新聞社（2002）276-277頁，日本経済新聞社
　　（2000）162頁，西野（2003）78-80頁。
47) この貸出は，当初は，適格担保を徴求しないものとして（したがって特融として）
　　決定されたものの（1995年8月28日），（おそらくはその後の関係当局間の交渉にお
　　いて日銀の要求が受け入れられ）実施にあたっては，適格担保を徴求する日銀貸出
　　（したがって旧法25条にもとづく特融ではなく，同20条の通常業務としての貸出）に
　　修正された（96年4月26日）。そのため，この貸出は図表4-1には記載していない。

第 4 章　金融機関の破綻処理と日本銀行　　155

　明らかになったこのようなケース以外にも，同様の日銀貸出による収益補
塡は相当数あったと推測されるが，これらは個別の金融機関に対する“補助
金”の提供にほかならない。流動性の管理を責務とする中央銀行としては適
切ではなく，もし必要であるなら，本来は，国会の議決を経た財政資金に
よって担われるべきであろう。しかしながら，日銀貸出には，前述のような
「使い勝手」の良さがあり，金融危機に際しても（それまでと同様，あるい
はそれまで以上に）活用されていたのである[48]。またそれは，多くの場合，
大蔵省によるいわば“公表されない第二の財政資金”として，必ずしも日銀
の意向に沿わない形で，実施されていたものと思われる。

小　　括

　最後に，以上のような日本銀行の 1990 年代の「最後の貸し手」機能を，
改めて，第 2，3 章で取り上げた欧米の中央銀行と比較してみよう。そして，
日本の破綻処理制度の整備の過程における財政との関係の変化についても整
理しておこう。
　日銀の「最後の貸し手」機能の最大の特徴は，その柔軟性，融通無碍とも
いえる自由度の高さにある。本章冒頭でも紹介したように特融等を規定する
日銀法第 38 条は，「特別の条件による資金の貸付けその他の信用秩序の維持
のために必要と認められる業務」（98 年 3 月までの旧日銀法第 25 条は「信
用制度ノ保持育成ノ為必要ナル業務」）を行うことができるとしており，無
担保での，債務超過先への貸付，そして出資も，「信用秩序の維持のため」
であれば可能である。さらに，第 43 条（旧法第 27 条）は日銀法で規定され
ていない業務を禁止しているものの，内閣の認可による解除を可能としてい
る。

48）現在（2015 年）においても，日銀貸出の制度自体は（「最後の貸し手」機能の一部
　として）存続しているものの，2001 年 3 月に「補完貸付制度」が導入されたことか
　ら，その実質的な役割は終了した（01 年 9 月以降，残高はゼロ）。

そして，述べてきたように，この高い柔軟性は，長く金融機関の破綻処理の経験がないまま迎えた金融危機のなかで，フルに活用された。具体的には，①破綻金融機関に対する流動性供給について，預金保険機構自身がそれを行えるようになるまでの（≒金融整理管財人制度の導入までの），その代行，②預金の全額保護が法定化される以前の，奉加帳方式による民間出資募集における「呼び水」の供給，③預金保険機構が，民間からの資金調達を本格化させるまでの預金保険機構への貸付，④「秩序ある処理」（預金保険機構による非預金金融機関の救済措置）導入以前の，破綻証券会社（山一証券）への流動性および不足資本の供給（損失補塡）である。

米国 FRB の場合はどうだろうか。第 2 章で述べたように，米国の連邦準備法は第 13 条で「緊急貸付」の制度を設けているが，それは回収が確実な場合に制限されている。すべての「緊急貸付」先で，元利の回収に成功し，損失を計上していないのはそれを裏付けるものと言えよう。そして，リーマン・ブラザーズの救済を拒否したのも，同社が債務超過であると判断したからであった。

FRB が，債務超過先への貸付を回避できた理由の一つには，債務超過先には財政による対応がなされていたことも大きい。ファニーメイ，フレディマックの事実上の国有化，金融機関等への資本注入は，いずれも直接，財政資金によって実施されている。また，預金金融機関については，預金保険公社による Purchase and Assumption 方式による破綻処理（受皿金融機関への事業譲渡による破綻処理）が制度として確立しており，定額保護（いわゆるペイオフ）の経験も豊富で，FRB の役割は限定的だったのである。

ユーロシステムの場合，ELA（緊急流動性支援）であっても，債務超過先への貸付は認められず，さらには政府保証が要件とされている。危機国の政府債務の悪化を背景とするユーロ危機の場合，政府保証の意味そのものが問われることになり，「最後の貸し手」機能である ELA の承認に構造・財政改革が要請されるという，日本や米国では想定できない特徴をもつ。

では，日本の破綻処理制度の整備の過程のなかで，日本銀行と財政の関係はどのように変化したのだろうか。

破綻金融機関への特融等は無担保であるが，預金保険機構向け貸付も当初

はすべて無担保であった。1996 年 6 月の預金保険法改正によって，信用組合の破綻処理を扱う預保機構の「信用組合特別勘定」については，その借入れに政府保証を付けることが可能とされたが，必要な国会の議決は得られていなかった。すなわち，98 年 2 月まで，破綻処理には（住専処理のための6,850 億円を除いて）財政上の支援は一切なされておらず，特融，奉加帳のための出資，預保機構向けの貸付といった日銀の資金供給はすべて無担保で，すなわち日銀のリスク負担において行われていた。95 年初めの二信組処理と 96 年の住専国会における公的資金投入に対する厳しい世論が，政府や国会を制約し，唯一日銀が公的負担の役割を担っていたのである。

　ところが，97 年 11 月に山一証券，北海道拓殖銀行等が破綻することで，世論および政府・国会の対応は一変，急速に財政的な手当てが進められる。98 年 2 月の預金保険法改正と国会の承認により，「特例業務勘定」に 7 兆円の交付国債と資金調達に対する 10 兆円の政府保証が付与され，同時に成立した金融安定化法によって，予防的な自己資本増強のための公的資金注入が認められ，そのための預保機構内の勘定（金融危機管理勘定）にも交付国債3 兆円，政府保証 10 兆円が認められた。すなわち，それまで日銀資金を「呼び水」として実現していた奉加帳方式による損失負担や資本増強は，その役割を終え，財政資金がその代わりを果たすようになったのである。そして政府保証枠はその後さらに増加し，2003 年度には預金保険機構全体で 57兆円に達している。しかし，同年度末の機構の実際の借入れ・債券発行残高が 20 兆円弱であったことからすれば，数年前とは逆に，今度はいささか過剰な財政出動であったとも言えよう。ただ，こうした財政的手当てにより，98 年 2 月以降の預金保険機構各勘定の，日銀および民間からの借入れはすべて政府保証のもとでなされており，その意味でも，破綻処理における日銀の役割は大きく後退したのである。

　そして，こうした手厚い財政的措置を一つの背景に，破綻処理制度そのものも，大きく修正される。導入時には 2001 年 3 月までの時限的特例措置とされていた，①破綻していない金融機関への予防的資本注入，②預金の全額保護，③国有化による破綻処理という三つの措置（いずれにおいても金融機関の債務は預金以外を含め全額保護）が，内閣総理大臣による金融危機の認

定を条件とするとはいえ，ほぼそのままの内容で恒久化された（2000 年預金保険法改正。金融危機としての認定がなされない場合は，預金の定額保護による破綻処理（いわゆるペイオフ））。公的資金の注入については，その他にも，組織再編法（2002 年 12 月），金融機能強化法（04 年 8 月）と拡充が続く[49]（図表 4-5 参照）。

したがって，現在の破綻処理制度のもとで特融等の果たす役割は極めて限定的である（注 21 参照）。1995 年から 96 年にかけての二信組処理，住専処理をめぐる紛糾からは想像もつかない変化であるが，その転換点をなしたのが 1997〜98 年の金融危機だったのである。1990 年代の金融危機における日本銀行の役割も，そうした文脈においてはじめて理解できるように思われる。

---

49) 現在の公的資金注入制度に対する評価は第 5 章で述べる。

第5章
ベイルアウトとベイルイン

は じ め に

　ここまで，金融危機に対する中央銀行の対応策を検討してきたが，本章と続く第6章では，危機「収束後」の金融行政・政策をめぐる論点に焦点を移し，それぞれにおける最重要と思われるテーマ——破綻処理時のベイルインの導入と量的緩和政策の実施——を取り上げて，そこに見られる「日本的特徴」を考えることとしたい。

　まず，本章の課題を明らかにしよう。

　金融機関への「公的資金」の投入という場合，前章まで中央銀行資金を中心に考察してきたが，当然ながら，「公的資金」の概念は財政資金その他を含んで非常に広く，またその厳密な定義も容易ではない。

　例えば，資金の供給元としては，①政府（財政），②預金保険，③中央銀行などがあり，投入方法にも，㋑贈与，㋺出資，㋩貸付，㋥債務保証，㋭資産の買取りなどがある。このうち，①政府（財政）からの㋑贈与が，最も狭義の「公的資金の投入」となるであろう。②預金保険の資金であれば，その資金は法律にもとづく強制徴収とはいえ，民間金融機関の納めた預金保険料が原資であり，③中央銀行の場合，第4章で見たように，個別金融機関のための救済融資とマクロ的な金融調節を明確に区別できないことも多い。また，㋑贈与であればその資金は回収されないが，㋺出資や㋩貸付の場合，リスクを伴うとはいえ（時には利益を伴って）回収されることも少なくない。さらに，㋥債務保証となれば，多くの場合実際の費用負担は発生せず，㋭不良債権等の買取りは，それが時価で行われるなら市場取引に近くなる。

しかしながら，いずれにおいても，公的当局による決定にもとづき，かつ国民・納税者に負担を生じさせる可能性があることから，資金供給元（①～③），供給方法（㋑～㋭）すべてを含めて「公的資金の投入」とするのが，最も広義の定義であると同時に最も適切であるように思われる。

そのうち，財政資金を見てみると，米国では，第2章で述べたように，政府系住宅金融機関やAIGの救済，約700の金融機関とさらには自動車産業等をも対象に総額4,267億ドルが投入された。また，欧州でも1兆6,159億ユーロの財政資金が金融部門に投入されている（2011年末まで）[1]。日本では，第4章で述べたように，住専の一次損失処理の6,850億円，預金保険機構（特例業務勘定）への10兆4,326億円が直接的な財政資金であった[2]。

こうした財政資金が，中央銀行資金その他の公的資金の投入とあわせて，金融危機の拡大抑制に貢献したことは間違いないが，しかしそれらは同時に，世論の厳しい批判を浴びることになった。好況期には巨額の報酬を受け取っていた銀行経営者が苦境時には税金で救済されることは認められないとして，「ウォール街を占拠せよ（Occupy Wall Street）」に代表される抗議活動が世界的な広がりを見せもした。

そして，こうした世論を背景に，リーマン・ショック後の金融規制のあり方をめぐる国際的な議論においても，公的資金の投入を回避する方策が模索され始めた。公的資金の投入による再建・破綻処理（ベイルアウト：Bail-Out）から，債権者等の損失負担による再建・破綻処理（ベイルイン：Bail-In）への転換である。

米国では，金融危機後の包括的な規制の見直しはドッド＝フランク法という形で具体化したが，その署名式において，オバマ大統領が「この法律によ

---

1) European Commission, "Facts and figures on State aid in the EU Member States : Accompanying the document," December 21, 2012, p. 31, Figure 29.

2) 第4章で述べているように，日本の場合，これは回収を予定していない「財政からの贈与」にあたる公的資金であり，他に，回収を予定している，預金保険機構の借入れによる公的資金の投入が約11兆円なされている。日本では預金保険機構が担った，回収を見込んだ公的資金投入が，欧米では，直接財政資金で行われており，例えば米国のおよそ4千億ドルの投入資金は，第2章で述べたようにすでにほぼ全額が回収されている。

り，米国市民は二度とウォール街の過ちのツケを払うことはない。税金を用いたベイルアウトは二度と行われない」[3] と宣言したのは，こうした転換を象徴する出来事であった。

一方，日本では，2013年6月に預金保険法が改正され，金融危機発生時に，預金金融機関だけでなく，証券会社，保険会社，銀行持株会社等に対しても公的資金の投入が可能となった。それは，リーマン・ショックにおいて証券会社や保険会社など非預金金融機関の破綻が大きな混乱を招いたことを踏まえた，その意味では欧米と共通する政策対応であった。が，他方で，破綻処理における損失負担のあり方については，〈ベイルアウトからベイルインへ〉という欧米の潮流とは逆に，公的資金の投入を前提としてそれを証券会社等にも広げる形となっている。公的資金に対する考え方が正反対なのである。

こうした欧米との違いは何を意味しているのだろうか。

本章では，以下，まずベイルインとは何かを確認し，次に欧米でのベイルインの制度化の実際を紹介し，最後に日本の制度改革におけるベイルインの特徴とその背景を考えることとしたい。

1　ベイルインとは何か

では，金融機関の債権者等の損失負担による，新たな破綻処理の手法であるベイルインとは，具体的にどのような仕組みか，簡単な例で見てみよう[4]（図表5−1）。

この金融機関の自己資本は10，預金その他の負債が90あり，貸付や証券投資など100の資産があったが（【A】），ここで多額の貸倒れなどで20の損失が発生したとしよう。資産は80となり，自己資本もなくなるが，負債は90で変わらないため，この時点でこの金融機関は10の債務超過，すなわ

3）White House, "Remarks by the President at Signing of Dodd-Frank Wall Street Reform and Consumer Protection Act," July 21, 2010.
4）ベイルインの概説については，Avdjiev, et al.（2013）参照。

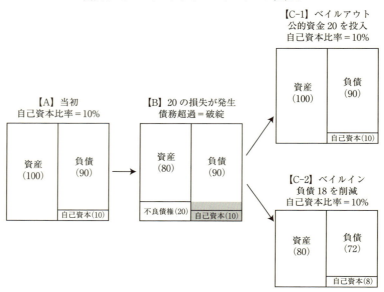

図表 5-1　ベイルアウト・ベイルインの仕組み

ち，すべての資産をもってしても債務を返済できず，実質的な破綻となる（【B】）。

ではどうするのか。選択肢は三つある。

一つは，いわゆるペイオフを発動し，預金保険対象の預金だけを払い戻して破綻金融機関を清算する方法である。この場合，株主や経営者の責任が明確化されるだけでなく，付保預金（預金保険対象の預金）以外の預金者を含む債権者も広く損失を負担し，市場規律が厳格に維持されることになる。その反面，もし金融不安が広がれば，他の金融機関においても，取付けや市場での資金調達の困難化が生じる可能性がある。また，金融機関の清算は，健全な借り手のその後の資金調達にも大きな影響を及ぼす。破綻金融機関が大規模であったり複雑な市場取引を行っていたりすれば，システミック・リスクはさらに大きくなり，かつ予測しがたくなる。

そこで二つ目の選択肢として，公的資金を投入し，預金を含むすべての債務を保護するという方法がある。これがベイルアウトであり，これまでの大

手金融機関の破綻のほとんどの場合はこうして処理されてきた。救済されずに倒産手続きをとったリーマン・ブラザーズのケースは，数少ない例外である。【C-1】では，20を投入し，自己資本10を回復している。その後この金融機関が再建に成功し利益が大きくなれば，投入資金を回収することも可能となる。

　実際には，（第4章で紹介した日本の破綻処理のように）破綻金融機関に直接公的資金を投入するのではなく，（不良債権は不良債権回収専門機関に譲渡した上で）健全債権とすべての債務を受皿金融機関に譲渡し，公的資金はその受皿金融機関に供給する一方，「抜け殻」となった当該金融機関は清算する，という方法が一般的である。この場合，破綻金融機関の株主と経営者を排除することが可能となるが，すべての債務が公的資金によって保護されるのは同じである。

　しかし，こうしたベイルアウトの場合，広く国民・納税者が損失（リスク）を負担する一方で，預金保険の対象外である大口預金や，当該金融機関とデリバティブ等の市場取引を行っていたプロの市場参加者もすべて保護されることになる。ベイルアウトが一般化すれば，金融機関，特に大規模の金融機関は倒産することがない（Too Big To Fail）状況が生まれ，モラルハザードが発生する。すなわち，投資家は金融機関の信用状態を十分に審査することなく資金を供給し，金融機関は事実上の公的保証によって本来よりも低い金利で資金調達できるのである[5]。それは，過度のレバレッジ（過剰な借入れ）に依存した経営を助長し，市場を歪め，新たな危機の誘因となりかねない。

　こうした問題を解消すべく，今次金融危機の後，第三の選択肢として導入されたのがベイルインである。経営が悪化し自己資本比率が一定の水準以下に低下した，さらには債務超過に陥った際に，金融機関の債務の一部（例えば，無担保債権，預金保険対象外の大口預金など）を切り捨てる（あるいは

　5）IMF（2014）は，ベイルアウトは大手金融機関に「暗黙の政府保証」を与えることであり，その結果，各国の大手金融機関は，本来あるべきより米国で700億ドル，日本と英国はそれぞれ1,100億ドル，ユーロ圏では3,000億ドル（いずれも最大）低いコストで資金を調達していると警告した。

普通株式に転換する）ことで，自己資本を回復し，保護されるべき債務（預金保険対象の小口預金，担保付債権，市場の秩序維持の観点から重要な債権）を保護するというものである。図表 5 - 1 の【C-2】では，90 の負債のうち 18 が削減され（つまり当該債権者が損失を被り），10 が損失の補填に充てられ 8 が新たな自己資本となって，自己資本比率 10％を回復する。

　この制度を導入しておけば，①国民・納税者の負担ではなく，②金融機関に対する債権者の負担によって，③小口預金者，有担保債権者等を保護することができる。しかも，④ベイルインの対象となりうる無担保債権者は信用リスクを加味したリターンを要求することになるため，金融機関には「負債による規律」が働き，モラルハザードの抑制が期待できる。

　金融危機の直後から，こうしたベイルインという手法の導入に向けた議論が欧米を中心に本格化したわけであるが，それは，単純化すれば，二種類のベイルインが二つのルートで進められる形をとった。一つは G20 下の FSBが主導する，破綻処理の際の「法的ベイルイン」であり，もう一つがバーゼル Ⅲ の自己資本比率規制に導入された「契約ベイルイン」である。それぞれについて見てみよう。

2　米・欧におけるベイルインの導入

(1)　FSB の「主要な特性」

　2010 年 10 月，大手金融機関の破綻処理方法の国際的な共通化を目指したFSB[6] の勧告——「金融機関の実効的な破綻処理の枠組みの主要な特性」（FSB（2011），以下，「主要な特性」)——が発表され，翌月の G20 の「カン

6）FSB（Financial Stability Board：金融安定理事会）は，各国の金融監督の国際的調整を目的に，リーマン・ショック後の 2009 年，G20 によって設立された機関。加盟各国の金融当局（日本からは金融庁と日本銀行）と国際金融機関（IMF，世界銀行，BIS）が参加している。前身は，G7 の FSF（Financial Stability Forum：金融安定化フォーラム）。国際金融規制の議論の場が，先進国の FSF や BIS などから新興国を含む G20 の FSB に移ったことは，リーマン・ショックがもたらした変化の一つである。

ヌ・サミット」において承認された[7]。

「主要な特性」は，初めに，破綻処理が満たすべき要件として，①金融システムの混乱回避，②納税者負担の回避，③株主や無担保債権者の損失負担を通じた経済的機能の確保，の三つの柱を掲げている。その意味するところを，日本の1990年代の不良債権処理・金融危機対策と比較しながら確認しておこう。

①の「金融システムの混乱回避」に，短期的に最も効果的な方法は公的資金の注入，すなわちベイルアウトである。これまでの各章で見てきたように，米国・欧州・日本では，金融危機に際して，いずれも巨額の公的資金を，財政・中央銀行等から投入した。しかし，上記②の「納税者負担の回避」は，そうした手法を否定しているのである。ではどうするのか。その回答が，③の「株主や無担保債権者の損失負担」，すなわちベイルインである。

まず，株主について見てみよう。公的資金の投入において株主の損失負担は，当然のことと思われるかもしれない。しかし必ずしもそうではない。確かに，日本の1990年代の破綻処理の過程では，破綻金融機関は，救済合併を除く多くの場合，受皿金融機関に事業譲渡した後に清算されており，出資者（株主）はその責任を負っている。国有化された長銀，日債銀，足利銀行でも，株式は無償で預金保険機構が取得している。ところが，98年3月および99年3月の公的資本注入，2003年のりそな銀行への注入では，既存株主の負担は（資本注入による希薄化，経営権への一定の制約を除いて）生じていない。米国の場合も同様で，FRBが救済したベア・スターンズ，AIGの場合，株式の希薄化・株価の大幅な下落は生じているものの，株式の価値がゼロとされたわけではない。

預金金融機関の監督・預金保険当局による（既存株式の無価値化を含む）破綻処理がなされるのは，当該金融機関が債務超過（すなわち株主の持ち分がマイナス）に陥っていると認定された場合に限定される。ただし，これはむしろ当然なことで，株主や債権者の財産権の剥奪を含む公的な倒産処理は裁判所の下でのみ行われるのが原則だからである。

---

7)「主要な特性」については小立（2012）参照。

それに対して「主要な特性」の上記③は，株主だけでなく無担保債権者にも損失を負担させるべきであり，対象は非預金金融機関を含み，しかもそれを，裁判所の手続きに入る前の，金融監督当局が認定・実施する破綻処理の段階において可能とする法制度の導入を求めているのである。それがいわゆる法的ベイルインの導入である。

そしてこの FSB の提言（と同主旨の内容）は，相前後して各国の法制度に取り入れられてきた。米国と EU の取り組みを見てみよう。

(2) 米・欧における法的ベイルインの導入

① 米国のドッド＝フランク法

リーマン・ショックを受けて 2010 年 7 月に成立したドッド＝フランク法は，その目的を五つ明記している[8]。

(1)金融システムにおける説明責任および透明性の向上による合衆国の金融の安定化促進

(2)「大き過ぎてつぶせない（Too Big To Fail）」からの脱却

(3)ベイルアウトからの脱却による米国の納税者の保護

(4)金融サービスにおける濫用的な（abusive）行為からの消費者の保護

(5)その他

ここで注目したいのは，金融システムの安定確保や消費者の保護のみならず，「Too Big To Fail からの脱却」，「ベイルアウトからの脱却」，「納税者の保護」が明記されている点である。経営危機に直面したリーマン・ブラザーズは，結局，合併先が見つからず公的な支援も受けられず，連邦倒産法第11 条の適用を申請して法的に倒産した。それが世界的な金融危機を引き起こしたわけであるから，Too Big To Fail に復帰するという選択肢も十分にありえるはずであるが，米国はそれを明確に拒否したのである。

その背景にあるのは，前述した公的資金投入に対する厳しい批判である。

では，ベイルインについて，ドッド＝フランク法は，どのように規定して

8）ドッド＝フランク法の破綻処理規定については，澤井・米井（2013）参照。本章脱稿後，若園智明（2015）『米国の金融規制変革』日本経済評論社が出版された。

いるのか。破綻処理について定めた第Ⅱ編「秩序ある清算権限（Orderly Liquidation Authority）」では，FDIC（Federal Deposit Insurance Corporation：連邦預金保険公社，日本の預金保険機構に相当）が管財人となることが定められている。そして，その権限のなかに，法律の定めがある場合を除き，株主と債権者のすべての権利を終了させること，株主と無担保債権者に損失を負担させることが含まれている[9]。一時的な資金繰りについてはFDIC が債券を発行して資金を調達し（財務省も購入可能），その返済は，破綻金融機関の資産の回収によって行われるが，その際，当該金融機関の株主，無担保債権者の権利は保護されない。それでも資金が足りない場合には，事後的に総資産 500 億ドル以上の金融機関に負担金が求められることになっている。つまり，ベイルインと業界の負担による処理が行われ，公的資金が損失を被る可能性は排除されているのである。

② EU の銀行再建破綻処理指令

EU では，2012 年 6 月に EU 委員会が破綻処理に関する指令案を公表（BRRD：Bank Recovery and Resolution Directive），欧州理事会と欧州議会での採択，加盟各国の国内法の整備を経て，15 年 1 月に発効した[10]。同指令は，破綻処理の目的として（第 31 条），「（金融機関の）重要な機能の継続の確保」などとならんで，「特別な場合の公的資金による支援への依存を最小化することによる公的資金の保護」をあげている。

ただし，公的資金の投入を完全に排除しているわけではない。第 57 条で公的資本の注入が，第 58 条では一時的国有化が認められている。しかし，日本との大きな違いは，そのための条件としてベイルインの実施が求められ

---

9) Section. 210，(a) Power and Authorities，(1) General Power，(M) Shareholders and Creditors of Covered Financial Company.

10) Directive 2014/59/EU establishing a framework for the recovery and resolution of credit institutions and investment firms. 同指令については EU（2014）参照。これは，EU 各国それぞれの破綻処理の法制度を前提にその「調和」を図るための指令。他方の，銀行同盟の一環をなす SRM（Single Resolution Mechanism）は，ユーロ圏の金融機関を対象に破綻処理を「一元化」する規則で，両者の法的性格は異なるが，内容的には共通する点が多い。

ていることである。BRRDにおける破綻処理のコスト負担は，①ベイルイ
ン，②破綻処理金融取決め（金融機関が破綻処理のための資金を付保預金総額
の1％相当額まで積み立てるというもの。以下，「取決め」），③公的資金，の3
段階で構成されている。

　まず，ベイルインでは，付保預金，担保付債務等の適用対象外として列挙
された債務を除くすべての債務が，元本削減あるいは株式への転換の対象と
なる（第44条第2項）。

　次に，破綻処理当局は，必要な場合に「取決め」を利用することができる
が，それは，破綻金融機関の総債務（自己資本を含む）の8％以上に相当す
る額までのベイルインの実施を前提条件とし，その際も，「取決め」の利用
は総債務の5％までに限定されている（同条第5項）。

　そして，特別な場合には（in extraordinary circumstances）公的資金の注
入を含む他の資金を用いることができるが，それは，「取決め」の利用が5
％に達しており，すべての無担保劣後債務のベイルインが実施された後にの
み可能なのである（同条第7項）。

(3)　バーゼルⅢにおける契約ベイルインの導入

　以上，米国のドッド＝フランク法，欧州のBRRDにおけるベイルイン規
定の概略を紹介したが，これらは「法的ベイルイン」と呼ばれるもので，事
前にベイルインの契約がなされていなくても，金融当局が強制的に，保護対
象の付保預金等以外の債務を削減・株式転換するというものである。それに
対して「契約ベイルイン」は，事前にベイルイン対象であることを明示した
債務を，一定の条件を満たした場合に削減・株式転換するというものであ
る。それは，バーゼル銀行監督委員会による新しい自己資本比率規制（バー
ゼルⅢ）の制定（2010年12月）を受けた各国の自己資本比率規制の改訂と
いう形で実現された。その内容を見てみよう[11]。

　バーゼルⅢにおいて，国際的に活動する大手金融機関は，リスク調整済み
の資産に対して図表5−2の基準を満たすだけの自己資本比率の維持が義務

11）バーゼルⅢについては小立・磯部（2011）参照。

第5章　ベイルアウトとベイルイン　　169

図表5-2　バーゼルⅢ（自己資本比率規制）の概要

① 〈普通株式等 Tier1〉……………………………………………… 4.5%以上
　 普通株式，内部留保など

② 〈その他 Tier 1〉………………〈普通株式等 Tier 1〉と合わせて 6.0%以上
　 優先株，永久劣後債など
　 ただし，いずれも，ゴーンコンサーンベースでの損失吸収要件が必要。さ
　 らに，永久劣後債については，発行体の裁量により利払いを停止できる特
　 約の他，ゴーイングコンサーンベースでの損失吸収要件が必要。

③ 〈Tier 2〉……〈普通株式等 Tier 1〉・〈その他 Tier 1〉と合わせて 8.0%以上
　 満期 5 年以上の劣後債など
　 ただし，ゴーンコンサーンベースでの損失吸収要件が必要。

(注)
1) ゴーンコンサーン（gone concern）ベースでの損失吸収要件とは，実質破綻時に元本の削減ま
　 たは普通株式への転換が強制的になされる特約のこと。
2) ゴーイングコンサーン（going concern）ベースでの損失吸収要件とは，〈普通株式等 Tier 1〉
　 が（5.125%以上に設定された）一定水準以下となった場合に元本の削減または普通株式への転換
　 が強制的になされる特約のこと。
3) バーゼルⅢの自己資本比率規制では，他に，新株予約権その他の算入項目，他行の株式・負債
　 等の控除項目がそれぞれ多数列挙されており，ここに記載しているのは，本章に関連するごく一
　 部である。また，バーゼルⅢは，自己資本比率規制の他，流動性比率規制，レバレッジ比率規制
　 等についても定めている。

づけられることとなった。バーゼルⅡに比べて，優先株，劣後債等に求めら
れる要件が厳しくなっており，その中でも特に重要な変更となったのがベイ
ルイン債（ローン形式のものを含む）と呼ばれる「契約ベイルイン」の導入
である。

　具体的には，〈Tier 2〉に算入されるためには，当該債務は，実質破綻
（ゴーンコンサーン）時の損失吸収要件，すなわち，金融監督当局によって
実質的に破綻したと認定された時に，預金等重要な債務を保護するべく，そ
れらに代わって損失を負担する（元本が消滅するまたは普通株式に転換され
る）との要件が，発行時に契約されていなければならないことになった。

　そして，〈その他 Tier 1〉に算入されるためには，前述の〈Tier 2〉の条
件を満たした上でさらに，自己資本比率が低下したとき，具体的には〈普通

株式等 Tier 1〉が一定水準以下となったときにも（「一定水準」は 5.125%
以上に設定しなければならない），同じく，元本の削減あるいは普通株式へ
の転換がなされるとの特約（ゴーイングコンサーンベースでの損失吸収要
件）が必要とされた。

　では，「法的ベイルイン」と「契約ベイルイン」はどのような関係にある
のだろうか。「契約ベイルイン」は，一定の条件のもとで元本削減等の可能
性があることが発行時に約束されているのに対して[12]，「法的ベイルイン」
は，実質破綻時に，ベイルイン債にとどまらず，付保預金や担保付債権等を
除いた銀行の債務全体を，必要に応じて金融監督当局が強制的に削減すると
いうものである。したがって，「法的ベイルイン」が導入される国では，無
担保シニア債等もその対象となりうるため，その発行コストには上昇圧力が
かかる。それを抑えるためにも，無担保シニア債の前に損失を吸収してくれ
るベイルイン債の発行が必要となるのである。実際に，欧州市場ではベイル
イン債（CoCo ボンド：Contingent Convertible Bond）の発行が急拡大して
いる[13]。

3　日本におけるベイルアウトとベイルイン

(1)　2000 年の預金保険法改正による「危機対応措置」

　では，日本では，ベイルインに対してどのような制度対応がなされている
のだろうか。

　日本では戦後長らく，「銀行は倒産させない」という行政方針が堅持され，
経営の悪化した金融機関は，親密金融機関等によって救済合併されてきた。
バブル崩壊後，金融業界に救済合併の余裕がなくなり，破綻金融機関は清算
処理されることになったが，それでも，当該金融機関の債務は受皿金融機関

12）日本のメガバンク等のベイルイン債では，「債務免除特約付き」等と表記されてい
　る。
13）ベイルイン債発行の増加については Thompson（2014）参照。

に譲渡され，預金保険からの資金援助も得て，預金だけでなく一般債務を含むすべての債務が全額保護されてきたのである。

　預金が「全額保護」から「定額保護」に転換したのは（いわゆるペイオフ解禁），2002年4月のことである。その後，普通預金等の扱いに関する修正を経て，現在の預金保険制度（2005年4月以降）の下で保護されるのは，①決済性預金（当座預金等の，無利息・要求払い・決済機能を備えた預金）については全額，②一般預金（普通預金，定期預金等）は元本1,000万円までとその利息となっている。2010年9月に日本振興銀行が破綻し，初めて「定額保護」処理（いわゆるペイオフ）が実施されたが[14]これが，銀行の債務が全額保護されなかった現在までの唯一のケースである。

　ただし，2000年の預金保険法改正では，こうした一般的な破綻処理とは別に，金融危機が発生した場合の例外的な対応措置が設けられている（同法第7章「金融危機への対応」（以下，「危機対応」），第102条〜第126条）。すなわち，日本全体または特定の地域における「信用秩序の維持に極めて重大な支障が生じるおそれ」があると「金融危機対応会議」を経て総理大臣が認定した場合には，銀行の債務を全額保護することが恒久化されたのである。措置は当該金融機関の状況に応じて3種類に区分されている（第102条）。

　「第1号措置」は，金融機関の自己資本比率が低下している場合に，金融機関はそのまま存続させ，預金保険機構が優先株等の引受け（資本注入）を行うというものである。2003年5月のりそな銀行への約1兆9千億円の投入がこの規定を用いたものである[15]。

　「第2号措置」は，金融機関が債務超過または預金の払戻停止の（恐れがある）場合に，金融機関は受皿金融機関に事業を譲渡した後に清算する一方，その債務については必要な資金を預金保険機構から無制限に援助して全額保護するというものである。この「第2号措置」は現在まで発動例はない。

---

14) 1,000万円を超える預金への弁済率は58％であった（『日本経済新聞』2014年9月8日）。

15) りそな銀行の親会社であるりそなホールディングスは，それ以前のものを含めると総額3兆1,280億円にのぼった公的資金を，2015年6月に完済した。

「第3号措置」は，債務超過かつ預金払戻停止の（恐れがある）場合で，金融機関の全株式を預金保険機構が無償取得する（特別危機管理，いわゆる国有化）とともに，預保機構からの資金援助により金融機関の債務をやはり全額保護するというものである。2003年11月に破綻した足利銀行の処理がこれにあたる。

ただしこれらはいずれも，1990年代後半に金融危機が拡大するなかで2001年3月までの時限措置として導入されていた諸施策を恒久化したものである。すなわち，「第1号措置」は金融安定化法（1998年2月）・早期健全化法（98年10月）による資本注入を，「第2号措置」は預金保険法附則第16条（96年6月）による預金の全額保護を，「第3号措置」は金融再生法（98年10月）による国有化（特別公的管理，長銀と日債銀に適用）を，引き継いだものである。

(2) 2013年の預金保険法改正

その上で，2013年に，預金保険法は再び大きな改正が行われた[16]。2000年改正によって恒久化された「危機対応」とは別に，新たに「金融機関等の資産負債の秩序ある処理」が設けられたのである（同法第7章の2「金融システムの安定を図るための金融機関等の資産及び負債の秩序ある処理に関する措置」，第126条の2～第126条の39，以下，「秩序ある処理」）。「秩序ある処理」は，公的資金投入の対象を，銀行のほか，証券会社，保険会社，それらの持株会社および兄弟会社等に拡大しており[17]，「特定第1号措置」と「特定第2号措置」の二つの措置がある。

「特定第1号措置」は，銀行向けの「危機対応」の「第1号措置」に相当するもので，金融機関が債務超過ではない場合に適用され，金融機関をそのまま存続させ，預金保険機構が貸付や出資によって救済するというものである。

---

16) 2013年の預金保険法改正については小立（2013）参照。
17) したがって，銀行については，「危機対応」措置と「秩序ある処理」の両方が適用可能である。前者は不良債権型の危機に，後者は金融市場型の危機に対応するものとされている。

「特定第 2 号措置」は，銀行向けの「危機対応」の「第 2 号措置」に相当するもので，債務超過等の場合に適用され，当該金融機関が行っていた金融システム上重要な取引については受皿金融機関に譲渡して履行・解消を進め，その際受皿金融機関が必要とする資金については預金保険機構が贈与，貸付，出資を行うというものである。「重要な取引」以外の一般債権債務は破綻金融機関に残し，それについては，既存の保護制度（預金保険，投資者保護基金，保険契約者保護基金）によって対応しつつ，通常の倒産法制にもとづき処理する（この点で，「特定第 2 号措置」と「第 2 号措置」は異なっているが，それについては後述する）。

なお，「秩序ある処理」には，国有化（「危機対応」の「第 3 号措置」にあたる措置）は設けられていない[18]。

必要な資金については，預金保険機構が政府保証付きで市場から調達するが，負担が発生した場合には事後的に金融業界から徴収し，それが困難な場合には政府が補助することになっている（第 125 条）。これも「危機対応」と同じである。

こうした新たな措置によって，セーフティネットが証券会社等へも拡張されたのであり，金融機関が自己資本比率低下，さらには経営破綻しても，市場に混乱を与えることなく秩序立った処理が可能となったと言えよう。

(3) 破綻処理の日本的特徴

この 2013 年の預金保険法改正は，先述のように，証券会社や保険会社などの，非預金金融機関の破綻に対応したものであり，その点では，欧米の改革と同じく，リーマン・ショックの反省から生まれたものである。しかしな

18）「秩序ある処理」に国有化措置が設けられていないのは，以下の理由によると思われる。大手金融機関が破綻処理される場合，デリバティブ取引の一括清算が実施され，それが危機の拡大を招きかねないことが以前より懸念されていた（長銀の破綻処理の際など）。そこで，一括清算条項の発動を避けるべく，1998 年の金融再生法において国有化措置が導入され，さらにそれは，2000 年の預金保険法改正による「第 3 号措置」として恒久化されたが，2013 年の預保法改正において，一括清算を内閣総理大臣の権限により一時的に停止できることとしたため（第 137 条の 3），国有化措置は不要になったものと思われる。一括清算については第 2 章注 19 参照。

がら，日本ではベイルアウトが排除されずにむしろ重視されており，ベイルインについてはFSBの「主要な特性」が求めるものとはやや異なった形式での制度が作られている。この点に注意しながら，もう一度2013年の預金保険法改正を見てみよう。

同法の制定過程において，金融庁からは，「契約ベイルイン」は導入するものの「法的ベイルイン」については見送るとの説明がなされていた。そしてその後，〈狭義の〉法的ベイルインについては採用していないものの，通常の倒産法制による処理が併用されていることで〈実質的に〉法的ベイルインと同様の効果が実現できるとの説明が加えられた[19]。

すなわち，金融機関の自己資本比率が低下しさらには債務超過に陥った場

---

19) 法案作成のベースとなった金融審議会のワーキング・グループ（『金融システム安定等に資する銀行規制等の在り方に関するワーキング・グループ』）においては，「制度的なベイルイン（本章でいう法的ベイルインのこと—引用者）については，今回はとりあえず契約上のベイルインを明記することにして，制度上のものについては……引き続き調査検討していく事項にしてはどうかという考え」であるとされ（第11回2011年12月5日，藤本拓資信用制度審議官），国会での審議においても，「今回の改正では，契約によるベイルインの総理大臣による認定は法令上規定しておりますが，法的，強制的ベイルインについては規定しておらない」（森本学総務企画局長），「法的ベイルインの導入というものにつきましては……今後検討しておかなければならない課題の一つと理解をしております」（麻生太郎金融担当大臣）との説明がなされていた（第183回参議院財政金融委員会会議録，第9号，2013年6月4日）。
しかし法案成立後，「確かにKey Attributeに書いている狭い意味での法的ベイルイン……は採用していない。……ただ，……当局の権限で金融市場，金融システムに悪影響を与えそうな部分を受皿金融機関に移せるようにしておけば，残りの部分は倒産法制を使って処理しても，実効的破綻処理の目的は達成できるというのが基本的な発想」であり（森本他（2014）12頁），「『秩序ある処理』では重要な取引を保護し，それ以外は倒産法制で処理することにより，株主・債権者に損失を負担させるという目的を実現できる。したがって，日本では法的ベイルインが法律に明記されていないから契約上のベイルインしかないというのは間違った理解だ」（同，16頁），「システム上重要な取引は，ブリッジ金融機関に移して……金融システムに悪影響が生じないようにする。残りは倒産処理手続で処理しますので，ここで一般債権者や預金者に損失負担を求めるという制度になっています。もちろん付保預金や付保保険は制度に応じて保護されます。／……債権者にもあるいは預金者にも負担を求めるということでありまして救済（ベイルアウト）ではありません」（森本（2014）28頁）との説明が加えられた。

合，まず①「契約ベイルイン」が発動され，ベイルイン債が削減または株式転換される。この段階では欧米と同じである（日本においても，メガバンクや大手証券会社がすでにベイルイン債を発行している）。次に破綻処理の段階になると，「主要な特性」では，②「法的ベイルイン」が実施され，無担保債権や預金（付保預金を除く）についても削減等を実施することが想定されているが，日本の「秩序ある処理」では「法的ベイルイン」は発動せず，代わりに，③「金融システム上重要な債務」を受皿金融機関に譲渡し保護するものの，それ以外の債務が残された破綻金融機関については倒産法により処理されることになる（「特定第2号措置」）。その際，付保預金等は預金保険等によって保護されるものの，その他の一般債権や株式は裁判所の倒産手続きによって処理されるため，そこで損失を負担することになるのである。この点，2000年の法改正で恒久化された，預金金融機関を対象にした「危機対応」の「第2号措置」では，破綻金融機関のすべての債務を受皿金融機関に譲渡しその全額を保護することになっているのと大きく異なっている。

　つまり，金融当局が「金融システム上重要な債務」と「それ以外」を切り分け，「それ以外」については通常の倒産手続きによる処理がなされるため，「主要な特性」が求める「法的ベイルイン」と同様の効果が実現できるという意味であると思われる。

　しかしながら，「主要な特性」では，繰り返し述べてきたように，公的資金の注入やモラルハザードを避けるべく，必要な破綻コストは（担保付債権者や付保預金者を除く）一般債権者等の負担で賄うこととされている。ところが日本の「秩序ある処理」では，金融システム上重要な債務を保護するために受皿金融機関に預金保険機構が贈与，貸付，出資等を行うことになっている。何が「重要な債務」として保護され，どれが「重要な債務」でなく倒産手続きに服することになるかは，金融当局の判断に委ねられているが，多くの債務が「重要な債務」に分類されれば，実質的にも「法的ベイルイン」から遠くなりベイルアウトに近づくことになる。

　しかも，「重要な債務」の保護のために投入される資金は，事後的に金融業界全体からそれぞれの負債総額をベースに徴収することとなっているが，それが「金融システムの著しい混乱を生じるおそれ」がある場合には，政府

による補助が認められており，最終的には納税者負担が排除されていないのである。

　また，述べてきたように，債務超過に至る前の段階でも，預金保険機構から（この場合は金銭の贈与はできないものの）資金の貸付，債務保証，出資が可能である（「特定第1号措置」）。

　このように見てくると，日本においては，金融機関の経営が悪化し，さらには危機に瀕しても，債権者が損失を負担する可能性は極めて小さいように思われる。

　まず，自己資本比率が低下した段階で，公的資金による資本注入（出資）が可能である（「危機対応」の「第1号措置」，「秩序ある処理」の「特定第1号措置」）。また地域金融機関に限定されるが金融機能強化法[20]による資本注入もある。これらの場合は，〈Tier 2〉適格のベイルイン債には「契約ベイルイン」も発動されず[21]，株主についても（出資による希薄化や経営計画書の提出等のガバナンス上の一定の制約は受けるものの）その責任が問われるわけではない。

　債務超過に陥った場合も，預金金融機関であれば，すべての債務を保護する「危機対応」の「第2号措置」または「第3号措置」がある。この場合は株式の価値はゼロとなるが，債務についてはすべてが保護される。また，

20）金融機能強化法は，いわゆるペイオフの全面解禁を控えた2004年に制定された。当初は08年3月までの時限措置であったが，リーマン・ショック後の08年12月に申請要件を緩和して改正，さらに11年7月には震災被害に対応すべく要件がさらに緩和されるとともに期限が17年3月まで延長されている。

21）金融庁「バーゼルⅢに関するQ&A」では，バーゼルⅢの趣旨について，「破綻に瀕した金融機関を救済するために公的資金が注入される場合に，本来損失を負担すべきである当該金融機関のこれらの資本調達手段が当該公的資金によって保護されることを防ぐという点にあると考えられます」とされており，公的資金による劣後債等の保護が排除されているかのようであるが，それは，「破綻に瀕した金融機関」すなわち債務超過の金融機関に限定されている。すなわち，債務超過でないことを前提とする「危機対応」の「第1号措置」と「秩序ある措置」の「特定第1号措置」による資本注入は，バーゼルⅢが定める実質破綻（ゴーンコンサーン）に該当せず，したがって，それらの場合は，公的資金が投入されても，〈Tier 2〉適格のベイルイン債にベイルインが発動されることはない。

「秩序ある処理」の「特定第2号措置」が適用されれば，「金融システム上重要な債務」と判断された債務については全額保護されるわけである。

すなわち，日本では，欧米と異なり，予防的な公的資金注入の制度が"完備"されている上，（狭義の）法的ベイルインが導入されていないだけでなく実質的な意味においてもそれが実施される可能性は低く，契約ベイルインについても，自己資本比率の低下によって発動する〈Tier 1〉適格は発動されることはあっても，実質破綻のトリガー（〈Tier 2〉適格）が引かれる可能性は，非常に小さいように思われる。

小　　括

では，欧米では，実際にベイルインが発動されるであろうか。これまでの実例としては，アイスランド，第3章で触れたキプロスの金融危機のケースがよく知られている。しかし，いずれも経済規模が非常に小さい上，削減された債務が事実上，非居住者向けに限定されており，必ずしも今後のモデルケースとはみなしがたい。他方で，ベイルインの実効性については有力な批判もある[22]。

ただ，以上見てきたように，欧米と較べると日本はベイルインに消極的で，ベイルアウトにより"寛容"であることは否定できないように思われる。それはなぜだろうか。

1990年代のバブル崩壊による金融機関の相次ぐ破綻に対して，日本では様々な形の公的資金投入が行われた。しかし，1994年に破綻した東京の二信組の処理，96年の住宅金融専門会社の破綻処理の際には，金融業界や行政当局に対して厳しい批判が浴びせられ，以降，公的資金の投入（とりわけ直接，財政資金を用いる手法）は政治的に困難となった。

ところが，97年11月の北海道拓殖銀行，山一証券の破綻を契機に世論は一変，「公的資金の投入もやむをえない」，むしろ貸し渋り対策として「積極

---

22) 淵田（2010，2011）参照。

的に投入すべき」との主張が広がり，①98年3月には，貸し渋り対策を名分に，健全とされた21行に1兆8千億円，99年3月には15行に7兆5千億円が投入され，②98年末に国有化（特別公的管理）した長銀に3兆2千億円，日債銀に3兆1千億円が投じられ（以上①と②は預金保険機構から），③そして資金不足に陥った預保機構には財政から10兆4千億円が支出（贈与）されている。

　しかし，これらはいずれも，金融機能安定化法，早期健全化法，金融再生法，預金保険法附則など，2001年3月末を期限とする時限立法を根拠とするものであった。金融危機という異例の事態に対する一時的な緊急避難的措置だったのである。

　ところが，前述のように2000年施行の預金保険法改正により，こうした措置はすべて恒久化された。安定化法と健全化法による予防的な公的資金注入は金融危機対応の「第1号措置」に，預金保険法附則による預金の全額保護は「第2号措置」に，再生法による国有化は「第3号措置」に再構成された。そして2013年の預金保険法改正により，新たに，証券会社や保険会社等も公的資金注入の対象に加えられたのである。

　欧米との違いの背景にあるのは，一つには，公的資金を用いることに対する世論の違いであろう。欧米では，金融危機を経て，納税者の負担で金融業界が救済されているとの批判が高まり，それがベイルイン等の新たな制度を後押ししたのである。日本でも先に述べたように1996年の「住専国会」をピークに公的資金投入への批判が高まるものの，それは，97，98年の金融危機で急速に弱まった。金融システムの重要性に対する世論の理解が欧米以上に進んでいるからだろうか。むしろ，住専処理の混乱とその後の金融危機を経て，金融機関への公的支援について，ある種の思考停止に陥っているようにも見える。そこには，裁量的な規制と保護を中心とする金融行政の歴史の長い日本と，市場原理を最大限に重視し政府の役割拡大に警戒的な米国との違いも大きく反映しているであろう。

　また，金融機関経営者の報酬の差も大きい。欧米金融機関の経営幹部の法外な高給は，ベイルアウトに対する納税者の怒りを，日本の場合よりもはるかに大きくしたはずである。同時に，公的資金に対するコスト意識，「公的

第5章　ベイルアウトとベイルイン　　　179

資金の所有権・使途決定権は最終的には主権者にある」との意識が，日本では相対的に希薄である。

　二つ目には，モラルハザードの現実性，その認識の違いがあるように思われる。規制の歪みを巧みに突く金融機関や投資家が多数存在する市場であれば，債務が全額保護される金融機関には，レバレッジ引上げのインセンティブが働く。そうした市場ではモラルハザードに対するより強い警戒が必要であろう。しかし逆の場合には，モラルハザードのコストはそれほど大きくないと判断されることになる。

　また，モラルハザードの防止は，何も市場の中でのみ可能なのではなく，行政による事前の指導・監督によっても可能であり，むしろそのほうが効率的・効果的であるとの考え方も日本では根強いように思われる。第1章で述べたように日本の預金金融機関の数は米国の十分の一以下であるが，それはこうした考え方にもとづく銀行合併の歴史の結果であり，またそうした考え方の根拠ともなっていよう。1990年代後半の日本版ビッグバンによって，「事前指導型」の金融行政は「ルールの明確化にもとづく事後摘発型」に転換したとされるが，リーマン・ショックの経験等を経て，若干修正されつつあるようにも見える。

　ベイルインをめぐるこうした違いも，現在は，日米欧が同じく実施している大規模な量的緩和のもとでその実際的な意味を顕在化させていないが，金融政策の正常化が進む時には，金融システムの全体に様々な影響を与えることになるのではないだろうか。

第6章
「異次元緩和」の論理

はじめに

　金融危機が収束しても現在（2015 年 9 月）に至るまで，日本，米国，欧州
ともに，景気の本格的な回復は見られていない。各中央銀行はゼロ金利政策
を継続してきたが，その効果は限定的でしかなかった。そこで，量的緩和と
呼ばれる，証券の大量買入れによるバランスシート拡大策が実施されてい
る。

　量的緩和に先鞭をつけたのは日本銀行で，2001 年 3 月に，金融政策の誘
導目標を翌日物コールレートから準備預金（中央銀行当座預金）に変更し，
それを所要準備を上回る目標水準（当初 5 兆円，その後段階的に引き上げ最
終的に 30〜35 兆円）に維持する政策を開始した。これは 5 年後の 06 年 3 月
に「消費者物価指数が安定的にゼロ以上」になったとして終了したが，その
後も日銀は，2010 年 10 月から再び「包括緩和」として国債等の買入れ額を
拡大，そして 13 年 4 月に「量的質的金融緩和」を開始する。

　FRB の政策も，断続的な量的緩和（QE：Quantitative Easing）の実施と
いう点で日銀と似ている。2008 年 11 月に政府系機関債と MBS（政府系機
関による保証付き）の大量買入れを発表，それは所定の金額を買い入れて
10 年 3 月末に終了した。ところが同年 11 月に QE 2 を開始，そして 12 年 9
月に QE 3 を始めて現在に至る。

　ユーロシステムは，第 3 章で述べたように，従来，証券，特に国債の買入
れに消極的であったが，15 年 3 月より PSPP として大量の国債買入れに踏
み切っている。

これらのうち本章では，日銀の「量的質的金融緩和」（以下，「異次元緩和」）を取り上げ，その特徴を検討したい。「異次元緩和」は，同じく量的緩和であるとはいえ，FRB の QE とは以下のような違いがある。

まず，物価安定の［目標］が消費者物価上昇率で 2 ％という水準に設定されているのは欧米と共通するが[1]，欧米のインフレ率は金融危機以前にはおおむねその水準にあったのに対して，日本では過去およそ 30 年間，2 ％を大きく下回る水準にしかなかった。つまり，欧米にとっての「2 ％目標」は，危機前水準への復帰を意味するにすぎないのに対して，日本にとっては 30 年以上前への復帰であり，"新たな水準への飛躍"に等しいであろう。そして，その目標達成の［時期軸］が，FRB やユーロシステムでは明示されていないのに対し，日銀の「異次元緩和」は「2 年程度を念頭に」と具体的な数値を示している。また，［操作目標］が，欧米では国債等証券の買入れ額に設定されているのに対して，日銀はマネタリーベースに置いている。それは，［政策の波及メカニズム］に関して，欧米では国債等の買入れによる名目長期金利の低下を重視しているのに対して，日銀は，マネタリーベースの増加による企業や家計の期待インフレ率の上昇を想定しているためである。

そして，当然ながらこうした特徴が相互に関連しあって「異次元緩和」の全体を構成している。

「異次元緩和」については，政策効果の有無や程度，また出口戦略の問題等を中心に，すでに非常に多くの議論がなされているが[2]，本章では，上に述べた特徴のうち，「2 ％」という目標設定，「2 年」程度という時間制限の設定を取り上げたい。長い間到達することのなかった「2 ％」という目標

---

1) ECB は，物価の安定の数値による定義を，1998 年に「HICP（Harmonised Index of Consumer Prices）で中期的に（over the medium term）2 ％以下」としていたが，2003 年に「2 ％に近い」を追加した（ECB, Press Release, October 13, 1998 ; May 8, 2003）。FRB は，2012 年に「インフレ率の長期的目標（a longer-run goal for inflation）」を「PCE（Personal Consumption Expenditure）価格インデックスで 2 ％」と定めた（FRB, Press Release, January 25, 2012）。

2) 代表的なものとして岩田他（2014）。

第6章 「異次元緩和」の論理

は，どのような経緯で採用されることになったのだろうか。「2年程度」という期限の明示は，「異次元緩和」の中でどのような意味をもっていたのだろうか。こうした課題には様々なアプローチの仕方があるが，ここでは，日本銀行政策委員会[3]の議事要旨，政策委員の講演・会見録等を読むという方法で，「2％」と「2年」が政策化された過程と意味を探ることとしたい。

1 「物価の安定」とは何か

図表6-1・2・3は，ユーロ圏（1999年1月以降），米国，日本の消費者物価指数（コア）を示したものである[4]。これを見ると，欧米のインフレ率は，金融危機が発生する2008年までは，ほぼ2％の前後で推移しているこ

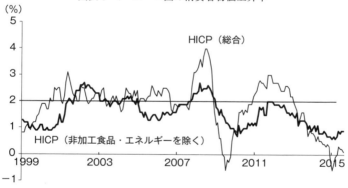

図表6-1 ユーロ圏の消費者物価上昇率

（出所）ECB, Statistical Data Warehouse より作成。

---

3) 政策委員会は，日本銀行の最高意思決定機関で，総裁1名，副総裁2名，審議委員6名の計9名の政策委員で構成される。委員会の会議は2種類あり，「金融政策決定会合」において金融調節関連事項の，「通常会合」において他の業務全般の基本方針を，1人1票の多数決で決定する。「金融政策決定会合」については，おおむね1ヵ月後に議事要旨が，10年後に議事録が公表される。政策委員（総裁，副総裁を含む）は，国会の同意を経て内閣が任命し，5年の任期期間中は自らの意思に反して解任されない。

図表 6-2 米国の個人支出価格指数（PCE デフレータ）

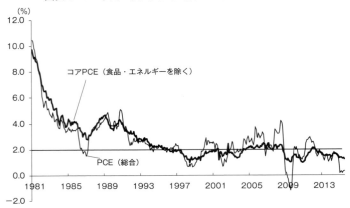

（出所）BEA (Bureau of Economic Analysis), Price Indexes for Personal Consumption Expenditures より作成。

とがわかる。

　ところが日本の場合，過去 35 年を振り返っても，2％を超えたのは，① 1980 年代初め（第 2 次石油ショック），② 1990 年頃（湾岸戦争），③ 2007 年（米国の住宅バブル，BRICS ブームによる資源高）のごく短期間だけである。2％以下どころか 1％にも達しない期間が長かったのであるが，それは，バブル崩壊後（1990 年代）に限られない。80 年代後半のバブル全盛期においても，日本のインフレ率は 2％に遠く及ばなかったのである。

　常識的に考えれば，このような状況で 2％を目標とすることはない。しかし他方で，「長期的なインフレ率は，主として，金融政策によって決定される」という考え方もある[5]。

　では，日本銀行は，どのような考え方で 2％を目標に掲げるに至ったの

---

4) FRB は，従来，物価予測の対象指数には消費者物価指数（CPI：Consumer Price Index）を用いていたが，2000 年 2 月に PCE デフレータに変更した。FRB, *Monetary Policy Report to the Congress*, February 17, 2000, p. 4 参照。

5) FRB が 2％のインフレ目標を発表した際のプレスリリース（2012 年 1 月 25 日）より。

第 6 章 「異次元緩和」の論理　　　185

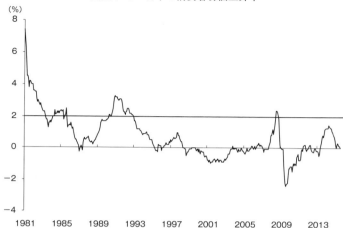

図表 6-3　日本の消費者物価上昇率

（注）生鮮食品と消費税分を除く。消費税の消費者物価指数（生鮮食品を除く）
　　　への影響は，1989年度は1.2%，97年度は1.4%，2014年度については4
　　　月1.7%，5月以降を2.0%とした。
（出所）総務省，日本銀行資料より作成。

か，その経緯を少し時間をさかのぼって見てみよう。

(1)　「数値で示すことは困難」（2000年10月）

　今からおよそ15年前となるが，2000年10月，日本銀行政策委員会は，物価の安定の定義をめぐる報告書を公表している[6]。そこでの結論は，「『物価の安定』の定義を特定の数値で示すことは困難」というものであった。それは，物価の安定を使命とする中央銀行としては無責任なようにも聞こえるが，2％どころか，そもそも数値で示すことができないというのはどういう意味だろうか。

　この報告書に向けての議論は，同年3月8日の政策委員会から始まっているが，それは，当時，ゼロ金利政策の継続あるいは解除が最大の政策課題で

---

[6] 日本銀行「『物価の安定』についての考え方」（2000年10月13日）。

あったことを背景としている。すなわち，速水優総裁は，前年99年4月13日の記者会見で「デフレ懸念の払拭ということが展望できるような情勢になるまで」ゼロ金利を継続すると明言していた。将来の金融政策を約束するいわゆる時間軸政策（フォワードガイダンス）である[7]。その解除の判断にあたって，そもそも物価の安定とは何か，政策委員会の考え方を整理・発表する必要があるとの判断によると思われる。

　では，なぜ物価の安定を数値で定義できないのか，報告書の論点は多岐にわたるが，筆者なりに要約すれば，理由は大きく以下の二つである。

　一つは，供給サイドの要因によっても物価は大きく変化することである。例えば技術革新や生産性の上昇，規制や競争環境の変化，流通革命等によって物価が下落する場合がある。しかしこうしたケースは需要の減速や金融の逼迫によって物価が下がるのとは意味が異なる。この場合，中央銀行が金融を緩和することは必ずしも望ましくない。こうした物価の下落は，実質所得を増加させ，消費等を押し上げることで中長期的には物価を押し上げる効果をもつと考えられるからである。

　また，1980年代半ばに見られたように，原油等の一次産品価格が大幅に下落してインフレ率が下がった場合，これは明らかに日本経済にとってはプラスに働く物価の下落である。逆に，原油価格が上昇して輸入インフレが発生した場合，物価は上昇するが不景気に陥る可能性も高まり，単純に金融を引き締めればよい，というわけにはいかない。

　もう一つは，金融政策におけるタイムラグの存在である。金融緩和あるいは引締めを実施しても，それが金融市場，実体経済に影響を及ぼすまでにはある程度のしかも事前には予測しがたい時間を要する。また実体経済の過熱（低迷）が物価の上昇（下落）を引き起こすまでにもある程度の時間がかかる。

　したがって，金融政策の運営にあたってはそうした様々な要因，しかも多くの場合その絶対水準というよりむしろそのトレンドを，相当の時間の幅を念頭に，多角的に検討することが必要となる。そのため，例えば2％という

　7）時間軸政策については，植田（2005）第4章参照。

第6章 「異次元緩和」の論理　　　187

数値目標を決めても，それ以下なら緩和，それ以上なら引締めというわけにはいかない。ある月の対前年比の物価上昇率がたとえ3％でも金融緩和が必要な時もあれば，逆に1％でも引き締めなければならない時もあるのである。それゆえ，報告書は，「仮に何らかの数値を公表しても，現実の金融政策運営に関する信頼に足る指針にはなり得ず，結果として金融政策運営の透明性向上にも役立たない可能性が高い」（17頁）とし，具体的な数値の提示を否定したのである[8]。

(2)　「中長期的な物価安定の理解（0〜2％程度で，概ね1％）」
　　（2006年3月）

　それから5年余り後の2006年3月，新たな報告書が発表される[9]。これは，2000年8月のゼロ金利解除ののち，01年3月から始められた量的緩和の解除の時期にあたる。00年のゼロ金利の解除は，ITバブルの崩壊に重なったこともあって，時期尚早であったと厳しい批判にさらされた。そこで日銀は，06年の量的緩和の解除にあたって，改めて物価安定に対する考え方を対外的に公表することにしたのである。もはや，「数値で示すことは困難」との考え方は許されず，新たに「中長期的な物価安定の理解」という言葉が用いられ，それは0〜2％程度で，概ね1％だと具体的な数値が公表された。

　その主旨は以下の通りである。

　そもそもの物価の安定とは概念的には0％であるが，考慮すべき点として，消費者物価指数の上方バイアス，必要な「のりしろ」，過去の物価上昇率がある。

　日本の消費者物価指数は約600の品目をサンプルに計測されているが，その対象品目は，原則5年単位で見直されている。言い換えれば，原則5年は見直されず，ディスカウント店の急速な広がりなどにより物価指数が実勢よ

　8）その一方で，政策委員会の透明性を高めるべく，この時から9人の政策委員それぞれの今後の経済・物価の見通しが公表されるようになった。これが，後に，現在の「経済・物価情勢の展望」（展望レポート）となる。

　9）日本銀行「新たな金融政策運営の枠組みの導入について」（2006年3月9日）。

りも高く出るというバイアス（誤差）の存在がよく知られている。ただし，報告書は日本ではこの誤差は大きくないとしている。

もう一つの「のりしろ」とは，金利はゼロ以下にできないため[10]，不況や金融危機の際に金融を緩和できるよう，通常時は一定の高さを維持しておくべきだとの考え方である。

三つめに，企業や家計は，過去のインフレ率の推移から今後のインフレ率を予想して行動する可能性があるが，それを考慮に入れる必要がある。

こうした三つの点を考えると，理想としては物価は0％が望ましいが，現実的には概ね1％程度が望ましい，ただし上下に一定の幅があるとされたわけである。

しかし，なぜこの時，「目標」ではなく，「理解」という曖昧な，直ちには理解しづらい言葉が使われたのだろうか。この時の政策委員会議事要旨（2006年3月9日）を見ると，「政策委員会として一つの数字にまとめたインフレ目標値や参照値，あるいは物価安定の数値的定義を示すことは難しく，各委員が物価安定と理解する数値的イメージ」について公表できるだけだとの意見が「何人かの委員」からあったことがわかる。つまり，政策委員会は9人の委員からなる合議制であるため，委員会として一つの数値を出すことはできず，個々の委員の「理解」を示すことができるだけだという考え方であった。

(3)　「中長期的な物価安定の目途1％」（2012年2月）

しかしその後も，日銀に対する批判の声は強まる一方であり，さらに6年後の2012年2月，日銀は「目途」として1％の数値を発表することになる。

6年の時間をかけて「理解」が「目途」になったわけであるが，この時，政策委員会ではどのような議論がなされたのだろうか。

議事要旨（2012年2月13，14日）を見ると，「多くの委員」が「これまで

---

10) 預金金利がマイナスになると，預金が引き出され現金で保管されるようになるためである。ただし，現金での貯蓄・決済には保管や運搬等のコストがかかるため，厳密に言えば，そうしたコスト相当分まではマイナス金利も可能となる。

の『理解』という言葉の語感からは，日本銀行が受け身的に経済物価情勢の改善を待っているかのような印象を受けがちであり，能動的に達成を目指す姿勢が伝わりづらいとの認識を示し」ている。つまり，日本銀行自身の考え方が変わり，「理解」では望ましくないとなったわけではなく，単に，世間の印象を改善するための変更であった。この政策委員会の直前に FRB が，2％を「長期的な物価目標（longer-run goal）」として発表したこと（注1参照）も，日銀に新たな対応を迫ることになった。しかしそれは，金融政策についての考え方の変更ではなく，あくまで「金融政策運営に関する情報発信のあり方」の修正であった。

　そして，具体的な言葉の選択の議論では，「何人かの委員」が「①『目標』は，一定の物価上昇率を維持するために，短期的な物価の振れに対して機械的な政策運営を行う印象を与えがちである，②『目標』や『定義』は，固定的・硬直的な語感があり……不確実性が大きい状況下では相応しくない，③『目安』は，……『理解』と同様，曖昧さが残る，と述べ」ている。日銀の姿勢の変化をアピールしたいが，といって政策運営上，不適切な印象を与えることもできない，という難しい状況のなかで，「目途（goal）」という言葉が選択されたのである。"goal" は FRB が用いた言葉でもあった。

2　「目標2％」の採用

⑴　「『物価安定』の目標2％」（2013年1月）
①　枠組み変更の理由
　ところが日銀は，物価安定の「目途1％」の発表後わずか1年足らずのうちに，それを「目標（target）2％」に変更することを決定，2013年1月21-22日の政策決定会合ならびに22日の政府との共同声明において発表した。なお，この時点では，2％達成の時期については，「できるだけ早期に」とあるだけで，具体的な期限は定められていない。ただし，1年前の「中長期的な物価安定の目途1％」にあった「中長期的な」は，ここで削除されている。

しかし，この1年ほどの間に，金融経済状況の大きな変化があったとは言えない。変更の理由は，12年12月16日の総選挙で自民党が圧勝し安倍政権が誕生したことのみにある。この総選挙の際の自民党の政権公約には，「明確な『物価目標（2％）』を設定，その達成に向け，日銀法の改正も視野に，政府・日銀の連携強化の仕組みを作り，大胆な金融緩和を行います」と明記されていた。金融政策が中央銀行の専管事項であり，日銀法が，その「自主性は，尊重されなければならない」（第3条第1項）と定めていることは無視されている。

　こうした公約を掲げた政権が誕生したことで，日本銀行もそれを受け入れたわけであるが，では，ここで日本銀行もそれまでの政策運営を反省し，大胆な金融緩和政策を発動することで「1％の目途」ではなく「2％の目標」を達成しようと考えたかというと，そうではない。この時の政策委員会の対外発表文は，「1％の目途」が「2％の目標」に変わった理由を以下のように説明している[11]。

　まず，1％を2％に変更した理由は以下のように説明されている。

　　　日本銀行は，今後，日本経済の競争力と成長力の強化に向けた幅広い主体の取り組みの進展に伴い，持続可能な物価の安定と整合的な物価上昇率が高まっていくと認識している。現在の予想物価上昇率は長期にわたって形成されてきたものであり，今後，成長力の強化が進展していけば，現実の物価上昇率が徐々に高まり，そのもとで家計や企業の予想物価上昇率も上昇していくと考えられる。先行き，物価が緩やかに上昇していくことが見込まれる中にあって，2％という目標を明確にすることは，持続可能な物価上昇率を安定させるうえで，適当と考えられる。（傍点は引用者，以下同じ）

　2％での物価安定までの道筋は，〈幅広い主体の取り組みの進展〉→〈成長力の強化〉→〈現実の物価上昇率の高まり〉→〈予想物価上昇率の上昇〉→〈物価上昇率の2％程度での安定〉と想定されている。つまり，主力となるのは，

───────────
11）日本銀行「金融政策運営の枠組みのもとでの『物価安定の目標』について」2013年1月22日。

政府ほかの〈幅広い主体の取り組み〉であって，日銀の金融緩和ではないのである。

次に，「目途」を「目標」とした理由は以下のように説明された。

> 「目途」から「目標」という言葉に変更したのは，わが国において，柔軟な金融政策運営の重要性に対する理解が浸透してきている状況を踏まえたものである。金融政策の効果は，経済活動に波及し，それがさらに物価に波及するまでに，長期かつ可変のタイムラグが存在する。金融政策は，物価安定のもとでの持続的成長を実現する観点から，経済・物価の現状と見通しに加え，金融面での不均衡を含めた様々なリスクも点検しながら，柔軟に運営していく必要がある。こうした考え方は，各国で広く共有されており，とくに，世界的な金融危機以降，海外主要国では，金融システムの安定へ配慮することの重要性を対外的に明確にするなど，金融政策運営の柔軟性という視点が強く意識されるようになってきている。わが国でも，この1年間で，こうした考え方に対する理解が着実に拡がってきている。こうした状況を前提とすると，「目標」と表現することが，日本銀行の考え方を伝えるうえで，わかりやすく適当であると判断した。

つまり，「目途」という幅を含んだ，したがって達成・未達の判断が明確でない言葉を否定し，厳格な「目標」を設定する，というのではない。全く逆に，金融政策における柔軟性，その重要性に対する理解が，「この1年間で……着実に拡がっ」たために，「目途」という柔軟性を含んだ表現を使う必要がなくなったというのがその理由なのである。しかし，当然のことながら，金融政策の柔軟性に対する理解が1年間で広がったと判断できる根拠は，どこにもなかった。

② 反対理由

この「2％目標」の決定において，9人の政策委員のうち2人が反対票を投じている。木内登英委員と佐藤健裕委員が，〈目途〉を〈目標〉とすることには賛成しつつも，1％の2％への変更に反対したのである。その理由を，当日の議事要旨は以下のように説明している（13頁）。

192

　これらの委員は，その理由として，①消費者物価の前年比上昇率２％は，過去20年の間に実現したことが殆どなく，そうした実績に基づく現在の国民の物価観を踏まえると，２％は現時点における「『持続可能な物価の安定』と整合的と判断される物価上昇率」を大きく上回ると考えられること，②このため，現状，中央銀行が２％という物価上昇率を目標として掲げるだけでは，期待形成に働きかける力もさほど強まらない可能性が高く，これをいきなり目指して政策を運営することは無理があること，③２％の目標達成には，成長力強化に向けた幅広い主体の取り組みが進む必要があるが，現に取り組みが進み，その効果が確認できる前の段階で２％の目標値を掲げた場合，その実現にかかる不確実性の高さから，金融政策の信認を毀損したり，市場とのコミュニケーションに支障が生じる惧れがあることを挙げた。

　二人は，過去の実績からかけ離れた目標を掲げても，期待形成を大きく修正することはできないと考えているのである。木内委員の考え方を，この決定の１ヵ月後の記者会見からもう少し見てみよう[12]。

　　……拙速に物価を目標値に近づけていくというのは，私どもが掲げている「物価安定の目標」ではないということです。私どもが目指しているのは，あくまでも長い目で見た経済の安定と発展ということです。物価の安定というのは非常に重要ですが，仮に短期間で物価を非常に押し上げることができたとしても，例えば物価が上がって賃金が上がらないという状況になると，それは結局，所得環境を悪化させ，消費を悪化させて，２％を比較的短期間で達成できたとしても，長い目で見ればそれは一時的でしかない，ということになります。そういう点で考えると，物価を機械的に誘導するのではなく，成長力の強化，特に生産性が高まるということが重要で，これについては日本銀行も努力し，政府あるいは企業の各主体の努力の累積によって実現していくものだと思っています。そのもとで，日本銀行の金融緩和も後押しし，物価と賃金，成長率がバランスよく高まっていくことで，非常に安定した形での物価目標が達成できることになるのではないかと思います。

　ここでは，一時的な物価の押上げは実質賃金の低下をもたらして持続的で

12）木内登英審議委員記者会見要旨（2013年２月28日）５頁。

ないこと，つまり，物価の安定には，生産性の上昇による物価と賃金のバランスのとれた上昇が不可欠であるとの理解が明確に述べられている。

他方で，この決定の際に，期待への働きかけを重視する意見もあった[13]。

> 一人の委員は，現時点の国民の物価観に過度に依拠するのではなく，先行きの経済物価情勢も踏まえて望ましい物価上昇率を考える必要があると述べた。もう一人の委員は，過去の低インフレの実績に基づいて多くの国民が現在持っている低いインフレ予想が今後も変わらないと想定するのは適切ではなく，様々な研究結果を見ても，かなりの割合の人々のインフレ予想は，将来の政策やそれによる経済の変化を織り込んで形成されていると考えられるので，これらの人々の予想形成に働きかけることは自然であると付け加えた。

つまり，この時点（13年1月）で，政策委員会は，政府・与党からの強い圧力を受けて「2％目標」の採用を余儀なくされたわけであるが，理論的には，インフレ期待の形成メカニズムをめぐって，〈過去の実績を重視する見解〉と〈政策による転換を重視する見解〉の対立があったことがわかる。

最終的な決定文は，しかし，先に見たように，「幅広い主体の取り組みの進展」による「成長力の強化」を前提とした2％であるから，木内委員，佐藤委員の主張を相当程度含んでいると言うことができる。

(2)　「異次元緩和」における「2％」の根拠

しかし，この3ヵ月後の「異次元緩和」の決定においては，「2％目標」決定時の前提条件は事実上破棄され，〈政策による期待の転換〉効果に全面的に依拠することになる。

2013年3月に就任した岩田規久男副総裁の「2％目標」に対する考え方を見てみよう。副総裁は，同年10月18日の講演で，「なぜ日本銀行が2％というインフレ率の達成を目指すのか，その理由を説明したい」として，その理由を三つあげている。それは，第一に「デフレは絶対に避けなければならない」ということ，第二に「消費者物価指数の上方バイアス」，そして「第

---

13) 政策委員会議事要旨（2013年1月21-22日）15-16頁。

三の理由としては，1990 年代から最近にかけての先進国の実績をみると，2％程度のインフレ率を維持している国の経済が，経済成長率が高く失業率は低いという，良好なパフォーマンスを示していること」というものであった。

　ここでは，先に見た，政策委員会が「2％目標」を決定した際の前提条件であった，「幅広い主体の取り組みの進展」による「成長力の強化」への言及は全くない。代わりに岩田副総裁が重視したのが「責任の明確化」であった。

3　「異次元緩和」における「2 年」の意味

(1)　岩田副総裁の考え方
①　「責任の明確化」による「期待の転換」
　日銀がインフレ目標 2％を掲げた 2013 年 1 月 22 日の際には，期限については「できるだけ早期に」とするだけであった（同日の政府との共同声明においても同様）。

　2 年という具体的な期限が示されたのは同年 4 月の「異次元緩和」が最初となるが，そこで最も重要な役割を果たしたのは，前月に就任した岩田副総裁の考え方ではなかったかと思われる。

　岩田副総裁の着任時の記者会見を見てみよう。副総裁はそこで，自らが考えるデフレ脱却に必要な二つの条件を以下のように説明した[14]。

　　　私は，2％のインフレを達成するため，あるいはデフレを脱却するためには，2 つの条件が必要だと思っています。1 つは，2％のインフレ目標を大体いつ頃までに責任をもって達成するのかということに日本銀行がコミットするということです。これにコミットすることが，非常に大事なことです。大体いつ頃までに達成するかということについては，主要国の中央銀行は，大体，「中期的」とか「ミディアムターム」という言葉で表現しています。その

_____

14) 岩田副総裁就任記者会見要旨（2013 年 3 月 21 日）。

第6章 「異次元緩和」の論理 195

「ミディアムターム」というのが実際何年くらいなのか，色々な研究者が調べ
たところ，大体2年くらいということになっています。平均すると2年くら
いでインフレターゲットの中に入っているので，そういう経験から言ってい
るわけです。

　2つ目は，そういう意味で，2年くらいで責任をもって達成するとコミット
しているわけですが，達成できなかった時に，「自分達のせいではない。他の
要因によるものだ」と，あまり言い訳をしないということです。そういう立
場に立っていないと，市場が，その金融政策を信用しないということになっ
てしまいます。市場が金融政策を信用しない状況で，いくら金利を下げたり，
量的緩和をしても，あまり効き目がないというのが私の立場です。

　つまり，〈目標達成の期限を切る〉と〈言い訳をしない＝他の要因のせい
にしない〉である。「できるだけ早期に」といった曖昧な表現では，いつま
でたっても目標を達成できたのかできなかったのかはっきりしない。となれ
ば，目標達成のための努力を十分行わないということが起こりうる。期限を
切るからこそ達成・未達が明確になり，責任問題が具体化し，したがって日
銀も真剣にデフレ脱却に取り組まざるをえなくなる。

　また，インフレ率には，金融政策だけでなく，実体経済における競争条件
や生産性，一次産品価格，財政政策など様々な要因が作用する。しかし，そ
れらの変化を指摘し，「言い訳」をしていたのでは，日銀の責任は明確化さ
れない。副総裁の主旨はそういうことではないかと思われる。

　では，なぜ責任の明確化が必要なのか。副総裁は講演で以下のように説明
している[15]。

　　金融緩和政策が実際に効果を発揮するためには，2％という物価安定の目
　標を中央銀行が責任をもって達成するのだという強い意思表示，すなわち
　「コミットメント」と，それを裏打ちする具体的な行動を伴っていることが何
　より重要です。中央銀行がインフレ目標の達成にコミットし，その実現を目
　指して思い切った金融緩和政策を実施することによって，人々の期待がデフ
　レ予想からインフレ予想に変わり，行動が変わり，経済全体の動きが変わっ

───────────
15) 岩田副総裁講演録（2013年8月28日）。

てきます。このことが，政策効果実現の大きな鍵を握っています。
（中略）
「人々の期待に働きかける」という私の説明を聞いて，おまじないのような話
だと思われた方もいらっしゃるかも知れません。しかし，金融政策というの
は本来，「人々の期待に働きかけること」を通じてその効果を発揮するものな
のです。

　責任を伴った強い意思表示，そのもとでの大胆な金融政策が人々のデフレ
期待をインフレ期待へと転換させることが強調されている。そして，次の講
演録が示すように[16]，そこでは実際に民間銀行の貸出やマネーストック
（旧マネーサプライ）が増加することは必要とされていない。

　　市場参加者の予想インフレ率が上昇するのは，日本銀行が2％の物価安定
　目標の達成を強く約束し，その目的達成のために民間に供給するお金（この
　お金は現金と金融機関が日銀に預けている当座預金の合計で，「マネタリー
　ベース」と呼ばれます）の量を大幅に増やし続ければ，将来，銀行の貸出等
　が増え始め，その結果，世の中に多くの貨幣（貨幣とは現金と預金の合計で
　す）が出回るようになる，と市場参加者が予想するようになるためです。将
　来，貨幣が増えれば，その貨幣の一部が物やサービスの購入に向けられるた
　め，インフレ率は上昇するだろう，と予想されるわけです。
　　ここで重要なことは，銀行の貸出等を通じた貨幣の増加が現に起こってい
　ないとしても，将来の貨幣の増加を見越して，予想インフレ率の上昇が起こ
　り得るという点です。
　（中略）
　　金利や予想インフレ率に影響するのは，中央銀行の金融政策レジームと，
　そのレジームを前提とした市場参加者の将来の貨幣ストックの予想であって，
　現在の貨幣ストックではありません。この意味で，「現在の貨幣ストックと物
　価との間に一対一の関係が成り立つ」という，素朴な貨幣数量説は現実に妥
　当しないでしょう。しかし，将来の貨幣ストックの経路に関する予想と予想
　インフレ率の間には密接な関係があり，そうして形成される予想インフレ率
　が現在のインフレ率を決定するのです。

16）岩田副総裁講演録（2013年10月18日）。

第6章 「異次元緩和」の論理　　197

　なぜ，市中の通貨の量であるマネーストックが増えずにインフレ率が上昇するのだろうか。日銀がマネタリーベースを「大幅に増やし続ければ，将来，銀行の貸出等が増え始め，その結果，世の中に多くの貨幣（貨幣とは現金と預金の合計です）が出回るようになる，と市場参加者が予想するようになる」からである。これから物価が上昇するなら今のうちに買っておこう，製品価格が上がるなら設備投資を増やそうと消費者や企業が考えるということであろう。

　つまり，岩田副総裁が最も重視する政策の波及経路は，〈日銀のコミットメント→市場からの信認→デフレ期待からインフレ期待への転換→実際のインフレ率の上昇〉である。日銀のコミットメントが信頼されなければ，政策は意味をもたない。コミットメントの信頼性を確保するためにこそ〈責任の明確化〉，そのための〈期限の設定〉が必要不可欠となるのである。

②　政策の波及経路と長期金利

　日本銀行は「異次元緩和」の波及経路には，①長期金利の低下や（ETFの購入による）株価の押上げによる効果，②それに伴う金融機関の国債投資から貸出への資金移動（ポートフォリオ・リバランス）の効果，③「市場や経済主体の期待を抜本的に転換させる効果」，の三つがあるとしているが，岩田副総裁は，異次元緩和の「核心は『デフレもインフレも最終的には貨幣的現象であるから，積極的な金融緩和によってデフレからの脱却（2％の緩やかなインフレへの移行）は実現できる』という，従来とは全く異なる『政策レジーム（枠組み)』を採用することによって，家計，企業，金融機関などのデフレマインドを払拭し，その行動を根本的に変えようとする点にある」とする[17]。

　なぜ，伝統的な市場を通じた効果の波及ではなく，〈期待の転換〉に多くを恃むことになったのであろうか。図表6-4を見れば明らかである。

　FRBは，2008年11月にQE1（政府機関債1,000億ドル，MBS5,000億ドルまでの購入）を発表した際，その目的を「住宅購入のコストを引き下

17）岩田規久男「量的・質的金融緩和の論点」『日本経済新聞』2014年12月25日。

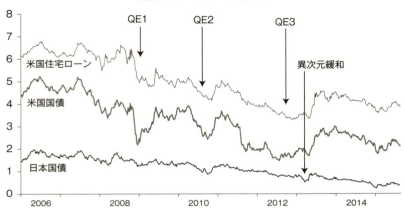

図表 6-4　日米の長期金利

（注）国債利回りは 10 年物。米国住宅ローン（コンベンショナル）利回りは 30 年物。
（出所）財務省「国債金利情報」，FRB, Selected Interest Rates（Daily）- H.15 より作成。

げ，住宅購入のための借入れを容易にし，もって住宅市場を支え，広く金融市場全般の状況の改善を促すため」と説明している[18]。当時，米国債の金利は約 3％，住宅ローン金利は 6％の水準にあった。金利にはまだ低下余地が十分あったのである。長期金利という資産価格を直接的に誘導するという政策は，中央銀行の政策として異例であることは間違いないが，その効果の波及メカニズムは十分説得力のあるものだと言えよう。米国の実体経済や金融市場における住宅（ローン）市場の重要性を考えればなおさらである。

他方，日本の場合，「異次元緩和」が開始された 2013 年 4 月，すでに国債利回りはほぼ 0.5％の水準にあった（大胆な金融緩和を公約とする安倍政権が誕生する前でもおよそ 0.8％）。国債を大量に買い入れれば，さらなる引下げも一時的には可能であるかもしれないが，長期金利のこの水準からの押下げが，実体経済に大きなプラス効果を与えるとは考えにくい。また，国債

---

18) FRB, Press Release, November 25, 2008. QE1 は，翌年 3 月に，政府機関債 2,000 億ドル，MBS 1 兆 2,500 億ドル，そして長期国債 3,000 億ドルへと拡大された。FRB, Press Release, March 18, 2009.

の流動性への不安を高めることにもなる。

それでもまだ金融政策に何かが可能であるとするならば，「経済主体の期待を抜本的に転換させる」，それによって実質金利を押し下げるという危うい波及経路を「核心」とするほかなかったのである。

③ 「2年」の選択

では，なぜその期限は1年でも3年でもなく，2年に設定されたのだろうか。先に引用した副総裁の講演にあるように，主要国の中央銀行が中長期的としているのが，結果的に2年程度であるということが理由のようである。黒田東彦総裁も，就任会見において以下のように発言している[19]。

> 各国の状況をみると，物価安定目標の達成に向けて2年程度を一種のタイムスパンと考えている中央銀行が多いようです。そうしたことも十分勘案し，2年程度で物価安定の目標が達成できれば非常に好ましいと思っています。

日本と他国の経済・金融構造の違いはもとより，中央銀行が対外的に表明する言葉の選択において「中長期的に」と表現することと「2年」と明示することの間にある違いについて，十分な考慮がなされたであろうが，それらよりも，コミットメントへの信頼を高めるべく2年という具体的な数字をあえて示すメリットが重視されたものと思われる。

とはいえ，図表6-3で示したように，過去30年の日本において，消費者物価指数が2％を超えたのは，原油価格が大幅に上昇した時に限定される。そのような中で，2年以内に2％を達成すると約束することには，日銀執行部としても当然，躊躇があったのであろう。「異次元緩和」の決定・発表文においては，「2年程度の期間を念頭に置いて，できるだけ早期に実現する」という穏当な表現に落ち着いた。「念頭に置く」とは広辞苑によれば「覚えていて心にかける」の意であるから，常識的に解釈すれば，「2年」は「できるだけ早期に」の目途を示すものにすぎないということになろう。

---

19) 黒田総裁就任記者会見要旨（2013年3月21日）。

しかしながら「異次元緩和」では，マネタリーベースを〈2倍〉にすることによって，〈2年〉程度でインフレ率を〈2％〉にと，重要な数値を2に揃える形で政策が組み立てられ，また黒田総裁は，決定時の記者会見においても，パネルを用いるなどしてそれを強調した。常識的な金融政策論からすれば，政策運営上の各種の指標を特定の数値に揃えることには何の意味もないが，おそらく，市場関係者だけでなく広く国民全体のインフレ期待の転換を図るためには，こうした"わかりやすさ"が有効だと考えられたのではないかと思われる。

(2) 木内委員・佐藤委員の考え方

政策委員会が「異次元緩和」を決定した際（またその後も引き続き）[20]，1人の政策委員（木内委員）が，この，期間に関する部分について反対票を投じ，独自の案を提案している（資料6-1・2）。木内委員の主張は，①目標達成の期限と「異次元緩和」の実施期間を区別する，②目標達成については「できるだけ早期に」のみとし，2年は「異次元緩和」の実施期間とする，③「異次元緩和」については目標達成まで続けるのではなく2年経過後に見直す[21]，というものであった（木内委員の提案は他の委員全員の反対で否決）。

提案の理由について木内委員は次のように説明している[22]。

　　このような修正を提案したのは，(1)2％の「物価安定の目標」を2年程度の期間を念頭に置いて達成するには，大きな不確実性がある，(2)そうした中，「量的・質的金融緩和」が長期間にわたって継続するという期待が高まれば，同措置が前例のない規模の資産買入れであるだけに，金融面での不均衡形成などにつながる懸念があるためです。

---

20) 2015年3月まで。
21) 実際，2015年4月より，木内委員は，国債買入れ額（純増額）の減額を提案している。
22) 木内委員講演録（2013年9月19日）。

第 6 章　「異次元緩和」の論理　　201

資料 6-1　日本銀行「『量的・質的金融緩和』の導入について」（2013 年 4 月 4 日）より

・日本銀行は，消費者物価の前年比上昇率 2％の「物価安定の目標」を，2 年程度の
　期間を念頭に置いて，できるだけ早期に実現する。
・「量的・質的金融緩和」は，2％の「物価安定の目標」の実現を目指し，これを安
　定的に持続するために必要な時点まで継続する。

資料 6-2　木内登英委員の提案（2013 年 4 月 4 日）

・日本銀行は，消費者物価の前年比上昇率 2％の「物価安定の目標」を，2 年程度の
　期間を念頭に置いて，できるだけ早期に実現する。2 年程度を集中対応期間と位置
　付けて，『量的・質的金融緩和』を導入する。
・「量的・質的金融緩和」は，2％の「物価安定の目標」の実現を目指し，これを安
　定的に持続するために必要な時点まで継続する。（──部分は削除する）

　その意味するところは，「2 年程度の期間を念頭に」という言葉は，中央
銀行が公表する言葉であり，しかも，過去にも海外にも例を見ない具体的な
年限の提示であるから，それを単なる努力目標であるといった解釈で済ませ
るわけにはいかず，そしてそれを達成できる可能性は低いばかりか弊害が多
く，日銀の信認を傷つけることになりかねない，ということであろう。

　他方で，佐藤委員は，別の解釈にもとづき，別の投票行動をとっている。
佐藤委員は，「異次元緩和」の採決において，（木内委員を除く他の委員と同
じく）賛成票を投じているが，それについて以下のように説明している[23]。

　　昨年 4 月の「量的・質的金融緩和」開始時の対外公表文では，本行が 2 年程
　度の期間を念頭においてできるだけ早期に「物価安定の目標」を実現すると
　いうことにコミットしたわけです。私の理解では 2 年程度の期間というのは，
　あくまでも念頭に置く努力目標であって，特定の達成期限を示すわけではな
　いと考えています。むしろ，できるだけ早期に，という現実的な目標を掲げ
　たが故に，私としては昨年の 4 月に「量的・質的金融緩和」に賛成票を投じ
　たのであって，そもそも 2 年での達成ということをコミットすることに同意

23）佐藤委員記者会見要旨（2014 年 12 月 4 日）。

したわけではありません。先程の繰り返しになりますが，特定の期限を区切って中央銀行が物価の押し上げを狙おうとしても効果は一時的に止まる可能性が高いと思いますし，そこでさらに物価を押し上げようとすれば，一段の金融緩和を繰り返すことになり，結局は長い目でみて，中央銀行の物価安定に向けた信認が問われることになると思います。

つまり，木内委員と佐藤委員は，「異次元緩和」をめぐって反対と賛成に分かれたわけであるが，「2年程度の期間を念頭に」について，木内委員は厳格に解釈して反対し，佐藤委員は努力目標にすぎないと解釈して賛成したのであって，目標達成の時期そのものに対する見方に大きな違いはないように思われる[24]。

このように，政策委員会内部において，「2年程度」の意味について，岩田副総裁のようにそれを政策効果に直結する極めて重要な要素として厳格に考える立場と，木内委員・佐藤委員のように柔軟に考える立場が両端にある。「異次元緩和」以来，黒田総裁は，岩田副総裁に近いと思われたもののその発言は慎重で，真意は明らかではなかった。ところが14年10月に決定された追加緩和によって，黒田総裁の，「2年」への強い意思が明らかとなったのである。

24）「2年」の解釈について，佐藤委員は，その後新たに，「ローリング・ターゲット」という考え方を示している。それは，「2年程度の期間というものを固定的に考えるのではなく，先行き2年程度のタイムスパンを常に念頭に置きながら考えていく」という方法で，「主要国の中央銀行の物価目標の考え方も，概ねそういった概念に近い」としている（2015年6月10日記者会見要旨）。つまり，13年4月に発表されたので2年後の15年4月頃を目標達成期限とする，のではなく，毎回の政策決定会合ごとにそこから2年程度先の目標実現を目指すというものであろう。金融政策におけるタイムラグを踏まえれば常識的な考え方であるが，同時にこれは〈責任を伴った期限の明確化による信認の獲得〉という岩田副総裁の論理を全面的に否定するものとなっている。

4 「異次元緩和」の拡大（2014年10月）

(1) 拡大の理由

　2014年10月，日銀は，長期国債の買い増し額を従来の年間50兆円から80兆円に引き上げるなどの追加緩和策を発表し，市場に大きな衝撃を与えた。追加緩和が必要とされた理由を見てみよう（資料6-3）。

　ここでは，原油価格の下落がインフレ率の低下をもたらし，それによってインフレ期待の転換が遅れる可能性があることが指摘されている。しかし，公表文が認める通り，原油安は日本経済にプラスに作用し，中長期的には景気，物価を引き上げる効果がある。しかも，原油価格が底を打てば，その物価（対前年同月比）への効果は12ヵ月後には消えてしまうのである。確かに「異次元緩和」は「上下双方向のリスク要因を点検し，必要な調整を行う」ことを明記してはいたが，他方で黒田総裁は「戦力の逐次投入はしない」旨の発言を繰り返してきた。そうしたなかで，マイナス効果は1年で消え，中長期的には確実なプラス効果が期待できる外的環境の変化に対して，追加緩和に踏み切ったわけである。

　この追加緩和の発動によって，2％を達成できないのは原油安という外部要因のせいであるといった「言い訳」を否定し，2年という期限を切ることによる責任の明確化を重視する岩田副総裁の考え方は，やはり，黒田総裁をはじめとする政策委員会の多数派に共有されているのであり，となると，今後もインフレ率が伸び悩むたびに，それがいかに一時的なものでありまた日銀にコントロール不可能な要因によるものであっても，さらなる追加緩和が発動されるのではないか，との思惑が市場関係者の間に広がったのである。

　資料6-3　日本銀行「『量的・質的金融緩和』の拡大」（2014年10月31日）より

> 原油価格の下落は，やや長い目でみれば経済活動に好影響を与え，物価を押し上げる方向に作用する。しかし，短期的とはいえ，現在の物価下押し圧力が残存する場合，これまで着実に進んできたデフレマインドの転換が遅延するリスクがある。

(2) 拡大反対の理由

　この追加緩和の決定では，9名の政策委員のうち4名が反対票を投じている。議事要旨によると，反対理由は，①経済・物価の基本的な前向きのメカニズムは維持されている，②追加緩和の効果は副作用に見合わない，③追加緩和の限界的な押上げ効果は大きくない，④MMFの運用難，金融機関の収益低下をもたらす，⑤国債市場の流動性を損ない，財政ファイナンスとみなされかねない，⑥円安の悪影響が懸念される，⑦月々の消費者物価の前年比に逐一反応すべきではない，⑦帰属家賃[25]を除いた指数で見ると物価はすでに2％程度に達している，⑧目標は中長期的に達成すべきものであり2年程度に過度にこだわるべきではない，といったものであった。

　そして，反対票を投じた委員の講演録を読むと，実は，反対の背景には，追加緩和の効果・副作用の大小という直接的な理由にとどまらず，そもそもの「物価安定の目標」の達成とはどのような状態を指すのかをめぐる見解の相違もあるように思われる。

5　「物価安定の目標」論と「物価の基調」論

(1) 佐藤委員の「物価安定の目標」論
「物価安定の目標」についての，佐藤委員の講演録を見てみよう[26]。

　　私は，「物価安定の目標」について次のように理解している。一般にインフレ目標政策とは柔軟な金融政策の枠組みであり，インフレ目標導入国でも，目標の達成・未達により機械的に政策を変更するような運営はなされていない。こうしたインフレ目標政策についての理解は同様の枠組みを採用する中央銀行の間で既に共有されている。同様に，2％の「物価安定の目標」を掲げる日本銀行の金融政策の枠組みも柔軟なものであり，2％をピンポイントで達成することを目指すものではなく，2％を「安定的に達成」することに

---

25) 持家を借家だと仮定した場合の家賃。
26) 佐藤委員講演録（2013年7月22日）。

第 6 章 「異次元緩和」の論理　　205

主眼を置いたものと私自身は理解している。

　ここで「安定的に達成」することの意味だが，金融政策の効果波及までの
ラグや不確実性を勘案すれば，そもそも 2 ％ピンポイントで物価を安定させ
ることは不可能で，上下に一定程度の変動が許容される幅（アローアンス）
があると考えるのが自然であろう。アローアンスをどの程度みるかは政策委
員間で多少見解の相違があるかもしれないが，私自身は 2 ％を中央値として
ある一定の範囲内で物価上昇率が安定する見通しが立てば，「量的・質的金融
緩和」の主要な目的は達成できたと評価できるのではないかと考えている。
日本のインフレ率のトラックレコードを勘案すると，インフレ期待が早々に
高まらない限り，2 年程度で 2 ％の「物価安定の目標」をピンポイントで達
成する可能性は必ずしも高いとは言えない。しかし，「物価安定の目標」があ
くまでもこうした一定のアローアンスをもった柔軟な枠組みと考えるのであ
れば，目標はリーズナブルであるし，達成も可能であろう。

　ここで強調しておきたいのは，「量的・質的金融緩和」で目指しているの
は，日本銀行法にある「物価の安定を図ることを通じて国民経済の健全な発
展に資すること」である。具体的には，単純に物価だけが上昇するのではな
く，全般的な経済状況が改善するなかで，投資や消費が伸び，企業収益が増
大し，雇用・所得環境が改善するなかでバランス良く物価も上がっていく好
循環を作り出していくことを日本銀行は目指している。2 ％というインフレ
率を表面的に実現するために「国民経済の健全な発展」を犠牲にすることが
あってはならない。

　ここでは，そもそも物価目標というものが，「2 ％をピンポイントで達成
すること」ではなく「2 ％を『安定的に達成』すること」を目指すものであ
り，そこでは 2 ％に「上下に一定程度の変動が許容される幅（アローアン
ス）があると考えるのが自然」であり，かつ，その範囲内で物価上昇率が安
定する「見通しが立てば」，「異次元緩和」は成功なのである，との認識が示
されている。

　インフレ率 2 ％を目標にするといっても，毎月の前年比インフレ率が連続
して 2.0 ％となることはありえない。当然，その意味は，上下にある程度の
幅をもって変動する，そのおおよその水準が 2 ％程度である状態を目指すと
いうことであろう。逆に，ある月のインフレ率が 2.0 ％であったとしても，

それ以降，上下いずれかに大きく発散していくのであれば，それは「物価の安定」とは言えない。さらに，金融政策が物価に波及するまでにはタイムラグがあることからすると，政策判断においては，その時点，その瞬間のインフレ率よりむしろ，その背後にある金融・経済のトレンドやモメンタムを考慮しなければならない。

こうした佐藤委員の「物価安定」論は，先に紹介した木内委員の考え方（注12参照）と共通する点も多く，金融政策論としてはむしろ常識的なものと言えるだろう。しかし，こうした考え方は，追加緩和を決定した2014年10月時点の政策委員会では少数派であった。期限を2年と明示したため，常識を超えた，すなわち異次元の判断がなされたのである。

(2) 政府の政策転換と「物価の基調」論

しかしながら，「異次元緩和」の拡大後も原油価格の下落，インフレ率の低下が続いたことから，日銀を取り巻く環境は大きく変化した。

日銀は，2015年1月21日の政策委員会において，2015年度の物価見通しを前年10月時点の予想である1.7%（政策委員の見通しの中央値。生鮮食品・消費税を除く）から1.0%へと大幅に引き下げたが，にもかかわらず，「異次元緩和」のさらなる拡大を行うことはなかった。その際の記者会見において，黒田総裁は，大幅な原油安によるインフレ率のさらなる低下の可能性を認めつつも，原油安がもたらす中長期的なプラス効果を強調している。14年10月の「拡大」の際とは力点の置き方が逆になったのである。

また，「一次産品市況が下がったからといって2%の目標は達成しなくていいとか，そういうことにはならない」とし，達成期限については「2015年度を中心とする期間」であってそこに変更はないとしつつも，「2013年4月に導入したので，2015年4月に2%になるとか，ならないとか言ったことは全くありません」と，「2年」については柔軟に考えることを示唆した。そして，目標達成の時期は「2016年度の前半」に後退させている。

相前後して，政府から重要な方針変更が発表された。1月の『月例経済報告』において，安倍内閣発足以来一貫して用いられてきた物価安定達成の時期に関する「できるだけ早期に」という文言が削除され，代わって「経済・

物価情勢を踏まえつつ」が挿入された。つまり，前月までの「日本銀行には，2％の物価安定目標をできるだけ早期に実現することを期待する」が，「日本銀行には，経済・物価情勢を踏まえつつ，2％の物価安定目標を実現することを期待する」に変更されたのである。

さらに甘利経済財政担当大臣が1月27日の記者会見で「政府も日銀も厳格な期限をコミットしているわけではない」と発言した。

12年末の安倍内閣の誕生以降，株価は大幅に上昇したが，その最大の理由が円安にあり，円安をもたらしたのが大胆な金融緩和（への期待）であったことは間違いない。だからこそ，安倍内閣は，「異次元緩和」を非常に高く評価してきたのである。しかし「異次元緩和」から2年近くが経ち，さらなる追加緩和を実施しても，弊害を上回る効果を期待できないと判断したということであろう。特に，追加緩和がもたらすと思われるさらなる円安が，輸入物価の上昇を通じて中小企業や家計に与えるダメージが懸念されたものと思われる。

政権にとって，金融緩和，ましてや（選挙公約に掲げた）「物価目標（2％）」は，結局のところ，景気浮揚のための手段にすぎない。そもそも，2000年頃からの長年にわたって繰り広げられてきた日銀への批判は，政府債務の累増によって景気刺激策を限られた政府の責任転嫁に他ならず，したがって，景気の回復が実現できれば消費者物価指数が2％に達するか否かは問題ではなく，むしろ，インフレは実質賃金を低下させるマイナス要因に転化してしまう。

黒田総裁のパワーの源泉の一つは，政府・与党からの強い支持であったから，政府のこうした転換は，その政策判断に大きな影響を及ぼさざるをえないであろう。

実際，この頃（2015年初め）から，黒田総裁は，記者会見等において，「物価の基調」という言葉を多用し，その改善を強調するようになる。具体的には，各種アンケート調査の結果などから期待インフレ率が堅調に推移していると見られること，GDPギャップの改善が進んでいること，消費者物価も生鮮食品だけでなくエネルギーも除いた指数で見ると，傾向的には上昇が確認できることなどである。

しかしながら，こうした「基調」論は，岩田副総裁が厳しく批判した「言い訳」そのものである。「物価の基調」は，特定の指数などによって客観的に確定することができず，様々な指標から総合的に判断されるほかない。これでは，「物価の安定の定義を特定の数値で示すことは困難」だとした2000年10月の立場，伝統的常識的な中央銀行への逆戻りである。

　約束した消費者物価指数（総合）での「2％」への「2年」程度での到達が不可能となり，さらに，「異次元緩和」を求めて黒田総裁と岩田副総裁を任命した与党・政府がさらなる緩和を否定し始めると，日銀執行部としては，その理論的根拠を，〈岩田理論〉から2000年の"旧日銀"の立場に，現在の政策委員で言えば木内委員・佐藤委員の考え方に，移動させるほかなかったのである。

　そして，こうした反転は，言うまでもなく，2％という水準での物価の安定という，現在の日本ではおよそ非現実的な目標を掲げ，さらにはそれを，巨額の国債買入れによる〈期待の抜本的な転換〉という非合理的な論理によって実現しようとしたことの必然的な結果であった。

6　残された選択肢

　直近（2015年7月）の消費者物価指数は，総合で0.2％（生鮮食品を除いて0.0％）であった。「異次元緩和」開始からすでに2年半が過ぎているが，当面2.0％に到達することは難しいと思われる。

　このまま2％を実現できない状態が続くとすれば[27]，日銀に残された選択肢は多くない。

　一つは，円安による輸入インフレ，あるいは株高による所得効果を求めて，現在の政策を継続あるいは追加緩和を行うことである。しかしそれは，先述のように政府からの支持を失っている上に，テクニカルな面でも限界が

---

27) 反対に，インフレ率の上昇が実現し「出口」に向かった場合の問題，その際考えられる日本銀行が債務超過に陥った場合の論点については伊豆（2015）参照。

ある。現状の年間純増 80 兆円分の国債買入れは，40 兆円程度の新規国債発行額（借換債を除いた純発行額）を上回っており，その差額は金融機関等から吸い上げる形となっている。しかし，民間金融機関は市場での資金調達の際の担保として一定額の国債保有を必要とするため，現在の買入れ規模でも，早晩，限界にぶつからざるをえない。追加緩和によって買入れ額を拡大すれば，限界への到達がその分早まることになる。

　二つめに，追加緩和を行うものの，国債ではなく株式等の買入れ額を引き上げるという方法である。異次元緩和開始（13 年 4 月）から，日銀は，ETFを 1 兆円，J-REIT を 300 億円買い入れていたが，追加緩和の際に（14 年 10月），それぞれ 3 倍にしている。こうした政策に，この間の株価を下支えし，資産効果による一定の景気押上げ効果があったことも間違いない。この株式等の買入れ額を引き上げるという方法である。しかし，これは公的資金による（広義の）相場操縦にほかならず，株式市場の価格発見機能を傷つけ，日本銀行の財務上のリスクを高めている。しかもこの拡大策の場合，その政策波及のルートは資産効果であり，〈マネタリーベースの拡大へのコミットメントによるインフレ期待の転換〉という「異次元緩和」の枠組みとは全く別のものになってしまう。「異次元緩和」とは何だったのかが改めて問われ，日銀の信認は大きく損われることになるだろう。

　三つ目は，目標を（実質的に）下方修正して，買入れ額の減額（テーパリング）を開始することである。2 ％とした目標を，公式に 1 ％に引き下げることは難しいであろう。厳密に言えば，「異次元緩和」の 2 ％目標は，「消費者物価指数（総合）」によって定義されている。しかし，黒田総裁が 2015 年から強調し始めた「物価の基調」論をさらに拡大し，「生鮮食品とエネルギーを除く」あるいは「帰属家賃を除く」指数などの上昇基調の定着をもって，目標は達成されたとする方法である。先に紹介した佐藤委員の「見通し」論も政策委員会内部で支持を広げるかもしれない。あるいは政府の側が「デフレ脱却宣言」を行えば日銀執行部にとって強い追い風となろう。

　もちろんこの場合も，日銀は「目標の実質的な事後的修正」との批判を受け，今後の「目標設定」すなわち時間軸政策や政策の透明性に対する信認が大幅に低下することは免れない。それでも，現時点ではこれが最も現実的な

方法であるように思われる。

　しかしいずれにせよ，日銀は巨額の長期国債を抱えたままとなる。正常化の過程には長い時間を要し，その間日銀は，長期金利の不安定化や自らの財務の悪化といったリスクに対処し続けなければならないのである。

参 考 文 献

飯野裕二（2001）「金融システム不安の発生メカニズム―日本におけるクロノロジカル・レビュー―」日本銀行銀行論研究会『金融システムの再生にむけて―中央銀行員によるレクチャー銀行論』有斐閣。

伊豆　久（2007a）「ファンド・ブーム下の国際資本市場」『甲南経済学論集』第47巻第4号。

伊豆　久（2007b）「サブプライム問題とファンド資本主義」『生活経済政策』第129号。

伊豆　久（2008）「サブプライム問題が問いかけるもの」『生活経済政策』第135号。

伊豆　久（2010）「FRBの出口戦略」『証研レポート』第1660号。

伊豆　久（2013）「グローバル化と金融危機」渋谷博史・河﨑信樹・田村太一編『世界経済とグローバル化』学文社。

伊豆　久（2014）「破綻処理と店頭デリバティブ――一括清算をめぐって」『証研レポート』第1685号。

伊豆　久（2015）「日本銀行の『出口戦略』を考える」久留米大学経済学部20周年記念誌編集委員会編『低成長時代の経済学―20年を振り返って』九州大学出版会。

岩井浩一・三宅裕樹（2008）「米国MMFの元本割れ懸念とその回避策」『資本市場クォータリー』春号。

岩田一政・日本経済研究センター編（2014）『量的・質的金融緩和』日本経済新聞出版社。

植田和男（2005）『ゼロ金利との闘い』日本経済新聞社。

碓井光明（1996）「金融機関の破綻処理と財政的支援」『ジュリスト』第1095号。

遠藤伸子・志賀　勝・村松教隆・菅野昌彦・吉岡あゆみ・近内京太・今野雅司・増田薫則・亀田純一・佐藤耐治（2013）「日本振興銀行の破綻処理―預金者保護を中心として―」『預金保険研究』第15号。

大蔵省（1993）「資産価格変動のメカニズムとその経済効果：資産価格変動のメカニズムとその経済効果に関する研究会報告書」『フィナンシャル・レビュー』（大蔵省財政金融研究所）第30号。

大槻久志（1998）『「金融恐慌」とビッグバン』新日本出版社（Ⅰ「金融恐慌」）。

翁　邦雄・白川方明・白塚重典（2000）「資産価格バブルと金融政策：1980年代後

半の日本の経験とその教訓」『金融研究』（日本銀行金融研究所），12 月。

小立　敬（2009）「金融危機における米国 FRB の金融政策―中央銀行の最後の貸し手機能―」『資本市場クォータリー』春号。

小立　敬（2012）「金融機関の破綻処理の枠組みを変える『主要な特性』」『週刊金融財政事情』11 月 12 日号。

小立　敬（2013）「わが国の金融機関の秩序ある処理の枠組み―改正預金保険法で手当てされた新たなスキーム―」『野村資本市場クォータリー』夏号。

小立　敬・磯部昌吾（2011）「バーゼル III：自己資本の損失吸収力に関する最低要件」『野村資本市場クォータリー』冬号。

折谷吉治（2013）『中央銀行制度の経済学―新制度経済学からのアプローチ』学術出版会。

ガイトナー，T. F.（伏見威蕃訳）（2015）『ガイトナー回顧録―金融危機の深層―』日本経済新聞出版社（Geithner, T. F.（2014）*Stress Test : Reflections on Financial Crises*, Crown Publishers）。

鎌倉治子（2005）「金融システム安定化のための公的資金注入の経緯と現状」『調査と情報』（国立国会図書館）第 477 号。

軽部謙介・西野智彦（1999）『経済失政』岩波書店。

軽部謙介（2004）『ドキュメントゼロ金利―日銀 VS 政府なぜ対立するのか』岩波書店。

川合　研（2002）『アメリカ決済システムの展開』東洋経済新報社。

金融制度調査会（1997）『日本銀行法の改正に関する答申』2 月 6 日。

久後翔太郎（2013）「量的・質的金融緩和―異次元の運営，異次元の出口」『経済分析レポート』（大和総研），9 月 11 日。

呉　文二（1973）『金融政策―日本銀行の政策運営』東洋経済新報社。

五味廣文（2012）『金融動乱―金融庁長官の独白』日本経済新聞出版社。

斉藤美彦（1995）「日本における破綻金融機関処理方式と預金保険制度」渋谷博史・北條裕雄・井村進哉編著『日米金融規制の再検討』日本経済評論社。

斉藤美彦（2006）『金融自由化と金融政策・銀行行動』日本経済評論社（第 6 章 バブル崩壊と金融機関）。

佐々木宗啓編著（2003）『逐条解説預金保険法の運用』金融財政事情研究会。

佐藤隆文（2003）『信用秩序政策の再編』日本図書センター（第 3 章 金融破綻処理の枠組みとその変遷）。

澤井　豊・米井道代（2013）「ドッド＝フランク法による新たな破綻処理制度」『預金保険研究』第 15 号。

塩野　宏監修（2001）『日本銀行の法的性格―新日銀法を踏まえて』弘文堂。

白川方明（2008）『現代の金融政策―理論と実際』日本経済新聞出版社。

関　雄太・三宅裕樹（2008）「ファニーメイ・フレディマックを巡る金融不安とGSE 規制改革の動き」『資本市場クォータリー』秋号。

ソーキン，A. R.（加賀山卓朗訳）（2014）『リーマン・ショック・コンフィデンシャル（上・下）』ハヤカワ文庫（Sorkin, A. R.(2009) *Too Big To Fail–The Inside Story of How Wall Street and Washington Fought to Save the Financial System –and Themselves*, Viking Press）。

高木　仁（1986）『アメリカの金融制度』東洋経済新報社。

高橋正彦（2012）「預金保険制度の歴史と基本的課題」『預金保険研究』第 14 号。

中央銀行研究会（1996）『中央銀行制度の改革―開かれた独立性を求めて―』11 月 12 日。

富安弘毅（2014）『カウンターパーティーリスクマネジメント（第 2 版)―金融危機で激変したデリバティブ取引環境への対応』金融財政事情研究会。

中井　省（2002）『やぶにらみ金融行政』財形詳報社（第 12 章 奉加帳）。

中島将隆（2006）「四〇年の歴史を閉じた国債シ団引受発行」『証研レポート』第 1637 号。

西川珠子（2010）「米国の金融危機対応の成果と課題―オバマ政権 1 年間の総決算―」『みずほ米州インサイト』3 月 23 日。

西野智彦（2001）『経済迷走』岩波書店。

西野智彦（2003）『経済暗雲』岩波書店。

西村吉正（1999）『金融行政の敗因』文藝春秋社。

西村吉正（2011）『金融システム改革 50 年の軌跡』金融財政事情研究会（第 IV 部 90 年代―破綻処理とビッグバン）。

日本銀行『業務概況書』（1998～2003 年度）。

日本銀行企画室（2002）「日本銀行の政策・業務とバランスシート」『日本銀行調査月報』7 月号。

日本銀行企画室（2004）「日本銀行の政策・業務とバランスシート」『日本銀行調査季報』秋（10 月）。

日本銀行企画局（2006）「主要国の中央銀行における金融調節の枠組み」6 月。

日本銀行企画局（2009）「今次金融経済危機における主要中央銀行の政策運営について」『BOJ Reports & Research Papers』7 月。

日本銀行金融研究所編（2011）『日本銀行の機能と業務』有斐閣。

日本銀行金融市場局（2007）「米国短期金融市場の最近の動向について―レポ市場，FF 市場，FF 金利先物・OIS 市場を中心に―」『BOJ Reports & Research Papers』2 月。

日本銀行金融市場局（2008a）「日本銀行の金融市場調節」『BOJ Reports & Research Papers』6 月。

日本銀行金融市場局（2008b）「2007 年度の金融市場調節」『BOJ Reports & Research Papers』6 月。

日本銀行金融市場局（2008c）「サブプライム問題に端を発した短期金融市場の動揺と中央銀行の対応」『BOJ Reports & Research Papers』7 月。

日本銀行金融市場局（2009）「2008 年度の金融市場調節」『BOJ Reports & Research Papers』6 月。

日本銀行政策委員会『年次報告書』（1994〜1997 年）。

日本経済新聞社編（2000）『検証バブル―犯意なき過ち』日本経済新聞社。

日本経済新聞社編（2002）『金融迷走の 10 年―危機はなぜ防げなかったのか』日経ビジネス文庫。

バーナンキ，B. S.（小谷野俊夫訳）（2012）『連邦準備制度と金融危機―バーナンキ FRB 議長による大学生向け講義録』一灯舎（FRB, "The Federal Reserve and the Financial Crisis"（www. federalreserve. gov/newsevents/lectures/about. htm））。

バジョット，W.（久保恵美子訳）（2011）『ロンバード街―金融市場の解説』日経 BP クラシックス（Bagehot, W.（1873）*Lombard Street A Description of the Money Market*）。

淵田康之（2010）「ベイルアウトは悪か？」『野村資本市場クォータリー』秋号。

淵田康之（2011）「欧州危機で問われる金融規制の今後」『野村資本市場クォータリー』秋号。

米国連邦準備制度理事会（日本銀行米国金融市場研究会訳）（1985）『米国連邦準備制度―その目的と機能』日本信用調査株式会社出版部（Board of Governors of the Federal Reserve System, *The Federal Reserve System―Purposes and Functions*, 7th ed., 1984）。

ポールソン，H.（有賀裕子訳）（2010）『ポールソン回顧録』日本経済新聞出版社（Paulson, H. M.（2010）*On The Brink: Inside the race to stop the collapse of the global financial system*, Business Plus）。

松尾健治（2008）「過去最大の MMF 資金流出で米 CP 市場が大ピンチ」『週刊金融財政事情』10 月 6 日号。

三國谷勝範（2012）「セーフティネットの進化―国の資本参加法制」『週刊金融財政事情』10 月 29 日号。

三宅裕樹（2008）「米国 MMF の元本割れと信用回復に向けた緊急対策の実施」『資本市場クォータリー』秋号。

森本 学（2014）「現代の金融規制―変革への模索とその方向性―」『証券レビュー』第 54 巻別冊。

森本 学・翁 百合・野崎浩成（2014）「座談会 最近の破綻処理制度とベイルイン

参考文献　　215

を巡る動向：日本でも株主・債権者が損失を負担する金融破綻処理は可能である」『週刊金融財政事情』6月23日号。

山村延郎（2003）「ドイツにおける預金保護・危機対応の制度—市場経済に立脚した金融システムの維持—」『金融庁金融研究センターディスカッションペーパー』5月28日。

山脇岳志（2002）『日本銀行の深層』講談社文庫（第Ⅳ章　泥まみれの信認—破綻処理）。

預金保険機構『預金保険機構年報』（1996～2014年度）。

預金保険機構編（2007）『平成金融危機への対応—預金保険はいかに機能したか』金融財政事情研究会。

吉野俊彦（1963）『日本銀行』岩波新書。

Adrian, T. and H. S. Shin（2009）"The Shadow Banking System : Implications for Financial Regulation," *Federal Reserve Bank of New York Staff Reports*, no. 382.

Adrian, T., C. R. Burke, and J. J. McAndrews（2009）"The Federal Reserve's Primary Dealer Credit Facility," *Current Issues in Economics and Finance* (Federal Reserve Bank of New York), vol. 15, no. 4.

Armantier, O., S. Krieger, and J. McAndrews（2008）"The Federal Reserve's Term Auction Facility," *Current Issues in Economics and Finance* (Federal Reserve Bank of New York), vol. 14, no. 5.

Armantier, O., E. Ghysels, A. Sarkar, and J. Shrader（2011）"Discount Window Stigma during the 2007-2008 Financial Crisis," *Federal Reserve Bank of New York Staff Reports*, no. 483.

Avdjiev, S., A. Kartasheva, and B. Bogdanova（2013）"CoCos : a primer," *BIS Quarterly Review*, September.

Baba, N., R. N. McCauley, and S. Ramaswamy（2009）"US dollar market funds and non-US banks," *BIS Quarterly Review*, March.

BIS (Bank for International Settlements)（2001）*Comparing monetary policy operating procedures across the United States, Japan and the euro area*, BIS Papers, no. 9, December.

BIS（2008）"Central bank operations in response to the financial turmoil," *CGFS Papers*, no. 31.

Borio, C. and W. Nelson（2008）"Monetary operations and the financial turmoil," *BIS Quarterly Review*, March.

Buiter, W., E. Rahbari, and J. Michels（2011）"ELA: An Emperor without Clothes?" *Global Economic View* (Citigroup), January 21.

Coffey, N., W. B. Hrung, H. Nguyen, and A. Sarkar (2009) "The Global Financial Crisis and Offshore Dollar Markets," *Current Issues in Economics and Finance* (Federal Reserve Bank of New York), vol. 15, no. 6.

Copeland, A., D. Duffie, A. Martin, and S. McLaughlin (2012) "Key Mechanics of the U. S. Tri-Party Repo Market," *FRBNY Economic Policy Review*, November.

Cour-Thimann, P. (2013) "Target Balances and the Crisis in the Euro Area," *CESifo Forum*, special issue, vol. 14, April.

Deutsche Bundesbank (1998) "The Implementation of the ESCB's monetary policy by the Bundesbank and its formulation in the General Terms and Conditions," *Monthly Report*, November.

Deutsche Bundesbank (2011a) "Press release: Bundesbank TARGET2 balances", 22 February.

Deutsche Bundesbank (2011b) "The dynamics of the Bundesbank's TARGET2 balance," *Monthly Report*, March.

ECB (European Central Bank) (2006) *The European Central Bank—History, Role and Functions.*

ECB (2007a) "The EU Arrangements for Financial Crisis Management," *Monthly Bulletin*, February.

ECB (2007b) "The Collateral Frameworks of the Federal Reserve System, the Bank of Japan and the Eurosystem," *Monthly Bulletin*, October.

ECB (2009) "Recent Developments in the Balance Sheets of the Eurosystem, the Federal Reserve System and the Bank of Japan," *Monthly Bulletin*, October.

ECB (2011a) *The Monetary Policy of the ECB.*

ECB (2011b) *The Implementation of Monetary Policy in the Euro Area.*

ECB (2011c) "TARGET2 balances of national central banks in the euro area," *Monthly Bulletin*, October.

ECB (2013) "Target Balances and Monetary Policy Operations," *Monthly Bulletin*, May.

EU (European Union) (2014) "EU Bank Recovery and Resolution Directive (BRRD) : Frequently Asked Questions," April 15.

Fetting, D. (2002) "Lender of More Than Last Resort," *The Region* (Federal Reserve Bank of Minneapolis), December.

Financial Crisis Inquiry Commission (2011) *The Financial Crisis Inquiry Report : Final Report of the National Commission on the Causes of the Financial and Economic Crisis in the United States*, Public Affairs.

Fleming, M. J., W. B. Hrung, and F. M. Keane (2009) "The Term Securities

Lending Facility : Origin, Design, and Effects," *Current Issues in Economics and Finance* (Federal Reserve Bank of New York), vol. 15, no. 2.

Fleming, M. J. and N. J. Klagge (2010) "The Federal Reserve's Foreign Exchange Swap Lines," *Current Issues in Economics and Finance* (Federal Reserve Bank of New York), vol. 16, no. 4.

FRB (Federal Reserve Board) (1994) "Recent Developments in Discount Window," *Federal Reserve Bulletin*, November.

FRB (1997) "Open Market Operations in the 1990s," *Federal Reserve Bulletin*, November.

FRBNY (Federal Reserve Bank of New York) (2007a) "FEDPOINT : The Discount Window," August.

FRBNY (2007b) "FEDPOINT : Repurchase and Reverse Repurchase Transactions," August.

FRBNY (2007c) "FEDPOINT : Open Market Operations," August.

FRBNY (2008) "Domestic Open Market Operations during 2007," February.

FRBNY (2009a) "Forms of Federal Reserve Lending to Financial Institutions," January.

FRBNY (2009b) "Domestic Open Market Operations during 2008," February.

FRB Office of Inspector General (2010) *The Federal Reserve's Section 13 (3) Lending Facilities to Support Overall Market Liquidity: Function, Status, and Risk Management*, November.

FSB (Financial Stability Board) (2011) "Key Attributes of Effective Resolution Regimes for Financial Institutions," October.

Garbade, K. D. (2015) "The Early Years of the Primary Dealer System," April 23 (www.frbatlanta.org/news/conferences/2015/0511).

Hördahl, P. and M. R. King (2008) "Developments in repo markets during the financial turmoil," *BIS Quarterly Review*, December.

IMF (International Monetary Fund) (2008) "Stress in Bank Funding Markets and Implications for Monetary Policy," *Global Financial Stability Report*, October, Chapter 2.

IMF (2014) "How Big is the Implicit Subsidy for Banks Considered Too Important to Fail?" *Global Financial Stability Report*, April, Chapter 3.

Labonte, M. (2015) "Federal Reserve : Emergency Lending," *Congressional Research Service Report*, R44185.

McGuire, P. and G. von Peter (2009) "The US dollar shortage in global banking," *BIS Quarterly Review*, March.

Nakaso, H. (2001) "The financial crisis in Japan during the 1990s : how the Bank of Japan responded and the lessons learnt," *BIS Papers*, no. 6.

Santoro, P. (2012) "The Evolution of Treasury Cash Management during the 2008-09 Financial Crisis," *Current Issues in Economics and Finance* (Federal Reserve Bank of New York), vol. 18, no. 3.

SIGTARP (Office of the Special Inspector General for the Troubled Asset Relief Program) (2009) "Factors Affecting Efforts to Limit Payments to AIG Counterparties," SIGTARP-10-003, September 17.

Sinn, H. W. (2012) "Fed versus ECB : How Target debts can be repaid," *Vox*, March 10.

Thompson, C. (2014) "Bumper year for coco bond sales," *Financial Times*, December 23.

Webel, B. and M. Labonte (2014) "Costs of Government Interventions in Response to the Financial Crisis : A Retrospective," *Congressional Research Service Report*, R43413.

Weidmann, J. (2012) "What is the origin and meaning of the Target 2 balances?" March 15 (Deutsche Bundesbank).

Whittaker. J. (2011) "Intra-eurosystem debts," *Monetary Research*, Lancaster University Management School, March 30.

索　引

ア行

アイルランド　77, 84, 90, 93-95, 114
足利銀行　125, 165, 172
異次元緩和　182, 193, 194, 198-203, 209
　　──の拡大　203, 204
　　──の波及経路　197
イタリア　84, 116
一括清算　44, 55, 173
岩田規久男　193-197, 202, 208
インフレ
　　──期待（予想）　182, 193, 196, 197, 203, 207, 209
　　──目標　194, 195, 204
　　──率　119, 182-184, 188, 197, 203, 205, 206
ヴァイトマン（Jens Weidmann）　104, 105
「ウォール街を占拠せよ」　160
欧州中央銀行議定書　9, 88
大蔵省　146, 154
オーバーローン　5, 39
オペ　10, 11, 18-20
　　買切り──　→　国債の買入れ
　　資金吸収──　11, 81
　　日本銀行の──　23
　　ユーロシステムの──　23
　　　固定金利──　76
　　　3年物──　76
　　FRB の──　23, 24

カ行

外貨準備　7-9, 12
外国為替資金特別会計　8, 9
為替スワップ　40, 52, 78
紀伊預金管理銀行　149

木内登英　191, 192, 200-202, 206, 208
危機対応措置（預金保険法第102条）　133, 170-173, 175, 176, 178
木津信用組合　137-139
キプロス　77, 90, 95, 96, 113
共通担保資金供給オペ　19, 20
業務停止命令　129
ギリシャ　77, 84, 96-98, 112
緊急貸付　→　連邦準備法第13条第3項
緊急経済安定化法　57, 140
銀行券ルール　13
銀行の銀行　17
金融安定化拠出基金　150
金融安定化法　139-141
金融再生法　131, 132, 140, 141
金融制度改革法（米国, 1980年）　16
金融整理管財人　131, 132
黒田東彦　199, 202, 203, 206-209
決済システム（米国）　15-18
公開市場操作　18, 19
構造改革　→　財政・構造改革
公定歩合　5, 119, 152, 153
公的資金　159-161
国債
　　──の買入れ　3, 5, 9, 10, 76, 81, 181
　　長期──　13, 68, 69, 203
国際通貨ドル　40
国有化　56, 91, 132, 149, 156, 165, 172, 173
コルレス銀行　15, 16

サ行

最後の貸し手　22, 50, 89, 127, 155
財政・構造改革　78, 90, 94
再評価益（外貨準備）　12

財務省
　——（日本）　8
　——（米国）　9，51，56，62
佐藤健裕　191，201，202，204-206，
　208，209
サブプライムローン　31，42，55，57，
　64，78
事業譲渡　129-133
質への逃避　37，54，86
住専（住宅金融専門会社）　149-152，
　154
　——法　141，150-152
「主要な特性」　164-166，175
証券化　30，64
新金融安定化基金　148，149，151
スタンディング・ファシリティ　21，22
スティグマ　25，38，39，47
スペイン　84，90，117
成長通貨　11
政府機関
　——債　20，35，36，68
　——保証 MBS　20，35，36，68
整理回収機構　150
整理回収銀行　137，147
早期健全化法　139-141

タ行

対ユーロシステム債権・債務　111
秩序ある処理（預金保険法第 126 条の 2）
　133，172，173，175，177
中央銀行当座預金　14，15，22
定額保護 → ペイオフ
ドイツ連邦銀行　6，20，84，92，106，
　110
東京共同銀行　137，146，147，154
投資銀行　27，31，63
特融　124-139
　——等　67，124-127，151
　——の四原則　124，125
ドッド＝フランク法　43，132，166

ドラギ（Mario Draghi）　76，102
トロイカ（EU・ECB・IMF）　73，94

ナ行

日銀貸出　5，152-155
日本銀行政策委員会　183，185-190，
　194，203，206
日本銀行法
　——第 38 条（旧法第 25 条）　67，
　124，155
　——第 43 条（旧法第 27 条）　126，
　143，155
日本債券信用銀行　132，148，165
日本振興銀行　128，131，171
日本長期信用銀行　132，165
ニューヨーク連邦準備銀行　9，31
根担保方式　20
農林系統金融機関　149，150，154

ハ行

バーゼルⅢ　168，169
バジョット・ルール　22
バブル　120
　日本の——　119，120，149
　米国の住宅——　27，63
　IT——　29，30，187
パリバ・ショック　32，35，77
兵庫銀行　147
非預金金融機関　66，133，166
ファニーメイ　65
フォルティス　91
物価
　——安定の目途　188，189
　——安定の目標　189-191
　——安定の理解　187，188
　——の安定　185，186
　——の基調　207-209
プライマリー・ディーラー　23-26，46，
　47
フレディマック　66

索　引　221

ベア・スターンズ　42-45，52，65
ペイオフ　128，132，162，171
　――コスト　135，141
ベイルアウト　96，160-163，166，177
ベイルイン　96，160-170，177
　――債（CoCo ボンド）　170
　契約――　164，168-170，174-177
　法的――　164，168，170，174，175
ヘッジファンド　30
　――化　29
補完貸付　21，39，155
補完当座預金制度　22
北海道拓殖銀行　138，139
ポルトガル　77，84，90，115

マ行

窓口貸出　21，25，26，35，52
マネーストック（旧マネーサプライ）
　4，196，197
マネタリーベース　3，4，182
みどり銀行　147，148

ヤ行

山一証券　133，134
ユーロ圏　71
ユーロシステム　71，108
預金封鎖（銀行休業）　95-98
預金保険機構　123，128-131，135-150，
　156，157，165，171-173，176
　――債　138，143
　日本銀行の――向け貸付　135，138
預金保険法
　――1986 年改正　128
　――1996 年改正　135，148，157
　――1998 年改正　149，157
　――2000 年改正　131，132，158，
　171，178
　――2013 年改正　133，172，173

ラ行

リーマン・ブラザーズ　29，48，64，
　65，67
リザーブ・マネジメント　59，63
りそな銀行　125，171
量的緩和政策　181
　日本銀行の――　143，187
　ユーロシステムの――　181
　FRB の――　67-69，181，197
量的質的金融緩和（異次元緩和）　182
レポ（現先）　19，27，35-37，61，63
　トライパーティ・――　20，21，27
連邦公開市場委員会　31
連邦準備制度理事会　31
連邦準備法第 13 条第 3 項（緊急貸付）
　43，46，65，67，127，156

アルファベット

ABCP（Asset-Backed Commercial
　Paper）　40
ABS（Asset-Backed Securities）　49，
　52，82
ABSPP（Asset-Backed Securities
　Purchase Programme）　82
AIG（American International Group）
　52，54-58，65
AIGFP（AIG Financial Products）　55
AMLF（ABCP Money Market Fund
　Liquidity Facility）　49，52，62
BRRD（Bank Recovery and Resolution
　Directive）　167，168
CBPP（Covered Bonds Purchase
　Programme）　79
CDS（Credit Default Swap）　30，55
CP（Commercial Paper）　30，49，50，
　52，61，63
CPFF（Commercial Paper Funding
　Facility）　49，52
Deposit Facility　22

ECB（European Central Bank） 72，
109
——政策理事会 71，76，77，87-98
——の議決権 72
——の資本金 103
EFSF（European Financial Stability
Facility） 89
ELA（Emergency Liquidity Assistance）
87-99，127，156
ESM（European Stability Mechanism）
89
EU（European Union） 71，167
FDIC（Federal Deposit Insurance
Corporation） 66，167
Fedwire 16，17
FSB（Financial Stability Board） 164
FTO（Fine Tuning Operation） 77
JP モルガン・チェース 43-45
LTRO（Longer Term Refinancing
Operation） 10，75，76
Maiden Lane
—— I 44，52
—— II 52，57，58
—— III 52，57
Marginal Lending Facility 21
MMF（Money Market Fund） 49，50，
63，64，204
——の元本割れ 59-64
MMIFF（Money Market Investing

Funding Facility） 49，52
MRO（Main Refinancing Operation）
10，75，76
OMT（Outright Monetary Transaction）
82
PDCF（Primary Dealer Credit Facility）
47，52
PSPP（Public Sector Purchase
Programme） 82
QE（Quantitative Easing）→ 量的緩和政
策
SFA（Supplementary Financing
Account） 34，51
SFP（Supplementary Financing
Program） 51，52，54
SMP（Securities Markets Programme）
10，80
TAF（Term Auction Facility） 38，
39，52
TALF（Term Asset-Backed Securities
Loan Facility） 49，52
TARGET2 残高（債権・債務） 79，
99-104
TARP（Troubled Asset Relief Program）
56，57，140
Too Big To Fail 45，59，166
TSLF（Term Securities Lending
Facility） 46，52

著者紹介

伊豆　久（いず・ひさし）

1962 年　京都府生まれ。
1986 年　京都大学経済学部卒業。
1991 年　京都大学大学院経済学研究科博士課程単位取得退学。
同　年　日本証券経済研究所（大阪研究所）研究員。
2002 年　甲南大学経済学部教授。
同　年　日本証券経済研究所客員研究員（現在に至る）。
2007 年　久留米大学経済学部教授（現在に至る）。

金融危機と中央銀行

2016 年 4 月 15 日　初版発行

著　者　伊豆　　久

発行者　五十川直行

発行所　一般財団法人 九州大学出版会
　　　　〒814-0001 福岡市早良区百道浜 3-8-34
　　　　九州大学産学官連携イノベーションプラザ 305
　　　　電話　092-833-9150
　　　　URL　http://kup.or.jp/
　　　　印刷・製本／大同印刷㈱

Ⓒ Hisashi Izu, 2016　　　　　　ISBN978-4-7985-0181-9